新质生产力研究系列丛书

本专著由广东技术师范大学优秀学术著作出版基金资助出版

数字经济赋能珠三角地区培育世界级先进制造业集群对策研究

辛　娜　谢卓廷　等著

中国财经出版传媒集团

经济科学出版社
Economic Science Press

·北京·

图书在版编目（CIP）数据

数字经济赋能珠三角地区培育世界级先进制造业集群
对策研究／辛娜等著． -- 北京 ： 经济科学出版社，
2025.2. --（新质生产力研究系列丛书）． -- ISBN 978 -
7 - 5218 - 6789 - 3

Ⅰ. F426.4

中国国家版本馆 CIP 数据核字第 2025DF1717 号

责任编辑：刘　莎
责任校对：蒋子明
责任印制：邱　天

数字经济赋能珠三角地区培育世界级先进制造业集群对策研究
SHUZI JINGJI FUNENG ZHUSANJIAO DIQU PEIYU SHIJIEJI
XIANJIN ZHIZAOYE JIQUN DUICE YANJIU
辛　娜　谢卓廷　等著
经济科学出版社出版、发行　新华书店经销
社址：北京市海淀区阜成路甲 28 号　邮编：100142
总编部电话：010 - 88191217　发行部电话：010 - 88191522
网址：www. esp. com. cn
电子邮箱：esp@ esp. com. cn
天猫网店：经济科学出版社旗舰店
网址：http：//jjkxcbs. tmall. com
固安华明印业有限公司印装
710 × 1000　16 开　20.5 印张　290000 字
2025 年 2 月第 1 版　2025 年 2 月第 1 次印刷
ISBN 978 - 7 - 5218 - 6789 - 3　定价：99.00 元
（图书出现印装问题，本社负责调换。电话：010 - 88191545）
（版权所有　侵权必究　打击盗版　举报热线：010 - 88191661
QQ：2242791300　营销中心电话：010 - 88191537
电子邮箱：dbts@ esp. com. cn）

前　言

　　近年来，党和国家谋篇布局，在珠三角地区与香港、澳门作出了建立粤港澳大湾区的重大决策部署，粤港澳大湾区成为继世界三大湾区之后经济最具活力的地区之一。它是紧密联系港澳地区和内地的重要沟通渠道，也是未来推动经济增长的强有力引擎。本书首先对珠三角地区五大产业集群存在的问题、不足与挑战进行分析，通过借鉴国内外数字经济促进产业集群发展与产业转型升级的成功经验，通过实证分析数字经济对产业转型升级的具体作用机制，提出数字经济赋能珠三角地区培育世界级先进制造业集群的相关对策与建议。

　　在文献梳理基础上研究数字经济、产业集群发展、产业转型升级这三者的相互作用，在理论层面上论证了数字化技术能促进各生产要素之间的有效融合、数字化创新与产业集群发展带来的相互促进作用能够突破传统生产要素有限供给对增长的约束，而培养具有数字化技能和跨界融合能力的人才是产业集群发展与产业转型升级的关键驱动因素。

　　试图寻找珠三角地区电子信息、汽车、智能移动终端、机器人、高端医疗器械、智能家电六大先进制造业集群的现状与问题，发现电子信息产业存在着深圳等核心电子信息产业城市用工成本高企，知识产权机制、中介服务资源、技术转让服务等支持电子信息产业核心技术发展的系统不够完备等问题。机器人产业存在国产机器人未掌握核心技术、产业结构发展不均衡与个别行业占据较大份额等问题。汽车产业存在"整零比"结构失调与汽车零部件供应链亟须整合、自主创新能力不强与企业盈利水平有待提升、汽车产业韧性需提高等问题。智能家电产业则面临着智能制造技术领先度不高、标准化建设相对滞后、家电企业品牌质量优势不明显、关键零部件原材料供给不足等问题。

在追踪国内外典型的世界级产业集群案例的成长过程与经验总结的基础上,分析其发展的关键因素和措施。首先,对典型世界级先进制造业集群案例进行分析。在对典型产业集群日本爱知汽车产业集群、德国斯图加特汽车产业集群、美国休斯敦的能源产业集群、深圳高科技产业园区以及苏州人工智能产业园发展进行分析后,得出能够取得成功的关键因素主要为:产业集群内部需要优越的地理位置和丰富的资源,良好的企业合作与供应链管理,对核心技术创新与研发应重点支持。其次,从政府层面来看,政府政策扶持不仅体现在人才培养与教育方面,还包括基础设施、金融与投资、创新产出等方面。再次,从企业层面来看,应集中力量突破技术瓶颈,注重品牌形象塑造与市场竞争力的培养,以便产生强大的产业集群效应。

构建数字经济评价体系,测算中国城市群数字经济发展水平,揭示珠三角地区与其他城市群数字经济发展水平差异。运用公开统计数据,选择数字经济发展相关的区域影响因子(简称"生态因子"),建立 n 维超体积生态位模型。进而通过信息熵值确定各指标的权重,从而获得较为客观的权重比例。从基础环境、工业应用情况和应用效益三个维度,测度珠三角地区数字经济指数适宜度和进化动量,从而构建推动数字经济水平评价体系。

识别数字经济与先进制造业集聚的因果关系。首先,根据文献梳理提出研究假说,数字经济能够推动先进制造业集聚,数字经济可能通过贸易开放水平、劳动生产率、产业结构高级化影响先进制造业集聚。其次,构建计量模型检验研究假设,包括模型基准回归分析、内生性处理、稳健性检验、异质性分析。最后,根据实证结果提出珠三角地区应加大贸易开放水平、提升劳动生产率、推动产业结构高级化等政策促进先进制造业集聚，为珠三角培育世界级先进制造业集群提供经验证据。

为数字经济与产业转型升级的影响机制提供经验。首先，阐述数字经济赋能制造业转型升级的理论机制，数字经济影响产业结构升级的直接效应，数字经济通过资源配置效率、区域创新、降低交易成本发挥影响产业转型升级的作用。其次，实证检验理论机制。本书试图构建固定效应模型实证检验数字经济赋能制造业转型升级是否通过提升资源配置能力、减少交易成本、提高创新能力来实现。

基于珠三角地区先进制造业现存问题、实证检验的结果提出具有针对性的政策建议。本书基于上述相关理论分析与实证研究，结合国内外相对成功的产业集群成长现状和经验分析，对珠三角地区产业数字化集群成长的内部资源与能力积累、外部因素、嵌入核心网络的途径、突破中低端锁定的方法、政府政策的支持等提出了具体的措施和建议。

目 录
CONTENTS

第一章

绪　　论

一、研究背景和问题提出

当今时代，数字经济已成为影响全球经济格局、加速时代变革的重要力量。数字技术与产业领域相融合进入深化发展阶段，已成为世界经济可持续发展的重要驱动力。2022 年，我国"十四五"数字经济发展规划明确提出：立足新发展阶段，深入实施数字经济发展战略，协同推进数字产业化和产业数字化，赋能传统产业转型升级。其中，数字经济的去中心化、去中介化、去物质化三个维度正在深刻改变我们工作、生产、生活和社会。伴随着数字经济在各行业各领域的渗透和深度融合，数字经济的规模呈现出快速增长的态势，有效把握发展契机，利用数字经济的优势赋能产业升级，对我国经济健康可持续发展具有重要意义。

作为中国具有厚实基础的制造业区域和主要经济引擎之一的珠三角地区，其已成为当下中国数字经济发展速度最快的区域。珠三角地区数字经济总量连续 7 年位居全国第一，尤其是珠三角地区的深圳、广州和香港的规模均超千亿元，其中最突出的优势在于珠三角地区在我国推动经济新发展格局中具有重要的战略地位。国家致力于将珠三角地区打造成国际上数字化程度最高的城市集群。

制造业作为国民经济的重要支柱，是推动国家经济发展的关键领域。它不仅是实现国家现代化和综合国力提升的重要环节，也是增强国际竞争力和构建现代产业体系的核心产业。打造世界级先进制造业集群已经成为许多国家抢占全球经济制高点、推动产业转型升级的重要途径。在当前全球经济格局深刻调整的背景下，世界级先进制造业集群的建设尤为重要，其对经济增长、技术创新以及国家竞争力的提升具有深远影响。党的十九大报告明确提出，我国需要推动产业迈向全球价值链中高端，并培育若干世界级先进制造业集群（全国先进制造业集群政策见附表1）。这不仅反映了我国对于制造业高质量发展的高度重视，还彰显了在全球竞争中掌握主动权的战略意图。世界级先进制造业集群不仅是先进制造技术的集中体现，更是推动产业链向高端迈进的重要载体。2019年，中共中央发布《粤港澳大湾区发展规划纲要》，明确以深圳、东莞为核心，构建具有全球竞争力的电子信息等世界级先进制造业集群。这一战略决策为珠三角地区的产业升级和全球化布局提供了重要的政策支持，也为中国制造业在全球供应链中的战略提升奠定了基础（珠三角地区先进制造业和先进制造业集群政策见附表2和附表3）。

近年来，我国在世界级先进制造业集群的建设中表现出强劲的战略布局能力。以广东、江苏、浙江、上海和安徽等制造业大省为例，这些地区通过资源整合、科技创新和产业链重组，正在构建全球领先的先进制造业集群。珠三角地区充分利用其电子信息产业的基础优势，推动从研发到服务的全产业链集成，成为全国乃至全球电子信息制造的核心区域。江苏省聚焦智能制造和绿色制造，通过发展高端装备和新能源技术，推动制造业转型升级。浙江省通过"数字经济＋智能制造"的发展路径，引领全国制造业向数字化和智能化方向转型。而上海则依托生物医药、人工智能和新能源汽车产业的蓬勃发展，构建科技创新和制造业融合发展的新标杆。这些区域的成功实践不仅推动了我国制造业集群的发展，也为全球先进制造业发展提供了有力的示范。

从国际视角来看，世界级先进制造业集群的成功实践为我国提供了宝贵的经验。德国鲁尔区以工业 4.0 战略为核心，通过智能化生产技术和高效供应链管理，实现了制造业的数字化转型；美国硅谷凭借全球领先的科技创新能力和市场化运作模式，形成了高度集聚的高新技术产业生态；日本爱知县依托强大的供应链管理能力和技术创新实力，打造了世界领先的汽车产业集群。这些经验表明，技术创新、产业协同和政策支持是推动先进制造业集群发展的关键要素。此外，这些案例还反映出先进制造业集群在资源整合、技术扩散和区域协同发展中的重要作用。对于我国而言，推动世界级先进制造业集群建设是实现高质量发展的重要战略。全球新冠疫情常态化背景下，产业链韧性和供应链稳定性的重要性进一步凸显。通过建设世界级先进制造业集群，我国能够在全球产业链中实现从中低端向高端的转型，增强技术创新能力和产业链自主可控能力。特别是，通过集群效应，资源的配置效率将得到大幅提高，区域内的科技创新成果将快速转化为现实生产力，从而进一步提升区域和国家经济的整体竞争力。在区域协调发展方面，先进制造业集群也发挥着至关重要的作用。通过区域内资源的合理配置和协作，先进制造业集群可以显著增强区域间的经济联动性。例如，粤港澳大湾区以深圳为创新核心，东莞为制造中心，广州为服务业支撑，构建起了完整的电子信息产业链条，不仅提升了区域整体竞争力，也为其他地区提供了经验。同样，长三角地区通过优化产业分工和促进产业链一体化建设，形成了具有国际竞争力的制造业集群格局，为全国制造业转型升级提供了有力支撑。此外，在推动世界级先进制造业集群建设的过程中，我国需要加快关键核心技术的自主创新。针对制造业中"卡脖子"的技术问题，应通过整合全国创新资源，集中力量攻克瓶颈技术，提升技术创新的全球竞争力。同时，需要完善产业政策体系，优化区域协同机制，提升制造业集群的政策执行力和协同性。通过引入市场化和政府引导相结合的方式，推进集群产业链的延伸和升级。在此基础上，加强绿色发展战略的实施，通过技术创新和绿色生产模式，推动制造业向可持续发展转型。通过这些举措，先进制造业集群不仅将成为我国经济发展的新引擎，还将成为推动区域经济协调发展的重要力量。制造业集群化发展是经济全球化背景下国家间竞争的重要形式，也是我国实现制造业强国目标的重要途径。在未来的发展中，通过优化区域协作、提升技术创新能力和深化产业链整合，我国有望在全球制造业格局中占据更有利的地位，为国家经济持续增长和国际竞争力的提升提供坚实的支撑。

我国的先进制造业集群在空间分布上呈现出明显的东强西弱格局，并构建了"一带三核两支撑"的总体布局，这种分布特征既体现了区域经济的历史发展基础，也反映了各地在先进制造业发展过程中的资源禀赋与产业优势的差异化定位。"一带"是指沿海经济带的高密度分布。沿海经济带是我国先进制造业集群的主要聚集区域。由于其优越的地理位置、便捷的交通条件以及丰富的资源要素，这一区域成为制造业转型升级和创新驱动发展的主要推动力。在全球化的背景下，沿海经济带凭借较高的对外开放程度和完善的产业链条，吸引了大量国内外资本和高端制造业项目入驻，形成了高密度的先进制造业集群。

这一区域的先进制造业集群不仅在产业规模和技术水平上领先全国，还通过不断创新实现了在全球制造业价值链中的升级。"三核"是指环渤海、长三角和珠三角核心区。其一，环渤海核心，环渤海地区包括北京、天津、河北、辽宁和山东，是我国重要的先进制造业研发、设计和制造基地。这一区域在历史上便是我国工业发展的重镇，其制造业优势延续至今，并在高端化、智能化和绿色化方向上不断提升。其中，北京以高科技研发为主，着重布局航空航天、电子信息和人工智能等领域，为全国提供技术源头和创新支持；天津则以航天航空产业为重点，形成了从研发到制造的完整产业链；河北在钢铁、装备制造和新能源领域优势明显，成为环渤海先进制造业的重要组成部分；山东以智能制造装备和海洋工程装备为特色，重点发展高端装备制造和绿色制造；辽宁则依托其雄厚的工业基础，着力打造轨道交通装备、智能制造和重型装备制造的产业集群，进一步巩固了环渤海地区在全国先进制造业中的核心地位。其二，长三角核心，以上海为中心，江苏、浙江为两翼的长三角地区是我国经济最发达的区域之一，其先进制造业集群在航空制造、海洋工程、智能制造装备等领域表现尤为突出。上海作为长三角的核心城市，不仅是我国高端制造业的重要研发中心，还在生物医药、新能源汽车、航空航天等高技术产业中占据引领地位。江苏以智能制造和电子信息产业为支柱，依托南京、苏州等城市在技术研发和工业制造方面的优势，形成了高度集中的产业链条。浙江则以数字经济和绿色制造为特色，在智能制造、环保设备以及人工智能领域不断取得突破，推动制造业向数字化和智能化方向转型。长三角地区通过深度的区域合作和协同发展，构建了从研发到制造的完整产业链条，并逐步形成具有国际竞争力的制造业集群。其三，珠三角核心，珠三角地区包括广州、深圳、珠海和江门等地，是我国改革开放的前沿区域，也是先进制造业集群发展的重要核心区域。这一地区在特种船舶制造、轨道交通装备、航空制造、数控系统及机器人制造等领域形成了显著优势。深圳作为科技创新的代表城市，通过强大的科技研发能力，推动了智能制造和电子信息产业的发展；广州则在汽车制造和智能装备领域具有较强的国际竞争力；珠海和江门依托港口资源和政策优势，积极发展高端装备制造和新能源产业。珠三角地区凭借其开放的市场环境和强大的创新能力，不断提升在全球制造业价值链中的地位。"两支撑"是指中西部地区的多元化发展。其中西部支撑是以西部地区的陕西、四川和重庆为代表，形成了以轨道交通和航空航天产业为核心的先进制造业集群。这一区域依托其丰富的自然资源和政策支持，在高端装备制造领域取得了重要进展。陕西以西安为中心，重点发展航空航天装备、电子信息技术和新能源产业；四川则在轨道交通、电子元器件和智能制造装备领域表现突出，成都成为区域创新的引领城市；重庆作为西部的重要工业基地，在智能制造和汽车产业方面形成了较强的竞争力。西部地区通过引进先进技术和优化产业布局，逐步缩小与东部地区的差距，成为我国制造业版图中的重要支撑。中部支撑包括湖南、山西、江西和湖北，主要以航空装备与轨道交通装备产业集群为重点。湖南在中高端装备制造领域表现优异，长沙作为智能制造试点城市，不断推动工程机械和机器人制造的升级。山西则利用其能源资源优势，积极发展新能源装备和煤炭清洁利用技术。江西重点布局航空制造和智能装备产业，南昌已成为我国航空产业的重要基地。湖北以武汉为核心，大力发展光电子信息技术、新能源汽车和智能制造装备，形成了较强的产业集聚效应。中部地区通过承接东部地区的产业转移和自主创新，逐步构建了先进制造业集群的新格局。

2021 年，珠三角地区正式印发《珠三角地区制造业高质量发展"十四五"规划》（以下简称《规划》），明确广东在全国制造业发展中的关键地位和责任。该《规划》指出，作为中国制造业的排头兵，广东的高质量发展对中国制造整体迈向高端具有重要意义。广东省政府高度重视制造业的发展质量，提出在"十四五"期间坚持制造业立省战略不动摇，加快推进制造强省建设。目标是打造具有世界先进水平的制造业基地，成为全球重要的制造业创新聚集地、制造业高水平开放合作先行地以及国际一流的制造业发展环境高地。该《规划》特别强调，当前广东制造业面临巩固在全省经济中支柱地位的迫切需求，同时需顺应高端化、智能化和绿色化的发展趋势，实现从以数量为主的追赶向质量提升的转变，从要素驱动向创新驱动的升级，并由产业集聚化向集群化发展的新模式迈进。这些转型要求为广东制造业的"十四五"发展指明了方向。到 2025 年，该《规划》提出，广东制造强省建设将迈上重要台阶，制造业整体实力达到世界先进水平。具体指标包括：制造业增加值占 GDP 比重保持在 30% 以上，高技术制造业增加值占规模以上工业增加值的比重达到 33%，规模以上制造业企业研发经费支出占营业收入比重达到 2.3%，全省规模以上制造业有效发明专利数量达到 23 万件，制造业产品质量合格率超过 94%，累计获得中国质量奖或提名奖的企业数量达到 20 家次。与此同时，规模以上制造业全员劳动生产率将达到 30 万元/人，应用工业互联网实施数字化转型的企业数量将达到 5 万家。高新技术产品出口额占全省外贸出口额的比重将提升至 35% 以上，制造业实际使用外商直接投资额占全省实际利用外资的比重将达到 20%，制造业对外投资额占全省对外投资额的比重将达到 10%。为实现上述目标，该《规划》提出了系统性的发展路径。一方面，广东将高起点谋划 20 个战略性支柱产业和战略性新兴产业，包括卫星互联网、光通信与太赫兹、干细胞等未来产业；另一方面，广东将推动制造业从产业集聚化向产业集群化升级，全面实施制造业高质量发展的"六大工程"。这些工程聚焦产业创新、产业链提升、绿色制造、数字化转型、高端人才引育和开放合作，旨在构建具有全球竞争力的现代化制造体系。

广东制造业"十四五"规划的实施，不仅为全省经济转型升级提供了清晰的战略框架，也为中国制造业在国际竞争中赢得先机提供了有力支撑。通过聚焦创新驱动和集群化发展，广东制造业将在全球制造版图中扮演更重要的角色，同时为其他地区的制造业发展树立标杆。因此，珠三角地区城市群内外部数字经济发展水平与特征如何？珠三角地区数字经济优势能够促进培育世界级先进制造业集群构建吗？二者在理论和实践上存在何种联系？这种联系在我国具有不同数字资源禀赋的城市群中表现出何种特征？以上均为本书研究的主要问题。

二、研究意义与目的

近年来，以数字技术为代表的前沿科技飞速发展及应用，更为不同区域融合发展创造出便利条件，直接促进要素自由流动，尤其是生活领域，这种改变十分明显。新冠疫情常态化促进了数字经济新模式和新动能发展，这将引发产业的变革和生态的重构。2020 年《政府工作报告》提出，全面推进"互联网＋"，打造数字经济新优势，将发展工业互联网作为推动制造业升级和新兴产业发展的有力举措。珠三角地区正加快步伐对标全球打造数字经济产业中心和产业生态。广东"十四五"规划建议提出，推动制造业高质量发展，打造世界级先进制造业集群。本研究正是基于此要求，深入调研与分析，探讨培育世界级先进制造业集群实现路径。

粤港澳大湾区"一国两制"高质量发展局面、巨大的经济和人口规模、复杂的产业体系，体现了大湾区国际化、多元化突出特性，但想要在全球四大湾区中"脱颖而出"，打造国际一流湾区和世界级城市群，仍需通过进一步的整合才能实现。产业集群如何主动积极利用城市群发展融入全国经济发展的进程成为理论界研究的热点。特别是对于国内大循环背景下，数字经济赋能产业集群发展的深层动因、演化发展方式与路径选择等问题，当前，学者们并未进行过全面、系统的研究。因此，本书在有关理论研究的前提下，试图揭示出一个关于数字经济与产业集群培育的理论分析框架，推动数字经济赋能产业集群理论的研究。因此可以说，研究数字经济与产业集群发展具有一定的应用价值。

三、概念界定

（一）数字经济概念界定

1. 数字经济内涵

数字经济被广泛认为是继农业经济和工业经济之后的全新经济形态，其核心要素是数据资源，主要载体是现代信息网络，推动力则来源于信息通信技术的广泛应用与全要素数字化转型。这一经济形态旨在实现效率与公平的有机统一，具有显著的创新性与时代性。在技术层面，数字经济涵盖大数据、云计算、物联网、区块链、人工智能和5G通信等前沿技术；在应用层面，"新零售""新制造"等模式展现了数字经济在商业和生产中的深远影响；在制度环境层面，数字经济的发展离不开法规体系的支撑与规范性规划的保障。

2. 数字经济的基本范围

2021年，国家统计局发布了《数字经济及其核心产业统计分类（2021）》，首次系统性地界定了数字经济的范围。依据这一分类，数字经济可从"数字产业化"和"产业数字化"两个维度展开，涵盖五大领域：数字产品制造业、数字产品服务业、数字技术应用业、数字要素驱动业和数字化效率提升业。前四类属于数字产业化部分，是数字经济的核心产业，主要包括为数字化发展提供技术、产品、服务和基础设施的经济活动。第五类属于产业数字化部分，集中反映了数字技术与传统产业结合后带来的效率提升和价值增量。这种分类方法不仅明确了数字经济的范畴，还强调了数字技术与实体经济深度融合的意义。

3. 数字经济特征

数字经济具有以下显著特征：

第一，时空突破性。现代网络技术使数据得以在全球范围内快速传输和共享，彻底突破了传统生产要素在时间和空间上的限制，显著提升了资源配置效率。

第二，全时域运营。数字经济通过高效的数据收集、分析和实时处理，显著加快了经济运行节奏，优化了市场主体的运作效率。

第三，产业融合性。数字经济与其他产业的深度结合，使其成为优化资源配置和提升生产要素效率的重要催化剂，通过整合资源和生产要素，推动产业升级。

第四，经济外部性。数字经济在赋能其他经济活动的过程中，自身也持续发展壮大。其正向的外部性使得社会整体受益，进一步推动了社会经济的整体进步。

（二）先进制造业集群概念界定

1. 先进制造业概念追溯

"先进制造业"这一概念的提出与现代工业化进程密切相关，最早诞生于 20 世纪 90 年代，其核心是基于先进制造技术的广泛应用。国外学者围绕先进制造业展开了多维度的研究，关注点主要集中在先进制造技术的定义与分类上。20 世纪 80 年代末，美国率先提出了"先进制造技术"的理念，这一领域迅速成为全球关注的焦点。早期研究多以计算机技术为核心基础，例如，扎伊尔（Zair，1992）和扎姆托（Zammuto，1992）从实体形态的角度，将先进制造技术分为硬件技术与软件技术；波耶尔和佩吉尔（Boyer & Pagell，1996）从多重维度划分为研发、生产和管理；斯奈尔和迪安（Snell & Dean，1997）及斯瓦米达斯和科塔（Swamidass & Kotha，2000）则进一步按照技术类型细分为设计、信息、加工和运输四大类别。国内对先进制造业的研究起步虽晚，但发展迅速，并取得了显著成果。林汉川和郭巍（2011）认为，先进制造业是以最先进的技术、科学管理体系和合理生产规模为特征的制造业。李舒翔和黄章树（2013）强调，先进制造业是制造业与新一代信息技术深度融合的结果，能够创造高科技成果并将其应用于全供应链流程中。唐晓华（2020）则进一步指出，先进制造业可分为两种类型：一种是以信息技术等为支撑的新兴高科技制造业，另一种是通过技术改造形成的先进传统制造业。

综上所述，先进制造业的定义可以从两个方面诠释：一是从技术角度，只有制造业融合了现代信息技术后，才能界定为先进制造业；二是制造业将创新技术应用于生产运营全流程之中，才能界定为先进制造业。

通过上文分析得出，目前的学术界尚未形成统一公认的对先进制造业进行划分和定义的标准。本书认为，先进制造业是将生产制造技术与计算机、电子信息、新材料、人工智能、大数据和产业链等新一代信息技术结合一体而形成的高新技术成果，并将该成果应用于制造业的研发、采购、生产、销售等各个环节，实现整个流程的智能化、信息化和程序化，进而实现高效、低耗、绿色和智能化的生产运营制造产业的总称。主要按照经合组织 OECD 对 R&D 投入强度相对较高的制造行业确定先进制造业，其主要包括药品、医药化学剂和植物药材制造，办公室、会计和计算机机械制造，无线电、电视和通信设备与装置制造，医疗器械、精密仪器和光学仪器制造，飞机和航天器制造五类行业（具体见附录先进制造业 ISIC 与 SITC 匹配产品分类）。综上所述，先进制造业的发展，不仅能够提高制造业的发展水平，而且能够助力整个社会经济体系的协调发展。

2. 先进制造业集群的界定

《中国制造 2025》明确指出中国制造业向先进制造业转变的战略目标。我国在近年来持续加快先进制造业的发展速度，力争向制造强国转变。党的二十大报告再一次强调，制造业高质量发展是我国经济高质量发展的重中之重，需要顺应发展，以高端化、智能化、绿色化为方向，促进制造业实现质的有效提升和量的合理增长。由于产业不断迭代升级和技术的创新发展，先进制造技术得到了不断的更新和完善，先进制造业在不同时期有不同的内涵。目前，经济理论界和经济企业界均未对先进制造业集群边界范畴作明确的界定。本书提出先进制造业集群是指一组相互依赖、密切关联的企业，它们在同一领域内从事先进制造业的生产、研发、设计、销售等各个环节，通过产业链的延伸和协同效应的发挥，形成具有规模优势、创新能力、竞争优势的集群。它是产业分工深化和集聚发展的高级形式，是制造业高质量发展的重要标志之一。

先进制造业集群主要包含以下五个特征。第一，产业链的完整性：先进制造业集群内的企业应当涵盖整个产业链的各个环节，包括原材料供应、零部件制造、成品生产、研发设计、市场销售等多个方面。第二，技术创新和研发能力：先进制造业集群内的企业应当具备创新能力，推动技术进步和产业升级，实现产业链的优化和转型升级。第三，规模效应和经济效益：先进制造业集群内的企业应当形成规模优势，实现资源共享、成本降低、产能提升等效应，进而提高生产效率和经济效益。第四，人才培养和交流合作：先进制造业集群内的企业应当注重人才培养，开展交流合作，共同提升行业技术水平和人才素质，促进集群的可持续发展。第五，品牌建设和市场竞争力：先进制造业集群内的企业应当注重品牌建设和市场竞争力的提升，形成具有一定影响力和竞争力的品牌和产业集群。

2024 年工业和信息化部共公布了 80 个国家先进制造业集群的名单。这 80 个国家级集群主将成为推动经济高质量发展的重要引擎（见图 1−1 和图 1−2）。根据统计，珠三角地区有 7 个制造业集群入选，分别为深圳市新一代信息通信集群，广州市、佛山市、惠州市超高清视频和智能家电集群，东莞市智能移动终端集群，广州市、深圳市、佛山市、东莞市智能装备集群，深圳市先进电池材料集群，深圳市、广州市高端医疗器械集群，佛山市、东莞市泛家居集群，数量排名居全国前列。

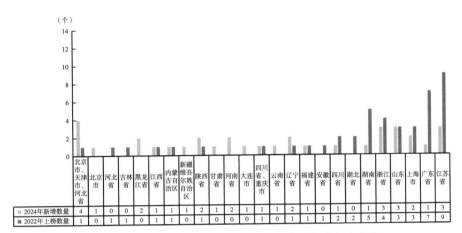

	北京市、天津市、河北省	北京市	河北省	吉林省	黑龙江省	江西省	内蒙古自治区	新疆维吾尔族自治区	陕西省	甘肃省	河南省	大连市	四川省、重庆市	云南省	辽宁	福建省	安徽省	四川	湖北	湖南省	浙江	山东	上海市	广东省	江苏省
2024年新增数量	4	1	0	0	2	1	1	1	2	1	2	1	1	2	1	0	1	0	1	3	3	2	1	3
2022年上榜数量	1	0	1	1	0	1	1	0	1	0	0	0	0	1	0	1	1	2	2	5	4	3	3	7	9

图 1 - 1 2022 年、2024 年全国先进制造业集群各省分布

资料来源：深圳市先导科技产业促进中心。

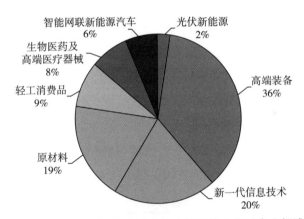

图 1 - 2 2022 ~ 2024 年 80 个国家级先进制造业集群产业领域分布

资料来源：深圳市先导科技产业促进中心。

四、技术路线与研究内容

（一）技术路线图

本书以提出问题、分析问题和解释问题的思路展开，基本技术路线如图 1 - 3 所示：

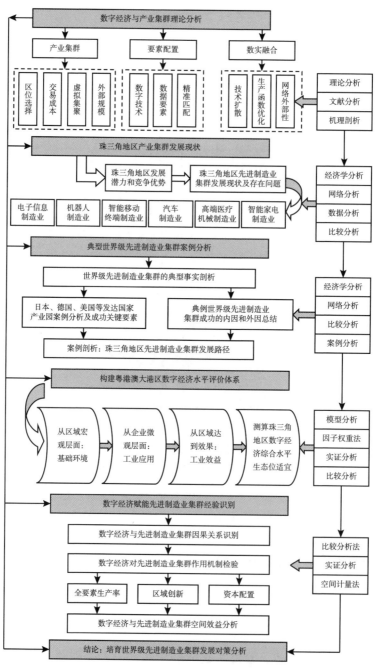

图 1-3 研究思路技术路线

（二）研究内容

第一章，绪论。我国的先进制造业集群在空间分布上呈现出鲜明的东强西弱格局，构建了"一带三核两支撑"的总体布局，这种分布特征既体现了区域经济的历史发展基础，也反映了各地在先进制造业发展过程中的资源禀赋与产业优势的差异化定位。本研究正是基于广东省正加快步伐对标全球打造数字经济产业中心和产业生态。广东"十四五"规划建议提出，推动制造业高质量发展，打造世界级先进制造业集群。对数字经济、先进制造业和先进制造业集群概念界定，以提出问题、分析问题和解决问题的思路设计本书技术路线图，采用理论研究与经验研究相结合、定量分析与定性分析相结合的研究方法对全书展开论述。在此基础上提出本书可能存在的创新之处。

第二章，文献综述与研究假设。首先整理了关于数字经济相关研究的文献，其次梳理了关于制造业集聚相关研究文献，再次梳理了数字经济赋能产业结构升级相关研究文献，最后梳理了数字经济赋能制造业高质量发展研究。通过文献比较分析发现，鲜有文献从数字经济视角，以定量方法研究珠三角地区培育世界级先进制造业集群发展。本书试图构建数字经济与先进制造业集聚理论分析与研究假说，数字经济可以通过直接效应促进先进制造业集聚，数字经济也可以通过贸易开放度、劳动生产率和产业结构升级的调节作用促进先进制造业集聚。数字经济可以通过直接效应促进产业结构升级，也可以通过全要素生产率、创新以及资本优化的调节作用促进产业结构升级。

第三章，数字经济与产业集群。首先是产业集群理论分析，包含理论基础与表现形式；数字技术驱动生产要素优化配置理论分析；其次是数字经济和实体经济融合理论分析，包含二者融合的理论基础、作用机理与表现形式。再次是数字经济与产业集群内在逻辑关系，从数字经济的角度，数字技术与数据驱动以及以数字经济为基础的平台经济加快产业集群的数字化转型、促进产业集群的创新、为产业集群提供更优质的服务。产业集群的空间集聚效应、产业集群的价值链协同、产业集群的创新生态都促进了先进制造业的高质量发展。最后是数字经济能够牵引和优化产业集群发展，数字经济驱动产业集群融合发展，数字技术与产业集聚促进产业的转型和升级，维度分析数字经济与产业集群的相互促进作用。

第四章，珠三角地区数字经济和产业集群现状分析。首先，介绍珠三角地区数字经济的现状，从数字经济发展总体态势、广东模式的实践创新、区域数字经济协同发展、数字经济发展面临的挑战四个方面展开描述。其次，分析珠三角地区产业集群现状，从地理位置和区位优势、经济实力、产业基础分析珠三角地区的发展潜力和竞争优势，分析对先进制造业中电子信息、机器人、智能移动终端、汽车、高端医疗器械、智能家电六大产业集群发展现状与存在问题进行分析。

第五章，典型世界级先进制造业集群案例分析。分析包括日本爱知汽车产业集群、德国斯图加特汽车产业集群、美国休斯敦的能源产业、深圳高科技产业园区苏州人工智能产业园等主要典型世界级先进制造业集群案例。并且得出企业内部因素、政策环境、基础设施、人才资源、产业链配套、市场需求等因素共同推动产业集群的形成与发展的结论。借鉴国内外典型产业集群案例的发展经验，并结合珠三角地区实际情况，从提高技术创新能力、建立人才培养与引进机制、推动政府支持政策、加强基础设施和资源建设、吸引外资和技术、建立金融支持体系、推动数字化转型方面推进珠三角地区先进制造业集群发展。

第六章，数字经济水平评价体系。选择数字经济发展相关的区域影响因子（简称"生态因子"），建立 n 维超体积生态位模型。再通过信息熵值确定各指标的权重，从而获得较为客观的权重比例。从基础环境、工业应用情况和工业应用效益三个维度，测度产业数字化适宜度和进化动量，从而构建推动数字经济水平评价体系。选取 9 个指标测度珠三角地区数字经济发展水平。数字经济水平测算结果显示，相对于其他城市群而言，珠三角地区数字经济基础雄厚，数字经济综合水平指数发展速度快，总体规模最大，近年来遥遥领先于国内各大城市群，是国内数字经济最活跃的城市群。

第七章，数字经济对先进制造业集群的影响机制。基于 2011～2020 年的省份面板数据，构建固定效应模型、调节效应模型，从多方面探讨了数字经济对先进制造业集聚的影响以及作用机理，分析了提升贸易开放度、促进产业高级化、提高劳动生产率在计量模型中的调节作用。得出如下结论：第一，数字经济能够促进先进制造业集聚。第二，贸易开放度有助于数字经济促进先进制造业集聚，即贸易开放度高的地区，数字经济对先进制造业集聚的促进作用越明显，这表明贸易开放度已经成为产业结构升级的重要影响因素。第三，产业高级化和劳动生产率在数字经济提升先进制造业聚集中起到正向调节作用，有助于数字经济在先进制造业集聚中发挥更显著的影响。通过实证结果从经济发展、数字经济发展、贸易开放度等方面提出相关政策建议。

第八章，珠三角数字经济与产业转型升级。基于 2011～2020 年的城市面板数据，构建固定效应模型与调节效应模型，从多方面探讨了数字经济对区域产业结构升级的影响以及作用机理，分析了劳动生产率、区域创新与资本配置率在其中的调节作用。得出如下结论：第一，数字经济能够促进产业结构升级，五大城市群中珠三角地区数字对产业结构升级的影响系数接近全国水平。第二，数字经济通过劳动生产率、区域创新与资本配置率都对产业结构升级的产生正向作用，从实证结果加大数字经济基础建设、提升全要素生产率、提高区域创新水平和优化资本配置率等相关政策建议。

第九章，珠三角地区培育世界级先进制造业集群发展对策分析。本部分将基于上述相关理论分析与实证研究，结合国内外相对成功的产业集群成长现状和经验分析，包括对国内长三角、京津冀、成渝国家级制造业集群的发展经验，以及德国德累斯顿、日本东京湾区、旧金山湾区等国际级制造业集群的发展经验分析，对珠三角地区产业数字化集群成长的内部资源与能力积累、外部因素、嵌入核心网络的途径、突破中低端锁定的方法、政府政策的支持等提出具体的措施和建议，包括推动数字经济与实体经济融合、完善创新人才机制、政府政策支持引导、发挥港澳的外引内联作用等宏观政策。同时，针对电子信息、机器人、汽车、绿色石化、智能家电等产业集群存在的问题，提出相应的产业集群措施和建议。

五、可能的创新之处

（一）数字经济水平评价体系

运用 n 维超体积生态位模型，从基础环境、工业应用和工业效益三个维度，以推动产业数字化的区域发展情况作为生态位模型中的研究对象，区域的环境、资源等作为生态因子，构建粤港澳大湾区产业数字化适宜度评价体系。现有文献对产业集群的关注主要聚焦于一般性研究的较多，前期虽有文献在产业集群方面作过尝试，但是以生态位模型的研究产业数字化适宜度评价体系较为少见。

（二）实证检验数字经济与先进制造业集聚因果关系

本书试图采用 2011～2020 年的省份面板数据，构建固定效应模型、调节效应模型，从多方面探讨了数字经济对先进制造业集聚的影响以及作用机理，检验数字经济与先进制造业集群是否具有因果关系，探索外贸开放度、产业高级化、劳动生产率是否能够对数字经济与先进制造业集群起到调节作用。

（三）挖掘数字经济对产业转型升级的影响机制

本书试图在国内外成功产业集群案例中总结其影响因素，阐述其理论机制。选取数字经济水平为解释变量、资源配置能力、企业生产成本、企业创新能力为中介变量，产业转型升级为被解释变量，实证检验数字经济是否通过资源配置、生产成本、创新能力来促进产业转型升级的影响机制。现有大量文献研究产业集群与产业转型升级的问题，但从甚少文献能从数字经济方面分析其对产业集群的影响。

第二章

文献综述与研究假设

一、文献综述

(一) 关于数字经济相关研究

"数字经济"一词真正被学术界所熟知、重视并接受始于 20 世纪 90 年代,其早期概念来自《数字经济:网络智能时代的希望与危险》(*The Digital Economy: Promise and Peril In The Age of Networked Intelligence*) 一书。该书在 1996 年由美国学者多恩·塔普斯克特(Don Tapscott)撰写出版,探讨了互联网引发的若干新经济形态,并将其命名为"数字经济"。

1. 数字经济内涵方面

在数字经济研究的初期,国外学者普遍将其视为电子商务的同义概念,认为数字经济由电子设备支持、电子商务交易以及相关流程三部分构成(Mesenbourg & Atrostic, 2000)[①]。随后,阿特金森和麦凯(Atkinson & Mckay, 2007)提出,数字经济的范围不仅限于互联网和

[①] Mesenbourg T L. Measuring the Digital Economy [M]. US Bureau of the Census, Suitland, MD, 2001.

电子商务，还包括信息通信技术（ICT）产业及其在各领域的广泛应用①。经济合作与发展组织（OECD，2013）进一步将数字经济的内涵扩展至由 ICT 和网络支撑的经济、社会与文化活动，涵盖基础设施、相关产业以及与传统产业的关联部分。美国国家经济分析局（BEA，2018）则将数字媒介纳入数字经济的框架中，认为数字经济由三大核心部分组成：首先是数字基础设施，包括计算机硬件和软件、通信设备与服务以及物联网；其次是电子商务，涵盖电子下单、电子交付和平台交易等；最后是数字媒体，涵盖直接销售的数字内容、免费数字内容以及大数据应用②。国外对数字经济的定义多采用窄口径的方法，通常聚焦于 ICT 产业、内容与媒体产业及依赖数字投入的经济活动。这种窄口径定义具有范围明确、便于测算数字经济增加值等特点。然而，随着数字经济的不断发展，其影响力已逐步渗透至各行各业，对社会产生了深远的影响，远超以往统计核算的范畴。因此，一些国家和国际组织对数字经济的概念与范围进行了扩展。例如，经济合作与发展组织（2020）提出宽口径的数字经济概念，将其定义为包含所有数字技术、数字基础设施、数字服务和数据等数字化投入，以及通过这些投入显著增强的经济活动。

从整体来看，宽口径的数字经济定义范围更为广泛，不仅涵盖窄口径数字经济的内容，还包括所有与数字技术相结合并取得明显提升的经济活动，几乎涉及国民经济的所有部门。这种扩展反映了数字经济在推动产业转型、资源优化配置和社会发展中的核心地位及广泛影响力。

近年来，各国学者和机构纷纷对数字经济作出定义，主要从以下

---

① Atkinson R D, Mckay A S. Digital Prosperity: Understanding the Economic Benefits of the Information Technology Revolution [J]. SSRN Electronic Journal, 2007 (2): 64.

Mesenbourg T, Atrostic B K. Measuring the U. S. Digital Economy: Theory and Practice [R]. U. S. Census Bureau Working Paper, 2000.

② Barefoot B, D Curtis, W Jolliff, J R Nicholson and R Omohundro. Defining and Measuring the Digital Economy [R]. BEA Working Paper, 2018.

四个角度进行定义：第一个是从行业范围角度认识数字经济。1997年，日本通产省将数字经济界定为广义的电子商务。但是，裴长洪（2018）提出由于对行业范围的界定不同，行业规模也难以测算，这类定义给统计造成了困难。第二个是从投入产出角度认识数字经济①。内森和罗索（Nathan & Rosso，2012）、巴克特和海克斯（Bukht & Heeks，2017）英国研究委员会认为，数字经济通过人和技术发生复杂关系而创造社会经济效益②。第三个是从技术驱动角度认识数字经济。何枭吟（2005），李长江（2017）数字经济是一场由新一代信息技术不断创新主导的经济革命③④。第四个定义是对前三个角度的综合。詹姆斯·威尔逊（James Wilsdon，2001）将数字经济理解为基于新一代信息技术、网络设施和数据要素而产生的新经济形态⑤。

2. 数字经济的测度

随着数字经济的迅猛发展，越来越多新的商业模式和产业业态开始涌现，伴随数字经济出现的这些新模式和新业态与传统经济下的模式和业态在生产和盈利方式上有着巨大的差异，国际机构与学术界对数字经济测度分别提出以下方法：第一，国际机构对数字经济的测度。OECD（1996，2011，2012，2015）先后提出了知识经济、信息经济、数字经济等测算框架，利用供给使用表对美国数字经济增加值规模进行了测算研究（Barefoot & Curtis，2018；BEA，2018）⑥。第

---

① 裴长洪，倪江飞，李越. 数字经济的政治经济学分析［J］. 财贸经济，2018，39（9）：5－22.

② Nathan M, Rosso A, Gatten T et al. Measuring the UK's Digital Economy with Big Data［R］. National Institute of Economic and Social Research，2003.

③ 何枭吟. 美国数字经济研究［D］. 长春：吉林大学，2005.

④ 李长江. 关于数字经济内涵的初步探讨［J］. 电子政务，2017（9）：84－92.

⑤ Miller P, Wilsdon J. Digital Futures：An Agenda for a Sustainable Digital Economy［J］. Corporate Environmental Strategy，2001，8（3）：275－280.

⑥ Barefoot B, D Curtis, W Jolliff, J R Nicholson and R Omohundro. Defining and Measuring the Digital Economy［R］. BEA Working Paper. 2018.

二，学术界对数字经济的测度。有关学者认为，从概念的角度，GDP
已经捕获了数字经济活动及其创造的增加值（Ahmad & Schreyer，
2016）[①]。在国内，有学者系统梳理和比较了信息经济、互联网经济
等新型经济的测度方法（张美慧，2017）[②]，从经济、社会、环境等
角度分析了大数据在中国绿色发展中可以发挥的作用（许宪春和张
美慧，2019）。

　　当前的国民经济核算体系难以通过现有的统计口径和核算方法准
确衡量数字经济，因此，近些年很多国际组织和国家都开始构建能够
更加精确核算数字经济发展状况和规模的测度体系，主要分为下面三
种：一是增加值测算法，马克卢普（Machlup，1962）和波拉特（Po-
rat，1977）最先开始研究知识经济和信息经济的增加值测算。近些
年，伴随着数字经济的快速发展以及在国民经济中的重要作用，大量
国际组织、统计机构以及学者开始对其测度展开研究，尼克勒姆等
（Knickrehm et al. 2016）、迪安等（Dean et al. 2016）测算了全球多个
国家的数字经济增加值以及其对各国 GDP 的贡献率。新西兰统计局
（2017）借鉴 OECD 提出的数字经济框架，测算了 2007～2015 年新
西兰数字经济规模。澳大利亚统计局（2019）借鉴了 BEA 的测度方
法，测度了数字经济的增加值以及对经济的贡献度。美国经济分析局
（2019）对数字经济范围进行了界定，通过供给使用表构建了核算框
架，将美国的数字经济分成了三部分，测算了美国 2006～2016 年的
数字经济规模。二是指标体系法。小松崎清介等（1994）较早对
"信息化"进行了测算，此后日本电信与经济研究所进一步完善了信
息化指数模型。OECD 在 2007 年构建了 ICT 产业的统计指标体系，
2014 年又构建了数字经济指标体系（OECD，2007，2014）。欧盟统

[①]　Ahmad N，P Schreyer. Measuring GDP in a Digitalised Economy [M]. Pairs：OECD Publish-
ing，2016.

[②]　张美慧. 国际新经济测度研究进展及对中国的借鉴 [J]. 经济学家，2017（11）：47 –
55.

计局（Eurostat，2017）为了使其各成员国能够统一数字经济核算口径，发布了《数字经济和社会指数》系列报告，为欧盟各国测算数字经济水平提供了工具和模板。三是卫星账户法。数字经济卫星账户多以 ICT 卫星账户为基础进行构建，21 世纪初就有很多国家展开了 ICT 卫星账户的构建工作，例如澳大利亚、南非、智利、加拿大和马来西亚等，马来西亚在 2011 年以原有 2009 年编制的框架内容基础上加入辅助指标建立了适合本国国情的数字经济卫星账户。OECD 在 2017 年提出了数字经济卫星账户基本框架，并尝试编制供给使用表，后又于 2020 年发布了《数字经济供给使用表指南》。贝尔富特等（Barefoot et al.，2018）构建了数字经济核算框架，通过供给使用表初步测算了美国的数字经济发展程度[①]，美国经济分析局 2019 年在此基础上进一步对数字经济范围进行了界定，将美国的数字经济分为了三部分，利用供给使用表测算了美国 2006～2016 年的数字经济规模。OECD、美国、欧盟等国际组织和国家开展的数字经济核算研究相对较早也更为成熟，为我国数字经济的核算提供了方向，但这些国际组织和国家对数字经济的核算在计算口径、分类体系、方法上存在一定差异，为国家间数字经济的比较带来了不便。

（二）关于制造业集聚相关研究

制造业集聚的研究涵盖领域广泛，本书基于产业集聚理论，对制造业集聚的研究现状、测度方法以及区域制造业集聚的相关成果作了梳理与分析，旨在为我国先进制造业集群的发展提供经验借鉴和理论参考。

1. 产业集聚理论研究

产业集聚是工业化发展到一定阶段的产物，其核心特征是相同或

---

① Barefoot B，D Curtis，W Jolliff，J R Nicholson and R Omohundro. Defining and Measuring the Digital Economy ［R］. BEA Working Paper，2018.

相近产品的企业及其上下游关联方在特定地理区域内的集中。随着这一过程的推进,关键生产要素逐渐聚集在特定空间范围内,并通过行政或市场手段优化配置和重组各类资源,最终在某一区域内形成规模化的产业组织。这一集中现象不仅推动了生产要素的流动,还产生了显著的集聚效应,为区域经济发展注入了活力。

关于产业集聚现象的研究可以追溯至19世纪末的欧洲。马歇尔是这一领域的开创性学者之一。他在19世纪90年代首次提出"产业区"的概念,用以描述某些工业企业集中的区域特征。在其经典著作《经济学原理》中,马歇尔(Marshall)指出,这些"产业区"内大量互联的中小微企业,通过上下游关系实现了规模效益的充分发挥,表现为生产效率的提升和成本的下降。他进一步提出了"规模经济内生性"和"规模经济外生性"两个重要理论概念,为后续的产业集聚理论奠定了基础(马歇尔,1920)。马歇尔的理论为后续研究提供了理论框架,产业集聚理论在此基础上得到了不断丰富与发展。韦伯(Weber)在其著作《论工业区位》中提出"工业区位理论",分析工业企业如何选择最优空间位置以降低生产成本,认为运费、工资成本和集聚效益是影响区位选择的关键因素(韦伯,1909)。胡佛(Hoover)在《经济活动的区位》中进一步指出,产业集聚的规模效应是由企业集中度驱动的,仅少量企业的集聚难以产生显著的规模效益,最佳规模应对应较高的企业密度(胡佛,1948)。廖施(Losch)在《经济的空间秩序》中提出"多因素动态区位论",从垄断市场竞争的角度出发,论证了制造企业通过降低运输和生产成本实现利润最大化,并优化产业集聚的空间布局(廖施,1940)。20世纪中期,法国学者佩鲁(Perroux)提出"增长极理论",认为技术进步和产业创新是推动产业集聚的核心驱动力,特别是在生产规模大、增长速度快的行业,这种效应尤为显著。随后,赫希曼(Hirschman)和鲍德维尔(Boudeville)等学者对该理论作了进一步完善,提出产业集聚效应能够通过经济辐射机制带动周边区域和行业的发展（佩鲁，1978；赫希曼，1958；鲍德维尔，1996）。在现代经济学领域，克鲁格曼（Krugman）是新经济地理学的代表人物。他在《递增效益与经济地理》中指出，产业集聚与规模经济之间存在相互促进的正向作用，这一观点奠定了新经济地理学的理论基础（克鲁格曼，1991）。随后，藤田昌久与克鲁格曼（Fujita & Krugman）合作出版的《空间经济学：城市、区域、国际贸易》进一步巩固了这一理论体系（藤田昌久和克鲁格曼，2001）。奥塔维亚诺（Ottaviano）则在此基础上提出了"新"新经济地理学，进一步深化了相关研究（奥塔维亚诺，2011）。此外，波特（Porter）在《国家竞争优势》中以英国、美国、德国和日本等发达国家为样本，探讨了产业集聚现象的成因及其对市场竞争力的影响，并提出"钻石体系"模型，从要素条件、需求状况、关联产业和竞争战略等多维度分析了产业集聚的形成机制（波特，1990）。缪尔达尔（Myrdal）则从循环累积因果的角度，论证了产业集聚能够最大化地推动区域经济增长，并吸引更多企业进驻，从而形成良性循环（缪尔达尔，1957）。

总体而言，国外对产业集聚理论的研究经历了从定性分析到定量分析的演进，并逐步引入实证量化方法，使研究成果更加精准和科学。相比之下，我国在该领域的研究起步较晚，但随着改革开放以来经济水平的提升以及市场经济体制对资源配置作用的增强，产业集聚成为推动地方经济发展的新动能。在此背景下，国内学者对产业集聚效应的关注度和研究热情不断提高，研究深度和广度均在持续拓展。

2. 制造业集聚研究现状

工业革命以来，西方发达资本主义国家高度重视工业制造业的发展，通过逐步建立现代化的规模化工业体系，成为学术研究关注的重点之一。在此背景下，国内外学者从不同视角探讨了制造业集聚的形成原因及影响因素。具体而言，西方学者的研究更注重理论分析与实证验证，为理解产业集聚现象提供了多维度的理论框架和数据支持。

　　学术界从多个方面对制造业集聚的影响因素展开研究。巴塔查里亚和布洛克（Bhattacharya & Bloch，2000）指出，制造业集聚对经济刺激政策具有显著敏感性，其中关税保护政策对促进制造业集聚表现出更快速且高效的作用。罗森塔尔和斯坦格（Rosenthal & Stange，2001）通过研究证实，交通运输成本是美国制造业集聚的关键因素，但州及以上层级的地域范围是其研究的主要界限。此外，他们还发现运输成本在实际物流消耗中的权重远高于表面费用，因此降低物流成本被认为是推动制造业集聚和经济增长的重要策略。杜麦（Dumai，2002）进一步指出，工业组织要素对产量增加具有显著促进作用。各国学者借助区域性数据和面板模型对产业集聚展开实证研究，取得了一系列重要发现。例如，艾金格和普法费尔马（Aiginger & Pfaffermayr，2004）基于欧洲 14 个国家 99 个制造业的长期数据，发现欧盟市场一体化战略在一定程度上抑制了欧洲大陆产业集聚的发展优势，而非提升集聚水平[1]。鲍德温（Baldwin，2010）则通过对 1990～2000 年加拿大制造业数据的分析，验证了创新对制造业发展的推动作用，同时支持了产业集聚成因理论[2]。美国的新兴制造业企业由于技术创新属性，更倾向于雇佣高新技术工人，阿尔卡塞尔和陈（Alcacer & Chun，2013）通过对美国制造业 10 年的实证研究发现，技术工人的集聚现象尤为显著[3]。马特拉巴等（Matlaba et al.，2012）对马歇尔外部性理论中的四个关键要素进行了实证研究，通过分析巴西 24 个州长达 26 年的制造业数据以及瑞典 14 年的相关数据，进一步验证了这些要

---

　　① Aiginger K，Pfaffermayr M. The Single Market and Geographic Concentration in Europe［J］. Review of International Economics，2004，12（1）：1 – 11.

　　② Baldwin R E，R Forslid. Trade liberalization with heterogeneous firms［J］. Review of Development Economics. 2010，14（2）：161 – 176.

　　③ Alcacer J，Chung W. Strategic Location strategies for agglomeration economies［J］. Journal, Article first published online：11 NOV 2013. DOI：10. 1002/smj. 2186.

素对产业集聚程度具有显著的正向影响[①]。其他国家的研究也反映了集聚度对制造业发展的重要性。例如，皮亚丽·马朱姆巴德和阿帕纳·索尼（Piyali Majumder & Aparna Sawhney，2020）通过对印度各州 2008～2014 年的工业集聚数据进行分析，发现集聚度较高的行业中企业更倾向于出口，并且出口行为对当地经济产生了显著的正向溢出效应[②]。

近年来，我国愈发重视制造业的发展，国内学者结合国际研究成果，对制造业集聚开展了大量探讨并取得了阶段性成果。吴学花和杨蕙馨（2004）研究了中国 1978～2004 年的制造业集聚情况，指出东部沿海省市的集聚态势更为显著[③]。贺灿飞等（2007）发现，制造业企业的空间集聚程度与产业划分呈现负相关，这一结论为理解特定区域制造业企业的空间布局提供了新思路[④]。朱英明（2009）进一步指出，虽然产业集聚对技术创新提升的直接作用有限，但对规模经济效益和全要素生产率的提升作用尤为显著。与此同时，我国学者还探索了制造业与其他产业之间的协同关系[⑤]。江曼琦和席强敏（2014）发现，制造业与生产型服务业的地域协同集聚程度较高，二者之间的投入产出关系是决定地域集聚的重要动力[⑥]。刘彦军（2015）通过对沿海地区海洋产业集聚水平的研究，发现我国沿海省区海洋产业集聚

---

① Matlaba V, Holmes M, Mc Cann P and Poot J. Agglomeration Externalities and 1981 – 2006 Regional Growth in Brazil [J]. 2012, University of WAIKATO Working Paper in Economics No. 07.

② Majumder P, Sawhney A. Manufacturing agglomeration and export dynamics across Indian states [J]. Indian Economic Review, 2020, 55. DOI: 10.1007/s41775 – 020 – 00083 – 5.

③ 吴学花，杨蕙馨. 中国制造业产业集聚的实证研究 [J]. 中国工业经济，2004（10）：36 – 43.

④ 贺灿飞，潘峰华，孙蕾. 中国制造业的地理集聚与形成机制 [J]. 地理学报，2007（12）：1253 – 1264.

⑤ 朱英明. 区域制造业规模经济、技术变化与全要素生产率——产业集聚的影响分析 [J]. 数量经济技术经济研究，2009，26（10）：3 – 18.

⑥ 江曼琦，席强敏. 生产性服务业与制造业的产业关联与协同集聚 [J]. 南开学报（哲学社会科学版），2014（1）：153 – 160.

呈现簇状分布，其集聚水平与海洋产业链布局的相似性密切相关①。范晓莉等（2017）认为，高端产业的集聚水平可以通过提升劳动力知识水平、基础设施建设和资本投入得到显著改善②。

此外，一些研究将生态环境纳入产业集聚的分析框架。例如，余昀霞和王英（2019）发现，产业集聚与生态环境之间呈现"N"形或"U"形曲线关系③。原毅军和郭然（2018）的研究则揭示，东部和西部地区在产业集聚和科技创新之间分别体现了负向和正向影响，这反映出区域发展不平衡的问题④。通过梳理国内外研究成果可以发现，无论是定性分析还是定量研究，学者们均从多角度、多维度验证了马歇尔产业集聚理论，并进一步扩展了其内涵。这些研究不仅加深了对产业集聚现象的理解，还为产业集聚对经济发展、资源配置和技术创新的促进作用提供了有力证据。这些成果为我国制造业集聚的进一步研究和发展提供了重要借鉴与启发。

3. 区域制造业集聚研究

工业和信息化部发布的 45 个先进制造业集群数据显示，东部地区制造业在高质量发展中的引领作用持续增强。与此同时，产业链向中西部地区的转移正逐步加快，促进了新兴产业和先进制造业基地的培育，使得中西部地区在承接产业转移中的作用愈发突出。长三角地区通过建立产业链联盟，深化了区域间的产业合作，显著提升了一体化水平。数据显示，长三角地区对全国工业增加值的贡献达到 1/4，其中集成电路产业规模占全国的 60%，生物医药和人工智能产业规

① 刘彦军. 我国沿海省区海洋产业集聚水平比较研究 [J]. 广东海洋大学报，2015，35（2）：22 - 29.

② 范晓莉，黄凌翔，卢静，等. 战略性新兴产业集聚发展及影响因素分析 [J]. 统计与决策，2017（14）：139 - 143.

③ 余昀霞，王英. 中国制造产业集聚的环境效应研究 [J]. 统计与决策，2019，35（3）：129 - 132.

④ 原毅军，郭然. 生产性服务业集聚、制造业集聚与技术创新——基于省级面板数据的实证研究 [J]. 经济学家，2018（5）：23 - 31.

模分别占据全国的 1/3，而新能源汽车产量更是占据全国的 38%。这些成果充分彰显了长三角制造业对全国经济的辐射带动作用。

在珠三角地区，产业集群的建设正如火如荼地进行。该区域拥有三个国家级制造业创新中心和超过 5.7 万家高新技术企业，正在全力建设成为全球先进制造业发展的重要高地。中西部地区则以工程机械、智能语音、光电子信息和新材料等领域为重点，通过承接东部地区的产业转移和加速新兴产业的培育，致力于实现跨越式发展，同时积极打造国内领先的先进制造业集群。伴随着先进制造业集群建设的深入推进，学术界对相关区域的研究也日益丰富。以长三角和珠三角为例，苗圃和张宁（2023）通过对长三角地区 25 个城市的研究发现，专业化分工、知识技术创新以及集群保护性对于推动先进制造业集群高质量发展具有显著的促进作用①。王硕（2013）以长三角地区 27 个城市为样本，验证了产业协同集聚效应的存在②。杨雨琦等（2022）从数字创新、服务创新和网络嵌入三个维度分析了推动集群产业链、价值链和创新链"三链协同"的具体路径，为长三角先进制造业集群的高质量发展提供了理论依据③。

此外，研究还涉及绿色技术创新对制造业的推动作用。田泽等（2021）通过构建先进制造业绿色技术创新效率的两阶段指标评价体系，测算了长三角区域绿色技术创新效率和绿色全要素生产率（TFP）④。在珠三角地区，苟富华和周敏（2020）研究发现，该区域的先进制造业集聚水平和行业间集聚程度存在差异，且整体呈下降趋

---

① 苗圃，张宁. 先进制造业集群高质量发展机制及实证检验——以长三角 25 个城市为例 [J]. 上海市经济管理干部学院学报，2023，21（2）：14-24.

② 王硕. 生产性服务业区位与制造业区位的协同定位效应——基于长三角 27 个城市的面板数据 [J]. 上海经济研究，2013（3）：117-124.

③ 杨雨琦，向永胜，孙树涵. 基于创新驱动的长三角先进制造业集群高质量发展路径研究 [J]. 科技创业月刊，2022，35（6）：65-69.

④ 田泽，王若梅，肖钦文，等. 长三角区域先进制造业绿色技术创新效率研究 [J]. 安徽师范大学学报（人文社会科学版），2021，49（5）：137-147.

势。其主要影响因素包括市场需求、对外开放度、外商直接投资、城镇化水平、经济发展水平和人力资本，其中城镇化水平的影响尤为显著。除长三角和珠三角外，其他地区的制造业集聚研究也有所突破①。江曼琦和席强敏（2014）通过投入产出模型，分析了上海市的产业集聚黏合度，证实了协同集聚效应的存在②。周立新和毛明明（2016）研究了重庆地区的制造业发展，发现产业集聚能显著提升生产效率，同时推动科研创新对产业发展的积极影响③。周路（2022）以德阳市 2000～2019 年的数据为例，分析了产业集群发展机制与制度因素的关系，并提炼出影响先进制造业集群发展的关键制度指标④。

在京津冀地区的协同发展战略下，学术界对该区域制造业的集聚研究也取得了大量成果。商伟等（2016）指出，河北作为京津两地的功能疏解和接收地，其职能定位的科学性有利于区域协同发展。李峰（2016）建议，通过技术和模式创新助力京津冀的发展，从而构建合理的产业体系。杨薇和王书平（2017）通过区位熵测算验证了京津冀地区的产业集聚程度，并提出了加强高层次人才引进的建议。黄英龙等（2018）强调了制造业与计算机技术的融合对技术创新的重要性，建议加强信息网络基础设施建设，实现"软资源"的合理整合。此外，京津冀制造业集聚的空间特征也得到了深入分析。吴敬茹和杨再军（2021）的研究表明，京津冀地区的先进制造产业集聚具有明显的空间不均衡性，以北京和天津为核心逐步向外递减。尽管这种空间递减效应逐年减弱，但其影响仍然显著。学者们广泛采用区

① 苟富华，周敏. 珠三角先进制造业集聚水平及影响因素实证分析 ［J］. 智能计算机与应用，2020，10（8）：249-253，258.

② 江曼琦，席强敏. 生产性服务业与制造业的产业关联与协同集聚 ［J］. 南开学报（哲学社会科学版），2014（1）：153-160.

③ 周立新，毛明明. 产业集聚与全要素生产率增长——基于重庆制造行业面板数据的实证分析 ［J］. 重庆大学学报（社会科学版），2016，22（1）：33-39.

④ 周路. 德阳市先进制造业集群发展的制度因素与制度创新研究 ［J］. 技术与市场，2022，29（4）：35-39.

位熵法进行研究。例如，顾朝林等（2008）对北京、天津和廊坊的主要行业领域进行分析，得出了三地行业分工日益明确的结论。姜珊（2019）则通过区位熵分析发现，与第一产业相比，天津市第二产业的集聚效应最为显著。

总体来看，无论是长三角、珠三角还是京津冀区域，学者们通过实证分析和理论构建，不断深化对制造业集聚成因、影响因素及经济效益的研究。这些研究不仅揭示了区域制造业集聚的内在机制，也为我国先进制造业的高质量发展提供了有力支持和经验借鉴。

（三）数字经济赋能产业结构升级相关研究

1. 关于数字经济赋能内涵的文献梳理

数字经济赋能强调企业在数字化技术下的赋能行为，包括结构赋能、心理赋能和资源赋能等维度。卡门等（Carmen et al.，2015）指出，在互联网时代，数字赋能越来越成为资源赋能的核心[①]。在国内外现有文献中，更多的研究是基于单一维度对赋能进行分析（梁等，2015）[②]，未能考虑赋能多维度的特征（赫尔，2006）[③]。帕里达等（Parida et al.，2015）指出，数据赋能在为顾客提供互动平台，以实现价值共创方面存在巨大的潜力[④]；兰卡等（Lenka et al.，2017）进一步将数据赋能划分为连接能力、智能能力、分析能力三个维度。连接

---

① Carmen L M, Pan S L, Ractham P et al. ICT-enabledcommunity empowerment in crisis response：socialmediain Thail and flooding 2011［J］. Journalof the Association for Information Systems，2015，16（3）：174 - 212.

② Leong L Y, Hew T S, Lee V H et al. An SEM-artificial-neural-network analysis of the relationships between SERVPERF, customer satisfaction and loyalty among low-cost and full-service airline［J］. Expert Systems with Applications，2015，42（19）：6620 - 6634.

③ Hur M H. Empowerment in terms of theoretical perspectives：Exploring a typology of the process and components across disciplines［J］. Journal of Community Psychology，2006，34（5）：523 - 540.

④ Parida V, Sjödin D R, Lenka S et al. Developing global service innovation capabilities：How global manufacturers address the challenges of market heterogeneity［J］. Research-technology Management，2015，58（5）：35 - 44.

能力是指通过无线通信网络连接数字化产品的能力[1]。智能能力是指低人为干预的配置硬件组件感知和捕获信息的能力，智能能力能让个体迅速定位及时解决技术问题，确保高可用性和低停机时间。智能能力可划分为用户行为感知、动态资源分配和灵活分级服务三个层面。分析能力是将智能产品和网络产生的海量数据结果数字化，形成有价值的信息。郝金磊和尹萌（2018）在此基础上提出数字经济时代的赋能是指大型的组织或平台，通过创造互动场景、开放平台接口和技术转移转化等手段，赋予利益相关者创新、生产和竞争的能力，以实现资源的高度整合与高效利用，达到同外部组织或个人共生、共享、共赢的理想状态，是未来组织最重要的职能之一[2]。数字经济赋能是指数据驱动商业创新和社会创新所带来的消费化效应和变革化效应（潘善琳和崔丽丽，2016）[3]，能够通过数字化技术赋能电子商务平台，从而使员工受益（应文池等，2018）[4]，进而推动事情向有利的方面发展。随着数字化技术的不断发展，数据赋能将应用于更多的流程和业务合作伙伴（杜，2010）[5]，为研究企业数字化转型提供新的视角。胡海波和卢海涛（2018）基于数据赋能的视角，分析企业生态系统演化不同阶段价值共创的主体及类型演变[6]。研究发现：（1）结构赋能和资源赋能作用于企业商业生态系统演化的每一个阶段，相互之间

① Lenka S, Parida V, Wincent J. Digitalization Capabilities as Enablers of Value Co – Creation in Servitizing Firms [J]. Psychology & Marketing, 2017, 34（1）: 92 – 100.

② 郝金磊, 尹萌. 分享经济: 赋能、价值共创与商业模式创新——基于猪八戒网的案例研究 [J]. 商业研究, 2018（5）: 31 – 40.

③ 潘善琳, 崔丽丽. SPS 案例研究方法: 流程、建模与范例 [M]. 北京: 北京大学出版社.

④ Ying W, Jia S, Du W. Digital Enablement of Blockchain: Evidence from HNA Group [J]. International Journal of Information Management, 2018, 39: 1 – 4.

⑤ Du S M. Effect of digital enablement of business-to-business exchange on customer outcomes: the role of information systems quality and relationship characteristics [D]. Atlanta: Georgia State University, 2010.

⑥ 胡海波, 卢海涛. 企业商业生态系统演化中价值共创研究——数字化赋能视角 [J]. 经济管理, 2018, 40（8）: 55 – 71.

能够实现协同驱动和共享识别；（2）数据赋能视角下的企业商业生态系统中，企业、消费者、利益相关者、所有社会与经济参与者四大主体参与价值共创的演化，相互间呈现二元互动，第三方承接和互动共享关系；（3）数据赋能促进商业生态系统演化，进而影响共创的价值由交换价值向平台价值、社会价值演变。罗仲伟等（2017）从演进的视角探索当前时代背景下企业内部组织结构的发展趋势，试图揭示信息时代企业组织结构新的基本原理[1]。围绕时代转换背景，论文分析现代公司制度下的企业赋权组织原理，指出信息技术革命引致企业内部的组织性质发生重大改变，雇佣关系被合作关系所取代，相应地"赋能"正在取代"赋权"成为实现组织激励约束功能的基本组织原理，由此提出一套企业组织结构赋能原理的基本假说。

2. 数字经济与产业升级相关研究

目前涉及数字经济、产业结构升级的研究，主要体现为数字经济对产业结构升级的正向作用。同时，数字经济通过影响消费者需求、激发城市创新、提升区域技术创新、金融发展、要素禀赋驱动等多种间接路径对产业结构升级产生积极影响。还有学者从地理经济学的角度研究数字经济对产业结构升级是否存在空间异质性，研究发现，区域异质性显著，区域经济发展水平、城市规模因素是数字经济促进产业结构升级的重要着力点。此外，还有学者从能源结构、居民消费水平角度研究产业结构升级。从数字金融、数字技术等数字经济构成部分研究其对产业结构升级的影响是一个创新视角，近几年取得了一定的成果。比如，崔海洋与袁倩莹（2022）[2]通过研究省级普惠金融指数与省市产业结构之间的实证分析，得出数字金融有助于提升中国经济的第三产业占比，助力我国经济产业结构升级，并且存在区域间异

---

[1] 罗仲伟，李先军，宋翔，等. 从"赋权"到"赋能"的企业组织结构演进——基于韩都衣舍案例的研究 [J]. 中国工业经济，2017（9）：174－192.

[2] 崔海洋，袁倩莹. 数字金融、产业结构升级与包容性增长——基于区域和城乡协调发展的视角 [J]. 云南民族大学学报（哲学社会科学版），2022，39（5）：108－116.

质性差异，中西部省份相对于东部省份数字金融对产业结构升级的提升作用更加明显。

同时，翟金德等①（2022）深入县域层面，研究了数字普惠金融发展对县域产业升级的动态影响效应；孙勇等②（2022）分析了数字技术形成的创新效应对产业结构升级的影响，结果发现，数字技术所形成的创新效应可以显著促进产业结构升级。进一步地，卢建霖等（2022）③实证研究了数字化对制造业升级的影响，发现数字化主要通过数字基础、数字技术与数字经济水平的提高来促进制造业升级。根据现有研究发现，多数学者偏向于从某些影响因素或数字经济中数字技术、数字金融等重要组成部分探讨数字经济对产业结构升级的影响，较少考察数字经济如何影响资源配置能力、交易成本、创新能力进而促进产业结构升级这一问题。

（1）数字经济与资源配置

资源配置效率体现为宏微观两个层面：宏观上，资源通过不同的运行系统，如社会、经济、政策和金融系统进行资源配置，而资源的配置效率取决于产业发展、政策监管、市场体系、金融环境等各个方面。从微观角度看，是指资源分配对象的使用效率。从现代经济的观点来看，资源配置的方式主要是通过市场来实现，资本市场是资本等资源的主要来源，资本市场是指资金流向各行各业，从而带动整个产业的发展，同时也会对金融监管和体制产生一系列的变化。在市场优化配置条件下，收益最大。

劳动力配置效率。劳动力资源是一个地区内所有能够从事劳动，并达到法定工作年龄的劳动者。劳动是一种具有某种能动性的

---

① 翟金德，朱兴洲. 我国县域数字普惠金融发展对产业升级的动态影响效应——基于江浙沪县域层面的经验分析［J］. 商业经济研究，2022（14）：169－172.

② 孙勇，张思慧，赵腾宇，等. 数字技术创新对产业结构升级的影响及其空间效应——以长江经济带为例［J］. 软科学，2022，36（10）：9－16.

③ 卢建霖，蒋天颖. 绿色金融、数字化与制造业升级［J］. 哈尔滨商业大学学报（社会科学版），2022（4）：44－53.

特定生产要素，它可以根据劳动条件的不同，在不考虑市场摩擦的前提下，进行合理的分工。劳动资源分配的过程有三个阶段，三个阶段都是劳动分配效率逐步提高的阶段。一是劳动力从失业到再就业能力，可以在市场上找到工作；二是从低效型的公司过渡到高效型的公司，可以提高整个产业的效率；三是从低效岗位到高效岗位，可以充分利用自己的能力。劳动力资源培养的优化，使各个行业的劳动力资源得到了合理的配置，大幅度提高了劳动产量，提高了社会经济效益。

以往对劳动资源配置效率的研究，主要集中在对劳动资源分配结构变动的影响上（范洪敏等，2015）①。就研究内容而言，现有的研究多集中在各行业或区域间的劳动分配。卡茂等（M. Kamau et al.，2007）对不同产业的人力资源配置效率进行了测算，结果显示：在农业领域，劳动力资源的分配不够合理，而在一定程度上，劳动力进入非农产业后，整体的劳动力配置效率有所提升。亚历山卓和安德烈娅（Alejandro & Andrea，2012）以智利制造业为例，计算了其劳动效率，发现当劳动者从低效行业过渡到高效行业时，其整体生产力将提高25%。里卡多（Ricardo，2013）认为，有关当地劳工的工作保障制度将会对公司的人力资源分配产生影响，因为这会导致公司的人力资源调整成本上升。谢迪和莫雷蒂②（Hsiech & Moretti，2019）运用理论模型对美国各城市间的劳动分配效率进行了测算，认为城乡之间的劳动力分布不均衡是制约我国经济发展的重要因素。周国富和李静（2013）③运用生产功能分解方法对我国农村劳动力的分配效率进行了测量，结果表明：农村劳动力的重新分配对经济发展是有利的，

---

① 范洪敏，穆怀中．中国人口结构与产业结构耦合分析［J］．经济地理，2015，35（12）：11−17.

② Hsieh C T, Moretti E. Housing constraints and spatial misallocation［J］. American Economic Journal：Macroeconomics, 2019, 11（2）：1−39.

③ 周国富，李静，农业劳动力的配置效应及其变化轨迹［J］．华东经济管理，2013，27（4）：63−67.

但也存在着一定的周期分配作用。柏培文（2014）[①]、任韬和王文举（2014）对中国不同产业间的劳动分配效率进行了比较，并将其与没有配置扭曲情况下的劳动效率进行比较，用经验方法对我国劳动力配置的负面影响进行了实证研究。辛超等[②]（2015）运用分行业成长核算法，对我国自 1978 年以来各行业的劳动分配效率进行了测算，结果显示，劳动资源的重新分配可以提高 0.63% 的经济增长率，同时也有助于提高全要素生产率。尹秀芳和蔡漾萌（2017）运用产业间的理想劳动力分配模式，研究认为，我国目前的农村产业结构特征是：第一产业过多、第二产业少、第三产业不平衡。盖庆恩等[③]（2019）对劳动力市场的畸变进行了测量，并对其进行了分析，结果表明，在不扭曲的条件下，中国的劳动生产率可以提高 20%。

此外，潘士远等[④]（2018）基于谢迪和莫雷蒂的理论模型，对中国各城市之间的劳动分配效率作了实证分析，发现 2000~2010 年的年均增长速度为 2.34%。柳清瑞（2008）从静态和动态两个层面对劳动资源作了界定，从静态上看是在目前的社会劳动力资源的合理配置，动态上是随着产业结构的变化而进行的劳动资源的优化配置。

资本配置效率。1912 年，熊彼特（Schumpeter）提出了资本配置效率的概念。资本配置是指各个行业或行业之间的资本总量分配，它反映了各个生产要素的资金分配和运营效率。这就意味着，在一定的社会资本总量不变的情况下，资本可以有效地在各个行业和企业间进行有效的流动，以获得更大的收益。资本配置的经济学意义在于，资

① 柏培文，杨志才. 长三角地区劳动和资本要素的配置扭曲［J］. 经济管理，2016，38（9）：29-46.

② 辛超，张平，袁富华. 资本与劳动力配置结构效应——中国案例与国际比较［J］. 中国工业经济，2015（2）：5-17.

③ 盖庆恩，朱喜，程名望，等. 土地资源配置不当与劳动生产率［J］. 经济研究，2017，52（5）：117-130.

④ 潘士远，朱丹丹，徐恺. 中国城市过大抑或过小？——基于劳动力配置效率的视角［J］. 经济研究，2018，53（9）：68-82.

本逐步地向低投入产出的行业和行业集中，从而实现了帕累托优化的资本配置。所以，帕累托效率的概念在资本配置效率中得到了广泛的运用。关于资本分配效率的定义和度量，学术界存在着分歧。从宏观角度来看，主要包括两个方面，全要素生产率的增长速度和资本的边际产出率；从工业和地区的观点来看，涵盖三个指标分别是资本边际回报率、外部融资依赖性、产业投资与产出弹性。

资本的自然增值作用来源于自身的要素作用和配置作用[①]（张国富，2010）。资本配置效应是指以获取利益为驱动的抽象资本，从而使其在此过程中进行有效的分配。资本的配置效率反映了一个国家的经济发展水平。

网络作为数字经济中的一个重要内容，它突破了时空的限制，不再局限于某一地区、某一省份，使长距离的空间连接不再受到限制。可以快速、高效地连接和重组各个空间的要素，加快区域间的资源整合效率，实现区域内的资金、人才、技术等要素的再分配。在短期内实现区域内的资源要素的有效整合，缓解资源错配程度。

韩长根和张力[②]（2019）以2003～2017年30个省市的面板资料为基础，应用动态空间杜宾模型和门槛模型，对网络发展对区域资源配置的影响进行了分析，发现网络发展对区域资源配置的影响是巨大的。史蒂文森（Stevenson，2009）发现，因特网的广泛使用提高了劳动市场上的信息分享，为就业人员提供就业机会，提高了人力资源分配的效率。与此同时，网络对资源错配的影响也存在区域差异，其中东部影响最大，其次是中部和西部。程名望等[③]（2023）研究表明，因特网的发展能够促进劳动力的流动，从而提升中国的劳动生产率。

---

① 张国富. 中国资本配置效率行业差异影响因素的实证研究［J］. 中央财经大学学报，2010（10）：53–58.

② 韩长根，张力. 互联网是否改善了中国的资源错配——基于动态空间杜宾模型与门槛模型的检验［J］. 经济问题探索，2019（12）：43–55.

③ 程名望，林兴模. 互联网技术发展、行业间技术溢出效应与劳动报酬提升［J］. 湘潭大学学报（哲学社会科学版），2023，47（5）：17–23.

并指出，网络技术的发展能够推动中国劳动力的流动与城市化进程，促进劳动生产率提升，从而达到帕累托改善的目的。丛屹和俞伯阳[①]（2020）采用静态面板 OLS 法和动态面板 GMM 法对中国各省份的人力资源配置效率进行了实证研究。研究表明，中国的数字经济发展对劳动力资源的分配有一定的促进作用，但这种影响在不同地区之间表现出明显的差别。

同时，许多学者探讨了信息技术与能源效率之间的关系，认为信息化能有效改善部门的能源效率。如帕威特克[②]（Pavittk，1987）认为，信息化和信息技术的渗透可以极大地推动科技的发展，进而提高能源使用效率。罗姆[③]（Romm，2002）认为，互联网经济对区域经济结构的优化和提高能源利用率具有十分重要的意义。苏伊和埃克豪斯（Sue & Eckaus，2004）利用 KLEM 的 35 个行业的数据，对美国经济的长期能量密度进行了研究，结果显示，在美国能源密度的降低中，IT 设备的投资是至关重要的。莱特纳和马丁内斯（Laitner & Martinez，2008）通过对美国信息通信技术投资的实证分析，发现其对经济增长和能源利用的影响有明显的促进作用。魏楚（2019）利用 FGLS 和 Tobit 方法以及 1999~2006 年数据，以信息化为解释变量，考察了信息化对区域工业能效的影响，认为信息化对于改善企业业务流程、提高资源配置效率和提高劳动生产率具有十分重要的意义。李雷鸣和贾江涛（2011）对中国的能源效率和信息化水平进行了实证研究，结果表明，信息化对中国的能源效率具有单向格兰杰式的因果关系，并且在较长时期内对提高能效起到了促进作用。

① 丛屹, 于鑫. 人工智能、创新驱动与劳动力就业结构 [J]. 现代经济探讨, 2023 (1): 29-39.

② Pavitt K, Robson M, Townsend J. The size distribution of innovating firms in the UK: 1945-1983 [J]. The Journal of Industrial Economics, 1987: 297-316.

③ Romm J. The internet and the new energy economy [J]. Resources, Conservation and Recycling, 2002, 36 (3): 197-210.

但是，信息的产生、传播和获取都依赖于能源的支持，随着信息化进程的不断推进，这种现象必将得到加强，进而导致能源消费的增长，对能源强度的降低不利。所以，一些学者认为，数字科技在节能方面的作用是非常有限的，甚至会造成能量消耗的反弹。有关的研究多以区域或行业为对象，萨多斯基[①]（Sadorsky，2012）应用 GMM 方法对 19 个新兴经济体的面板数据进行了实证研究，结果表明：ICT 对电力消费具有明显的正效应，即网络用户数、PC 用户数、手机用户数。吉米和海欧（Kim & Heo，2014）研究表明，韩国、美国、英国的制造业数据实证研究结论也是如此。谢康等[②]（2021）在中国的研究中发现，尽管两化融合能够降低单位 GDP 的能耗，但其影响微乎其微，没有统计学意义。

（2）数字经济与交易成本

关于数字经济与交易成本间的关系已有丰富的研究成果，交易成本理论由科斯（1937）首先提出。人们认为，交易成本是获得准确的市场信息、交易谈判和合同的费用，交易成本被视为使用价格机制的成本。从概念的研究出发，发现不论是价格机制的成本还是市场机制运行的成本都是从狭义角度定义交易成本的，相对应地，交易成本的广义概念则包含人类在交往活动中需耗费的所有资源。

从上述概念可以看出，交易成本理论的前提是交易活动中存在交易成本，威廉姆森（Williamson，1985）总结前人对交易费用的研究，将交易成本比作经济活动中的摩擦力，同时，将交易成本产生于交易因素与人的因素两个层面，并从以下四个角度分析交易成本的产生：有限理性是指交易活动参与人由于环境的不确定性和自身认识及计算能力的有限，交易活动参与者只能在有限度的理性下从事经济活

---

① Sadorsky P. Information communication technology and electricity consumption in emerging economies [J]. Energy Policy, 2012 (48): 130 – 136.

② 谢康, 肖静华, 周先波. 跨越中等收入的数字经济动能转换：理论与实证 [J]. 北京交通大学学报（社会科学版）, 2021, 20 (4): 1 – 11.

动，在一定的限制约束下追求效益最大化；不确定性和复杂性是指交易存在不确定，而交易参与者不可能将所有的不确定因素放在契约中去规避，一方面是可操作性不大，另一方面是所付出的时间成本和议价成本过高；机会主义是由于交易参与者的有限理性，导致部分交易参与者为了追求自我利益最大化而采取欺诈策略，这种行为会减少交易参与者之间的信任，从而增加交易过程中的监督费用；信息不对称是指在市场活动中，由于市场环境的不确定和复杂性、机会主义导致的自利行为和社会分工的细化和专业化，使得不同交易主体获取信息的能力有差异，而处于相对劣势的市场主体需要耗费一定的时间、精力甚至金钱与处于有利地位的信息拥有者进行信息交易，由此产生了一定的交易费用[①]（胡振吉，2018）。同时，威廉姆森进一步将交易成本分解，以便使交易成本最小化。

纵观市场经济活动，企业是交易活动的最主要主体，会不断地进行交易活动，由于市场失灵，企业的内部和外部交易活动中会不可避免地产生一定的交易费用。从企业交易活动视角来看，交易成本主要由距离、信息和组织管理三大方面产生。从上述阐述来看，交易成本发生在人和社会关系的交易活动之中，揭示了人们之间的利益冲突。在经济学中，我们注重讨论一个代表性生产厂商的最优生产行为，或是选择最优产量，或是选择最低生产成本，但是在制造业革命导致生产成本不断降低的情况下，降低交易成本成为企业实现管理目标和最优产出的重要途径[②]（苏武俊，2005）。

交易成本的存在是确定企业边界和组织结构的重要基础，而数字经济既能有利于降低信息搜索成本和交易执行成本，又能帮助企业共享闲置资源，放松资产专用性的约束，为经济组织形态的变革创造了条件。

---

① 胡振吉. 契约论、交易费用与企业社会责任的履行 [J]. 财经问题研究，2018（12）：21 - 27.

② 苏武俊. 交易成本与制度创新 [J]. 财经理论与实践，2005（5）：8 - 11.

（3）数字经济与城市创新

约瑟夫·熊彼特（Joseph Alois Schumpeter）最早提出创新是"生产要素的新的组合"，继而在竞争的促进作用下，新组合出现并取代旧组合，而经济的发展就是这种取代所产生的"创造性毁灭"的过程。产业升级同样是一种新旧组合替代的过程，而创新则是实现这一过程必不可少的内生动力。

之后朗德沃尔（Lundvall）提出"创新系统"概念，开始了创新范式从线性研究到系统研究的跨越，而最早的创新系统理论主要研究国家层面的创新活动。20 世纪 80 年代，英国经济学家克利斯·弗里曼（Chris Freeman）对日本经济增长与技术赶超现象进行研究，发现企业家并非创新活动的唯一来源，而是由工程师、政府等协同推动。在此基础上，费曼结合经济增长理论和技术创新理论提出了国家创新系统理论，指出一个国家的创新系统是由公共和私营部门之间相互作用形成的网络，进一步促进技术或知识在国家的创新与扩散。

1992 年，库克（Cooke）提出"区域创新体系"的概念，区域创新系统理论是国家创新系统理论的延伸，他认为区域创新是以区域范围内相互分工且关联的企业、大学和科研机构为创新主体的区域性组织系统，直接或间接参与研发活动，并在研发过程中产生可用于提升生产效率的创新体系（Nelson，1933；Cooke & Morgan，1994）。王栋和赵志宏（2019）指出，区域创新作为多层次的系统工程，不仅需要对要素进行创新，还需要与相关企业密切合作，共同将创新成果转化成生产力，推动区域经济增长[①]。在一系列要素投入的基础上，区域创新活动的主要目标是获取专利技术并研发新产品，以提高收益或获得市场竞争优势，实现创新价值链攀升过程（唐晓华和李静雯，

---

① 王栋，赵志宏. 金融科技发展对区域创新绩效的作用研究 [J]. 科学学研究，2019，37（1）：45 - 56.

2021），着重强调要素投入和创新价值的产出[①]。在将区域创新和区域经济学结合研究后，区域创新促进区域经济跨越式发展、推动产业结构升级的功能优势得到广泛研究，为本书检验数字经济通过区域创新促进产业结构升级奠定了理论基础。

（四）数字经济赋能制造业高质量发展研究

数字经济发展进入新时代，互联网是龙头，大数据、人工智能是亮点，制造业是主战场。互联网、大数据、人工智能是新经济时代引发制造产业发生变革与攀升的重要驱动力，它们引起生产要素、生产过程、供应模式、营销模式、服务模式、经营管理等制造全流程的深刻变革。根据国务院《促进大数据发展行动纲要》指示，要推动数字赋能在工业研发设计、生产制造、经营管理、市场营销、售后服务等产品全生命周期、产业链全流程各环节的应用。因此，许多学者投身其理论与实践研究，涌现了一大批具有划时代意义的研究成果。主要体现在贸易成本、生产率提升、产业关联以及空间溢出四个方面。

1. 数字赋能的贸易成本效应

数字商品具有免费商品属性，鲍德温和福斯里德（Baldwin & Forslid，2010）将贸易成本分为三大层次：运输成本、信息成本和面对面成本。第一，数字经济降低运输成本，但距离的影响依然存在[②]。数字技术大大降低地理距离的影响，但是并未完全消除（孙新波等，2019）。线下零售需求、文化差异（Sinai & Waldfogel，2004）[③]

---

① 唐晓华，李静雯. 中国制造业现代产业体系的测度及时空演变特征研究［J］. 西南民族大学学报（人文社会科学版），2022，43（11）：109 – 120.

② Baldwin R E，R Forslid. Trade liberalization with heterogeneous firms［J］. Review of Development Economics，2010，14（2）：161 – 176.

③ Sinai T，J Waldfogel. Geography and the Internet：Is the Internet a Substitute or a Complement for Cities?［J］. Journal of Urban Economics. 2004，56（1）：1 – 24.

与高度本地化的社会网络（Hampton & Wellman 2003）依然是在线交易的重要影响因素①。第二，数字经济使信息成本大幅度降低甚至接近于零。信息搜寻成本低至接近零带来长尾效应和巨星效应（Yang，2013）②，且减少同质性产品的价格分散（Parker et al.，2016）③。复制成本趋于零使得免费开源分享的公司扩大附加服务销售（Goldfarb & Tucker，2019）④。数字技术跟踪个人行为，快速创建一对一市场（Taylor，2004）⑤，并促进广告精准推送（Lewis et al.，2015）⑥。数字经济降低验证成本，通过在线声誉系统帮助企业创建数字声誉（Gordon et al.，2019）。第三，数字经济通过组合创新降低面对面成本。数字技术通过长距离远程交付降低服务贸易的邻近约束，使跨境交付（模式1）对商业存在（模式3）的替代效应增强（Baldwin，2019）。视频会议技术与实时翻译技术的结合将大大促进国际远距离通勤。eBay数字平台通过采用机器翻译（eMT）使出口增长了10.9%（Brynjolfsson et al.，2020）。第四，数字创新还大大降低了创新成本。IT技术同时降低了生产，管理和交流新知识等入门成本（何大安，2018），下游成本和扩展成本，但是却增加了发明成本。因此，成本曲线呈现固定成本提高，边际成本逐渐趋近于零的水平线特征（Eaton & Kortum，2018）。第五，数字连通性降低企业参与价

---

① Hampton K，B Wellman. Neighboring in netville：how the internet supports community and social capital in a wired suburb［J］. City & Community，2003，2（4）：277－311.

② Yang，Huanxing. Targeted search and the long tail effect［J］. RAND Journal of Economics，2013，44（4）：733－756.

③ Parker G G，Van Alstyne M W Choudary. Platform revolution：how networked markets are transforming the economy and how to make them work for you［M］. New York：WW Norton & Co. 2016.

④ Goldfarb A，C Tucker. Digital economics［J］. Journal of Economic Literature，2019，57（1）：3－43.

⑤ Taylor，Gurtis R. Consumer privacy and the marketfor customer information［J］. RAND Journal of Economics，2004（4）.

⑥ Lewis，Randall and Justin M Rao. The unfavorable economicsof measuring the returnsto advertising［J］. Quarterly Journal of Economics，2015（4）.

值链的固定成本。发展数字经济的基本保障是提供数字基础设施和维持竞争性市场（WTO，2019）。数字基础设施，特别是广泛连接的高速宽带网络已成为国家竞争力的核心（刘业政等，2020）。同时，实施竞争政策，例如简化企业注册制度，提高市场透明度，减少价格合谋等能够有效缓解数字化非竞争性带来的市场垄断（Freund & Weinhold，2004）。

2. 数字赋能的生产率提升效应

第一，数字技术是通用技术，与传统要素结合带来要素增强效应。信息技术使自动化资本代替劳动（Autor et al.，2013）[1]，但同时增加新任务来雇佣更多劳动力（Acemoglu & Restrepo，2019）[2]。同时，数字技术增加了资本对劳动的替代率，且增加数字技术设施投资，将提高短期利率（Acemoglu & Restrepo，2018）[3]。第二，数字技术还带来结构效应。阿西莫格鲁和雷斯特雷波（Acemoglu & Restrepo，2019）发现数字技术增长使增加值从制造环节流向服务环节，带来生产率结构性提升。李捷等（2017）证明了使用信息技术的密度高导致制造业的全要素生产率提升[4]。魏艳秋等（2018）发现信息技术服务作为要素投入尚未达到最佳比例，制造业效率尚有不足。第三，数字技术加强价值链模块化趋势来提升生产率。数字技术在非数字部门普及异质性标准和协议来提升价值链模块化程度（谢富胜等，2019），使得传统行业更容易通过离岸外包方式实现组织间和区域间

① Autor D，D Dorn，G H Hanson. The geography of trade and technology shocks in the United States [J]. American Economic Review，2013，103（3）：220 – 225.

② Acemoglu D，P Restrepo. Automation and new tasks：How technology displaces and reinstates labor [J]. Journal of Economic Perspectives. 2019，33（2）：3 – 30.

③ Acemoglu D，P Restrepo. The race between man and machine：Implications of technology for growth，factor shares，and employment [J]. American Economic Review，2018，108（6）：1488 – 1542.

④ 李捷，余东华，张明志. 信息技术、全要素生产率与制造业转型升级的动力机制——基于"两部门"论的研究 [J]. 中央财经大学学报，2017（9）.

协同，提升产业生产率（Sturgeon，2019）。

3. 数字赋能的产业关联效应

第一，数字经济通过前向关联降低企业分销成本，提升其网络效应。数字公司通过网络效应来创造价值[①]（Brouthers et al.，2016）。数字化在价值链下游为企业提供了去中介化的机会，通过数字平台直接连接最终客户[②]（UNCTAD，2017）。数字经济使价值链治理模式由传统的消费者驱动或生产者驱动转变为平台驱动模式[③]（Wu & Gereffi，2018）。第二，数字经济通过后向关联对企业供应链进行数字化改造。数字技术将传统的线性供应链改造成以数据分析为核心的一体化供应链生态系统（GVC Development Report，2019）。通过基于物联网（IoT）的传感技术，可以实时追踪客户需求。第三，数字化非竞争性加剧数字鸿沟，造成"赢者通吃"的市场结构。一方面，创新租金赋予创新者包括知识产权、品牌声誉等先发优势，带来"赢者通吃"的市场结构[④]（Guellec & Paunov，2017），但高度集中于大型数字企业的高管人员和股东手中。另一方面，创新成本降低也将增加市场进入和创造性毁灭，降低市场集中度。两种力量的对比取决于技术创新速度、企业战略和政府政策。

4. 数字赋能的空间溢出效应

第一，数字技术强化柔性生产，导致价值链布局更加区域化和碎片化。首先，数字企业总部高度聚集于以美国为首的发达国家，从而加剧全球价值链分割为区域价值链的趋势（UNCTAD，2017）。其次，

---

① Brouthersk, Geisserk, Rothlauff et al. Explaining the internationalization of ibusiness firms [J]. Journal of International Business Studies，2016，47（5）：513 – 534.

② UNCTAD. Investment and Digital Economy [R/OL]. https：//unctad. org/en/188 Pulication Chapters/wir2017 ch4_en. Pdf. 2017.

③ Wu X，G Gereffi. Amazon and Alibaba：Internet Governance，Business Models，and Internationalization Strategies [J]. Progress in International Business Research. 2018（13）：327 – 356.

④ Guellec D，C Paunov. Digital innovation and the distribution of income [J]. NBER Working Paper No. 23987. 2017.

柔性生产与分布式生产推动微型工厂加速发展，按订单生产商品，将出现基于社区的生产中心或微型工厂，更加接近终端消费者[①]（王梦菲和张昕蔚，2020）。第二，开放式创新将促进供给端的网络效应。开放式创新是指创造免费数字开源信息的众包行为[②]（Chesbrough et al.，2006）。工业互联网基于云平台与边缘计算打通全产业链数据，将构建基于数据的全新协同创新系统，改造技术溢出的方式和规模[③]（Brynjolfsson et al.，2020）。

5. 数字经济赋能珠三角地区高质量发展研究

在"双循环"格局下，粤港澳大湾区的数字贸易发展面临着制度体系不全、产业转型不一、科技创新动力不足等问题。对此，彭倩倩[④]（2023）认为，实现高质量发展需要构建"数字政府"，完善区域治理；发挥各地优势，打造"数字基地"；积累"数字人才"，建设绿色湾区。随着数字经济和产业数字化的发展，企业主体和单一产业需要转向区域整体发展。崔志新（2023）以数智供应链服务为突破口，从全链条视角推动产业集群数字化转型，以支持经济高质量发展。先进制造业集群对于我国成为制造强国至关重要，而数字化转型则能帮助它们在国际竞争中脱颖而出并引领产业发展。企业的数字化转型可以构建集群数字生态，有力地推动我国先进制造业集群的发展，并为其高质量发展提供有价值的参考（周权雄，2022）。在德国德累斯顿地区从衰退到成为"欧洲硅谷"的过程转变中，冉美丽（2022）总结出四个关键经验：精准升级都市圈规划、集群战

---

①　王梦菲，张昕蔚. 数字经济时代技术变革对生产过程的影响机制研究［J］. 经济学家，2020（1）：52－58.

②　Chesbrough H，W Vanhaverbeke，J West. Open innovation：Researching a new paradigm［M］. Oxford University Press，2006.

③　Brynjolfsson E，A Collis，E Diewert et al. Measuring the impact of free goods on real household consumption［J］. AEA Papers and Proceedings，2020，5（110）.

④　彭倩倩，裴以明."双循环"背景下粤港澳大湾区数字贸易发展的问题及对策建议［J］. 商业经济，2023（12）：88－91.

略提升区域创新能力、扶持中小企业激发市场活力以及建立紧密合作网络以构筑创新生态。通过对德国德累斯顿和美国阿克伦城市群转型的研究，赵璐（2021）建议中国的资源型经济区对接国家创新驱动和集群战略，重点发展科技创新和创新型产业集群，并建立网络化组织来推动本地和全球创新网络的建设。在构建新发展格局中，数字经济可拉动国内市场需求，促进内需与产业互动，并助力中国经济融入世界经济循环。为中国经济高质量发展和世界经济繁荣注入活力，中国需要强化基础研究、加速数字技术赋能、推动场景创新、加强国际合作、加快平台建设和推进"一带一路"数字经济（赵春明，2021）。

（五）文献评述

通过文献比较分析可知，现有文献大部分从数字经济与创新要素、产业转型升级展开讨论，先进制造业集群建设更多是从创新网络视角展开研究，而鲜有文献从数字经济视角以定量方法研究珠三角地区培育世界级先进制造业集群发展。本书试图分析数字经济对先进制造业集群的影响进行定量分析，借鉴国内外世界级先进制造业集群建设经验展开定性分析，系统归纳总结数字经济对先进制造业集群影响因素，并提出珠三角地区建设世界级先进制造业集群发展政策建议。

二、研究假设

（一）数字经济与先进制造业集聚

随着全球经济一体化的不断深入，区域间的经济合作日益紧密。珠三角地区在推动全球价值链升级和构建世界级先进制造业集群方面展现出巨大的潜力。本书旨在探讨如何通过发展对策来进一步培育珠三角地区成为世界级先进制造业集群。

珠三角地区是中国改革开放战略中的关键一环，在国家层面推动经济社会发展和实现更高品质的增长方面占据着核心的战略地位。该区域聚集了广东的经济实力和资源优势，拥有世界顶级的海港、航道、空港以及现代化的基础建设。此外，该地区还坐拥丰富的科技创新资源和一流的高等教育机构，这为培育世界级先进制造业集群提供了潜在的可能性和必备条件。推动珠三角地区成为世界级先进制造业集群的发展具有重要的现实意义。首先，作为国家经济结构转型的关键领域，先进制造业对于提高产业竞争力、推动经济增长的质量以及实现可持续发展具有战略重要性。其次，作为国内外经济交流的桥梁，珠三角通过发展先进制造业集群可以吸引更多国内外投资，促进技术创新和产业发展，为该区域的社会经济发展注入新的动力。然而，当前在珠三角地区的制造业发展中还存在一些挑战和问题。一方面，制造业结构较为单一，先进制造业的发展相对滞后，缺乏核心技术和知识产权的支持。另一方面，产业链之间的协同不足，企业间的合作与创新机制不完善，这影响了整个产业链的竞争优势。此外，人才培训和技能提升也是需要关注的问题，以满足先进制造业发展的需求。针对这些问题和挑战，通过深入研究，提出有效的策略和措施，引导珠三角制造业向高质量发展转变，为全球制造业的创新和发展提供参考和经验。

1. 数字经济能够推进先进制造业集聚

数字经济不仅是先进制造业的新动能，也是实现中国经济高质量发展的新赛道。具体体现在以下几方面：

第一，数字经济的技术支撑与创新赋能效应。数字经济推动生产、分配、流通、消费环节畅通，实现产业链价值转移，数据赋能生产转型升级、消费升级等新生产业态和新商业模式，由此促进产业链各部门之间的联动性。

第二，数字经济引领产业价值链分工升级。数智化为产业实现转型升级提供强大动力。2017 年全球价值链发展报告中显示，技术进步对于各国价值链地位变动有着显著的影响。数字技术可以提高企业获取外界信息的效率，最重要的是能够降低贸易、采购、生产等区间的成本，保障了企业在生产运作方面的协调性和科学性，通过不断提升自身发展规模，优化了全行业的资源与生产效率的提升，最终实现价值链地位的攀升。朱子龙（2020）[①] 研究了制造业在数字经济的参与下地域特征的演变，结果显示不同国家在不同的地域和空间上存在特有的优势，如何进行资源的配置决定了这些国家能否接触到价值链中的核心、专业环节。一些国家为了保持在技术环节的比较优势，会将所有资源都集中在技术层面，从而导致地域布局分配不均。何枭吟（2013）指出，数字技术的发展带来了新型的消费方式，数字化时代也在让国际生产分工网络更加完善。此外，赵晓斐（2020）[②] 还考虑到数字贸易壁垒的问题，指出无形资产的流失、专利与产权的侵权、信息泄露等一系列都在冲击着一国在价值链分工体系中的地位。不仅要加快数字化转型，也要维护好本国的数字贸易利益，不断完善数字贸易规则，减少在壁垒方面造成的损失。

第三，数字经济为先进制造业集聚提供技术支持与保障。先进的信息技术支持、便捷的互联网平台使用、智能化的设施设备能够赋能先进制造业行业提高产品附加值，先进制造业数字化转型过程中数字技术应用业、数字要素驱动业、数字产品制造业对生产活动的收益、可行性、风险、难度等进行综合的评估与分析以及支撑起到了关键性的支撑作用。一方面，数字经济的快速发展，极大程度上提升了知识和信息传播的速度和范围，从根源上改变了由于信息不对称导致的市场失灵，降低了先进制造业行业间寻找合作伙伴、雇佣合格劳动力等

---

① 朱子龙．数字经济对中国制造业参与全球价值链地域特征的影响研究［D］．保定：河北大学，2020.

② 赵晓斐．数字贸易壁垒与全球价值链分工［D］．北京：对外经济贸易大学，2020.

方面的信息搜索成本与验证成本，扩大了市场的经营范围（袁淳[①]等，2021）。另一方面，先进制造业行业的研发活动往往集中于数字经济发展水平较高的地区，可以利用周边完善的数字经济基础设施与充足的人才聚集，通过可靠的技术基础支持与高质量人才支撑降低创新风险，提升研发效率，进而促进先进制造业集聚。

第四，数字经济的发展完善先进制造业集聚相关的政策支持。经济数字化转型发展过程中政策支持是必不可少的，政府数字化能够更好地为所在区域企业提供更优质的创新扶持政策。

由此提出假设 H1：数字经济对先进制造业集聚具有直接促进效应。

2. 数字经济通过贸易开放度发挥调节作用

在开放市场经济下，外资进入本国市场的阻力较小，外资企业的数量也随之增加，本国企业为增加竞争，必定会将国内生产要素集中到先进制造业中，进而减少成本，提高利润率。对于那些投入产出水平较高并且生产率较高的企业，进而能够更有利于其进入国外市场，获得国际市场的利润。而对于那些落后产业、夕阳产业，甚至被淘汰的企业，其投入产出率与生产率水平的低下，必定会被淘汰出市场，随着这些企业退出现有市场，先进制造业企业的市场份额得以增加，继而实现先进制造业集聚效应。

由此提出假设 H2：贸易开放度在数字经济对先进制造业集聚中发挥调节作用。

3. 数字经济通过劳动生产率发挥调节作用

过去 30 多年间，我国城镇工业的发展在很大程度上依靠廉价的劳动力和土地资源，并且在短期内实现了规模化的增长。但是，低价供应不但限制了生产要素的品质，也阻碍了各个行业的资源配置。数

---

① 袁淳，肖土盛，耿春晓，等. 数字化转型与企业分工：专业化还是纵向一体化［J］. 中国工业经济，2021（9）：137 – 155.

字经济的兴起，使得数据成为主要的生产要素，在某种意义上替代了传统的劳动力、土地等传统的生产要素，进而改善资源配置效率。数字经济突破了时空的限制，使长距离的空间连接不再受到限制，可以快速有效地连接和重组各个空间的要素，加快区域间的资源整合效率，实现区域内的资金、人才、技术等要素的再分配，进而对区域内的资源要素配置效率产生重大影响。同时，数字化制造是一种智能的、与消费链和供应链的连接，并使用户与服务平台智能互联，与社会资源的智能匹配，提高资源配置效率。

首先，作为劳动投入的产出效果，劳动生产率反映了一国或地区的生产力发展水平，劳动生产率提升主要源于技术进步，其增长曾被古典经济学家斯密直接视为技术进步率；其次，产出是实现了的技术进步，一定程度上可以认为，任何形式的技术进步最终都可以通过劳动生产率的变动表现出来，马克思曾经给出过劳动生产率影响因素的综合评价，阐述推动劳动生产率提升的经验方式，最终实现人们对客观世界的认识和改造。制造业劳动生产率的提升能够促进先进制造业集聚。

由此提出假设 H3：劳动生产率在数字经济对先进制造业集聚中发挥调节作用。

4. 数字经济通过产业结构升级发挥调节作用

产业结构对先进制造业的影响主要表现在以下几个方面：第一，生产效率的提升。优化产业结构可以通过推动制造业向智能化、数字化方向发展，从而提高生产效率和降低成本。这种优化有助于制造业在市场竞争中占据优势。第二，创新能力的增强。产业结构的优化为制造业提供了更多的创新机会，促进了企业加强研发，提高了产品的技术含量和附加值，从而提升了核心竞争力。第三，市场需求的扩大。优化产业结构有助于挖掘新的市场机会，扩大市场需求，为企业提供更广阔的发展空间。第四，政策支持的重要性。政府应制定相关政策，引导制造业向产业结构优化升级的方向发展，鼓励企业加强技术研发，提高产品质量，增强品牌影响力。同时，政府还需加大对制造业的财政支持，为产业结构优化提供资金保障，促进企业进行技术改造和设备更新。第五，人才培养的必要性。政府应加强人才培养和引进，为制造业提供高端人才支持，提升企业的创新能力和管理水平。

通过这些措施，产业结构的优化不仅能够提升制造业的核心竞争力，还能为先进制造业的健康发展创造良好的环境。

由此提出假设 H4：产业结构升级在数字经济对先进制造业集聚中发挥调节作用。

（二）数字经济与产业结构优化升级

1. 数字经济能够促进产业结构升级

数字经济不仅是产业结构升级的新动能，也是实现中国经济高质量发展的新赛道，具体体现在以下几方面：

第一，数据驱动产业结构高级化。数字经济以数据为关键要素，通过数据的流动、共享、交易和开放，实现数据资源的有效配置，提高数据资源的利用效率和价值创造能力。这种数据要素的流动和共享，可以打破数据孤岛，实现数据的跨界、跨域、跨行业的融合和创新，从而激发数据的价值潜力，促进新产业、新业态、新模式的诞生和发展。这种数据驱动的创新过程，推动产业结构向技术含量更高、附加值更大的方向演进，实现产业结构的高级化。

第二，数字技术推动产业结构优化。数字技术是数字经济的核心驱动力，包括互联网、大数据、云计算、人工智能等创新技术。这些技术通过对数据的采集、传输、存储、处理、分析和应用，实现信息的数字化、智能化和网络化，提高经济社会的生产效率和创新能力。数字技术的广泛应用，可以推动传统产业的技术改造和模式创新，提升产业的生产效率和附加值，从而实现产业结构的优化升级。

第三，数字化转型促进产业融合发展。数字化转型是数字经济的核心过程，包括数字产业化和产业数字化两个方面。数字产业化是指数字技术通过产业化发展成为新的产业，而产业数字化则是指传统产业通过数字技术的应用实现转型升级。数字化转型的深度推进，可以实现经济社会各领域和各主体的数字化改造和创新，提高经济社会的平衡性和协调性。这种数字化转型不仅促进了产业之间的互联互通、互补互助和协同发展，还推动了产业结构的多样性和协调性，实现了产业结构的优化升级。

第四，数字经济治理保障产业结构升级。数字经济治理是数字经济的核心保障，涉及数字经济的法律、伦理、安全、竞争、监管、协作等多个方面。有效的数字经济治理可以为数字经济的主体、要素、活动、产出等提供明确的权利和义务保障，以及良好的价值和规范引导。这有助于维护数字经济的健康、有序和可持续发展，为产业结构优化升级提供坚实的支撑和保障。同时，数字经济治理还可以促进产业之间的公平竞争和协同发展，推动产业结构的合理化和高级化。

由此提出假设 H5：数字经济对产业结构升级具有直接促进效应。

2. 全要素生产率在数字经济对产业结构升级中发挥调节作用

制造业全要素生产率增长是制造业高质量发展的关键指标，数字经济促进制造业产业结构升级是通过提高制造业全要素生产率来实现的，制造业产业结构的升级从提高资源配置效率和技术效率等方面提高了制造业全要素生产率。提高资源配置效率的措施包括对资源的有效管理和利用，使高效率企业能够更好地获取和利用生产要素，从而推动产业结构升级。此外，这也可以激励低效率部门进行调整，提高其资源配置效率，进而促进整个行业的发展。产业结构升级也体现在制造业向技术密集型产业的过渡。通过提高技术效率促进技术进步，加大对技术密集型产业的支持和投资，鼓励企业开展自主学习，提高创新能力，提高生产效率，以及利用产业关联度和技术外溢带动产业升级，可以进一步提高制造业的全要素生产率，推动制造业转型升级和可持续发展。

由此提出假设 H6a：全要素生产率在数字经济对产业结构升级中具有调节作用。

3. 区域创新在数字经济对产业结构升级中发挥调节作用

区域创新在数字经济对产业结构升级发挥调节作用的过程中起到了关键的桥梁和催化作用，主要表现在以下三个方面：第一，促进技术革新。区域技术创新能够促进生产技术与工艺的变革。第二，优化生产要素。区域技术创新能优化资本与劳动力等传统生产要素的融合程度，继而推动产业结构升级。第三，激发市场活力。区域技术创新优化市场结构，加速产业结构的升级优化。

由此提出假设 H6b：区域创新在数字经济促进我国产业结构升级中具有调节作用。

4. 资本优化配置在数字经济对产业结构升级中发挥调节作用

在产业结构升级的历程中，要素起了很重要的作用，要素的价格可以作为信号引导资源的配置，使产业之间对资源的配比重新组合。企业为了实现利润最大化，在生产过程中会选择最适合自身优势且相对廉价的生产要素。资本配置水平影响产业结构的方式主要体现在市场上资本的配置结构决定了其本身的稀缺性，从而促进或者抑制不同产业的发展历程。在市场机制的调节下，一旦由于各种原因致使资本的配置结构偏离最优配置水平时，不同行业使用资本就无法获得相当的报酬率，导致产业中资本拥挤或者资本短缺等问题。

当资本价格存在扭曲时，就无法代表其稀缺程度，资本配置无效、导致企业在生产过程中依赖使用过量的廉价生产要素，也会倾向投入更多资本，进而使产业结构发展方向出现结构性偏差，阻碍产业结构转型升级；如果资本价格不存在扭曲，那么企业就会以要素价格水平作为指引，依据自身的比较优势选择要素投入，引导行业的资本配置重新组合，从而有利于产业结构的优化升级。

由此提出假设 H6c：资本配置率在数字经济促进我国产业结构升级中具有调节作用。

第三章

数字经济与产业集群

一、理论分析

(一) 产业集群理论

1. 理论基础

产业集聚是一种产业经济演化过程中所呈现出的空间现象，即由于生产过程中存在的共性或互补性，生产同类产品的企业在特定区域内高度集中。围绕这一现象，诸多学者从不同视角展开了理论研究，形成了丰富的理论成果。早期，马歇尔便对产业发展的空间集聚现象进行了研究，提出企业追求外部规模经济的动机是产业集聚形成的基础。他重点探讨了专业化集中所带来的生产优势，从而在一定程度上解释了产业集聚的成因，但他的理论较少考虑区位因素和贸易因素对集聚的影响。韦伯则关注了区位选择和运输费用对于产业集聚的重要作用，他提出了产业集聚的两个阶段：一是企业自身简单规模扩张形成的产业集中化，二是企业间相互联系促成的区域集中化。胡佛进一步指出，产业集聚的形成并非一蹴而就，而是一个动态过程。在特定空间范围内，集聚的企业数量需要达到一个最优状态——过少无法充分发挥集聚效益，而过多则可能削弱集聚优势。迈克尔·波特的研究则将产业集聚与企业竞争力的关系作为核心议题，他通过"钻石模型"阐释了集聚如何提升竞争优势。而克鲁格曼的"中心—外围"模型从经济地理的角度探讨了产业集聚的形成过程，揭示了市场规模、运输成本和规模经济之间的内在关联。这些理论为理解产业集聚的形成机制和发展规律奠定了坚实基础。

　　然而，传统的产业集聚模式受制于区位选择和交易成本等因素，在地理空间的约束下具有一定的局限性。随着数字经济的迅速发展，产业集聚的形式和内容正在发生深刻变化，逐步向"虚拟集聚"模式转变。相比传统产业集聚，虚拟集聚在集聚规模、方式和范围等方面呈现出显著差异。数字经济一方面通过放大外部性作用，突破了对地理空间邻近性的依赖；另一方面，通过显著降低交易成本，改变了以地理空间为核心的集聚基础（见图 3 – 1）。

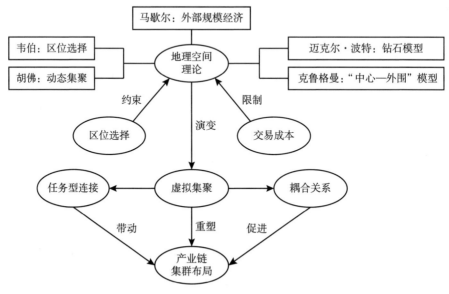

图 3 – 1　产业集群理论技术路线

2. 表现形式

在数字经济条件下，产业链上下游企业之间的合作关系不再需要通过固定的生产工序和空间位置来维系，而是转变为灵活的任务型连接。这些链上主体通过网络空间建立起更加紧密的耦合关系，形成以数据和信息交换为核心的虚拟集聚模式。这种新模式融合了线上和线下的互动优势，其"空间"依托从传统地理空间转向虚拟空间。虚拟空间的可扩展性使信息传递效率更高，同时也吸引了更多终端消费者的参与，从而催生了数据资源化、信息在线化、需求碎片化、生产柔性化、交易泛在化、平台化和全链一体化等新特征。这种虚拟集聚模式不仅拓宽了产业链的形成和发展路径，也重塑了产业链的空间布局形态，为产业集聚理论注入了新的内容。

（二）数字技术驱动生产要素优化配置理论

1. 理论基础

生产要素这一概念最先是由威廉·配第在《赋税论》中提出的。他提出了土地和劳动构成的二要素论。在此基础上，亚当·斯密将其扩展成为劳动、土地以及资本的三要素论。随着经济的不断发展，传统的三要素越来越难以解释经济增长现象，生产要素逐渐将技能劳动力，知识以及技术、研发投入、现代通信基础设施等都纳入其中。生产要素也逐渐由传统的生产要素扩展到了多要素论阶段。从经济学角度来看，解释要素配置理论需从古典经济学亚当·斯密在1776年《国富论》中论述了"看不见的手"理论、意大利经济学家维尔弗雷多（Vilfredo）首先提出的帕累托最优配置理论、巴克利等提出内部化理论、萨缪尔森等提出外部性理论。

2. 作用机理

数字技术的迅猛发展正在深刻地改变传统生产要素的内涵及配置

方式，从而推动经济运行方式和产业格局的重塑。以人工智能、大数据、云计算、区块链和物联网为代表的新一代数字技术，通过重构生产要素的使用方式，消解传统资源配置中的诸多效率壁垒，为经济增长与结构转型注入新的动力。数字技术驱动生产要素配置理论由此应运而生，它探讨了数字化如何优化资源配置的效率和结构，并通过技术与经济相融合的视角，阐释生产要素在现代经济体系中的动态调整过程。

数字技术改变了传统生产要素的定义与边界，土地、劳动力、资本和技术作为经典经济学中的基本生产要素，在数字化进程中被赋予了新的功能。土地不再是物理空间的局限性标志，反而成为数字技术依托下虚拟空间拓展的重要载体，虚拟经济的兴起使得资源跨越地理边界自由流动，电子商务平台和远程办公系统便是这一变革的典型体现。在劳动力层面，技术使得传统体力劳动向知识密集型劳动转变，通过在线教育和技能提升工具，劳动力的生产效率和适应能力得到大幅提高。资本在数字化的推动下更加高效，其流通和配置依赖于智能化的金融系统和大数据支持。数字技术使资本分配从单纯依赖市场规律向精准匹配转变，企业能够更快地获得适配的融资方案，降低了资金错配的风险。技术本身作为生产要素的核心驱动，逐渐融合于其他要素的应用中，其功能不仅局限于独立的创新源泉，还通过数据整合和智能分析成为资源优化配置的关键支撑。与此同时，数据作为一种新型生产要素，其在数字经济中的作用尤为突出。数据的收集、分析和应用，极大提升了市场供需匹配的效率，使企业和消费者之间的互动更加精确。数据不仅充当了经济运行的导航器，还为企业提供了预测市场需求、优化生产计划的基础。在数据的支持下，企业能够实时调整生产策略，减少库存积压和资源浪费，从而实现经济运行的高效化（见图 3 - 2）。

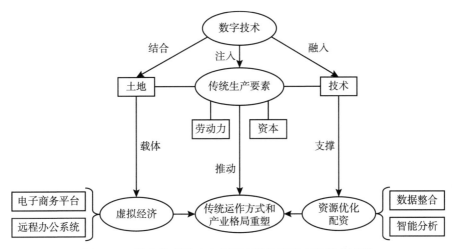

图 3 - 2　数字技术驱动生产要素优化配置理论技术路线

3. 表现形式

数字技术驱动生产要素配置的核心在于信息的流动性和精准性。传统经济中，由于信息不对称导致的资源错配问题，长期以来是限制经济效率提升的重要因素。数字技术通过实时信息传递和数据共享，显著缓解了这一问题。以供应链为例，物联网设备和区块链技术可以实时追踪生产和物流环节中的信息流，确保供应链上下游的资源能够精准、高效地调配。这样的信息透明化进一步推动了资源配置从静态向动态转变。此外，数字技术对交易成本的降低作用不容忽视。在传统经济活动中，交易成本往往由于中介环节烦琐而居高不下，而数字平台通过构建直连机制，显著减少了中间环节。例如，电子商务和共享经济平台通过智能匹配机制，将生产者与消费者直接连接起来，大幅削减了交易环节的时间和金钱成本。同时，区块链的应用保障了交易的透明度和可信度，进一步降低了不必要的信任成本。数字技术还推动了生产要素的动态整合与灵活配置。在共享经济模式下，闲置资源能够通过数字平台重新获得利用价值，提升了资源的使用效率。例如，共享出行平台将闲置的车辆资源与用户的出行需求高效匹配，使资源从"持有"走向"共享",这不仅优化了资源的利用效率,也改变了资源的分配逻辑。这种灵活性使得资源配置更具弹性,可以迅速应对市场环境的变化。

(三) 数字经济和实体经济融合理论

1. 理论基础

从经济学理论的视角,数字经济与实体经济的融合可以追溯到技术创新扩散理论、生产函数优化理论以及网络外部性理论等。技术创新扩散理论认为,技术的应用需要一个长期的渗透和传播过程,而数字技术作为通用技术,能够通过渗透作用激发实体经济不同领域的创新活力。此外,生产函数优化理论强调生产技术变革对生产效率的提升作用,数字技术通过优化资本与劳动的组合形式,重塑了生产函数中的变量关系,提高了全要素生产率。同时,网络外部性理论则解释了数字技术对实体经济规模效应和集聚效应的放大机制。数字经济的网络特性使得参与主体间的互动更加密切,信息流动更加高效,从而提升了产业链和价值链的协同能力。此外,数字平台通过构建线上和线下相结合的生态体系,进一步促进了实体经济中企业之间的资源共享和合作共赢。

2. 作用机理

数字经济通过多种机制推动实体经济的创新与发展。从生产要素视角来看,数字经济以数据为关键生产要素,对资源配置和价值创造产生了显著影响。一方面,数据的积累与分析优化了生产流程,实现了资源的高效配置。另一方面,数据的共享性和增值性为实体经济创造了全新的市场机遇。例如,通过人工智能分析大数据,可以精准预测市场需求,降低库存成本,提高生产效率。从价值链重构的角度,数字经济深度参与了实体经济价值链的全环节。上游环节,数字技术推动了研发创新,缩短了产品研发周期,降低了技术迭代成本。中游环节，智能制造和工业互联网的应用实现了生产过程的柔性化和精细化管理。下游环节，电商平台、智能物流和数字化营销模式拓展了产品的流通范围，提高了消费体验和客户满意度（见图 3 - 3）。

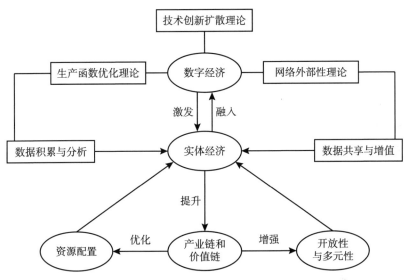

图 3 - 3　数字经济和实体经济融合理论技术路线

3. 表现形式

数字经济与实体经济的融合不仅体现在技术层面，还在商业模式、管理模式和市场结构等方面得以体现。在商业模式上，平台经济、共享经济、订阅经济等新模式的兴起，大幅度改变了传统产业的商业逻辑。例如，制造业领域通过 C2M（customer to manufacturer）模式，实现了用户需求与生产流程的精准对接；在服务业领域，基于数据驱动的个性化服务逐渐成为主流。管理模式的创新也是融合发展的重要表现之一。数字技术赋能传统企业实现了从粗放型管理到精细化、智能化管理的转变。通过引入智能化管理系统，企业能够实时监控生产运营情况，进行动态调整，从而提高资源利用效率并降低管理成本。此外，区块链技术在供应链管理中的应用，则通过提升透明度和信任度，优化了上下游企业间的协作效率。市场结构的变化同样是数字经济与实体经济深度融合的结果。数字经济降低了市场准入门槛，使得更多的中小企业和个体经营者能够参与市场竞争中。同时，数字化平台的扩展性和连接性增强了市场的开放性和多元性，从而促进了市场竞争和资源优化配置。

二、数字经济与产业集群内在逻辑关系

（一）数字经济的角度

1. 技术驱动

数字技术驱动产业集群发展是一个非常重要的议题，数字技术正在改变我们的世界，它不仅影响着我们的日常生活，也正在推动产业集群发展重要驱动引擎。数字经济技术驱动是指通过先进的信息技术手段，推动经济活动的转型和升级，以数字技术为核心，包括人工智能、物联网、大数据分析等，推动产业的数字化转型和升级，这些技术可以促进产业数字化、数字产业化、数字化新业态的发展。数字技术驱动产业集群发展是一个必然的趋势，在未来随着数字技术的不断发展和应用，产业集群将更加智能化和高效化，数字驱动力可以通过各种数字化工具和技术，来改进生产、管理、营销和服务等方面的效率和质量，数字经济技术驱动不仅可以推动传统产业的转型升级，还能催生新的商业模式和产业形态，推动经济增长和创新发展。在数字经济时代，技术驱动对数字经济影响深远，技术驱动已经成为推动经济发展的关键动力之一，技术的进步激发了创新，加速了生产力的提升，并促进了数字经济的快速发展（见图3－4）。

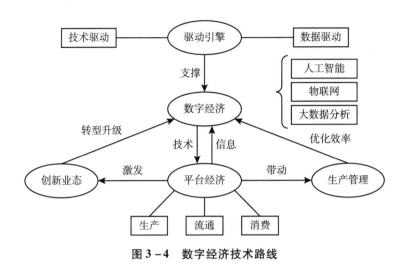

图 3-4　数字经济技术路线

首先，技术进步促使企业重新思考商业模式，随着技术的不断创新和进步，数字经济产业也逐步向高附加值、高技术含量的方向升级，例如通过云计算、大数据分析和人工智能等工具，实现更高效的生产、销售和服务交付。这种变革也催生了共享经济、电子商务和数字支付等新兴商业形态，使得传统产业能够实现数字化转型，提高生产效率和产品质量。其次，技术驱动调整产业结构，技术驱动使得数字经济能够拓展更广阔的发展空间，使传统产业能够实现跨界融合，拓宽出新的发展领域。例如，数字技术创造了新的岗位需求，如数据分析师、软件开发工程师等等。最后，技术驱动也提升了总体生产率，它能够有效降低企业的成本，提高生产效率，从而增加企业的利润。比如，云计算、大数据等技术的应用，这些技术的运用能够帮助企业实现更高效的生产、销售和服务交付。

2. 数据驱动

数字经济数据驱动意味着数字化技术和数据分析在经济活动中发挥关键作用，从而推动经济增长、创新和竞争力。这种模式下，数据被视为一种重要的生产要素，通过收集、整合和分析大量数据，提供决策支持和创新驱动，实现高效资源配置和增加生产力，能够驱动商业决策、优化运营、改善用户体验，并且促进新商业模式和产品的出现。同时，数据驱动还能够促进数字经济的创新和发展，推动产业升级和转型。数字经济数据驱动不仅影响着企业的竞争力和创新能力，也对整体经济发展产生着深远的影响。

数字经济的数据驱动一般是通过数据分析和数据挖掘，发现和预测经济运行中的规律和趋势，为决策提供支持和参考，数据驱动的核心是利用海量的数据，经过处理和加工，形成有价值的信息，再结合业务场景和业务需求，为决策者提供决策依据和优化建议。例如，企业和政府可以利用大数据分析、人工智能、机器学习等技术来解锁数据的潜力，从而获得更深入的洞察、提高效率、降低成本，并且创造全新的商业价值。这种数据驱动的经济模式也促进了个性化营销、定制化产品和服务的发展，因为企业可以根据客户行为和偏好来精确地定位市场需求。

3. 平台经济

数字平台经济正在成为驱动产业集群发展的重要力量，而且二者之间存在密切关系。二者相互促进并相互依存，平台经济是数字经济的重要组成部分，是数字经济中产业数字化的重要体现。数字经济是指以数字技术为基础，利用互联网、大数据、人工智能等技术手段进行生产、流通、消费和管理的经济活动，其核心是数字化、网络化、智能化和创新驱动；而平台经济是数字经济的重要表现形式，它依托互联网平台，通过搭建线上交易市场和提供包括信息、交易、支付、物流、售后等在内的一揽子服务，实现供需双方的高效连接，建立开放的数字平台，可以促进多方参与和合作，提供共享资源和服务，推动产业互联互通。

数字经济和平台经济之间的内涵在于数字技术对经济形态和商业模式的深刻改变，数字经济为平台经济提供了技术支撑和基础设施，而平台经济则是数字经济的重要应用领域，二者相辅相成，共同推动着经济的转型升级。平台经济是运用互联网技术以及"平台"的概念，形成由不同厂商、个人或机构利用共享的资源进行的高效、便捷的在线交易和交易，以实现高效率和多样化效益。在平台经济中，平台作为中介方扮演着重要的角色，通过提供信息、信用评价、支付结算等服务，促进了交易的顺利进行。通过发展平台经济，可以推动数字经济的创新和发展，促进经济的数字化、网络化、智能化水平的提升。平台经济依托于数字技术，利用互联网和信息技术，通过整合和优化资源，实现了高效的在线交易和信息交流，这为数字经济的发展提供了强大的支持，加速了数字经济的创新和发展。

数字平台经济在驱动产业集群发展方面发挥着关键作用，它为产业集群的企业和个体提供了更多商业机会、更高效的合作模式和创新发展空间。首先，数字平台经济能够促进产业集群的数字化转型，数字平台经济通过提供数字化工具和平台，帮助企业实现数字化转型，提高生产效率，降低成本，并更好地满足客户需求，这有助于推动产业集群向更高质量、更高效的方向发展。其次，数字平台经济能够促进产业集群的创新，数字平台经济通过大数据、云计算等先进技术，帮助企业获取市场信息，了解消费者需求，从而推动产品和服务创新；同时，数字平台经济还能够促进企业之间的合作和交流，推动产业集群的创新发展。最后，数字平台经济能够为产业集群提供更优质的服务，数字平台经济通过提供便捷、高效的服务，满足客户需求，而且数字平台经济还能够实现远程服务，为客户提供更加便捷的服务体验。这有助于提高客户满意度，增强产业集群的竞争力。

（二）产业集群的角度

1. 空间集聚

产业集群的空间集聚是指在特定地理区域内，同一行业或相关产业的企业和机构相互之间形成一定数量和密度的集聚，形成紧密的合作网络，是以企业创新、产业集聚为核心，借助包括大学、研究机构、政府、金融机构、中介组织等主体共同作用的融合过程。从而促进信息流动和知识共享，并带来一系列经济效益和竞争优势的现象，这种集聚效应通常会促进创新、提高生产效率、加强技术交流，并且有助于形成完善的产业生态系统。在产业集群中，企业之间的空间接近性和相互联系促进了信息共享和技术创新，降低了交易成本，促进了合作与竞争。此外，产业集群还能吸引更多的投资和人才，形成劳动力和资本的聚集，进而提升整个地区的经济活力和竞争力，一些典型的产业集群包括硅谷的科技产业集聚、英国剑桥创新产业集群、意大利的时尚产业集群以及中国的珠三角制造业集群。

这种集聚效应可以在很多方面体现出来：第一，规模经济效应，相同产业内的企业集中在一起，可以共享物流、研发、人才、设施等成本，这种共享降低了每家企业的生产成本，提高了规模经济效应。第二，技术进步效应，产业集群中企业之间进行技术交流和创新，有助于加速技术进步，提高整体产业水平。第三，人才聚集效应，相同产业的企业集中在一起，吸引了更多的从业人员进入该区域，增加了人才聚集，形成了更强的人才优势。第四，供应链效应，产业集群中不同产业之间的企业形成供应链，加强了企业间的合作与协调，提高了产业整体效率。第五，品牌效应，产业集聚形成的区域品牌知名度提高，可以为企业的品牌建设提供帮助，带动相关产品的发展。总的来说，产业集群的这种空间集聚效应可以促进经济发展、增强地区吸引力，同时也有利于促进创新、降低成本、提高效率、增强竞争力，并对吸引投资和人才起到积极作用。

在国家政策层面，政府可以通过提供基础设施建设、税收激励和技术支持等方式来促进产业集群的空间集聚，以推动地方经济的协调发展。同时，企业也可以通过加强合作，共享资源和经验，实现产业链上更高效的协同作用，从而促进产业间的合作与交流，加速创新和技术进步，并提高生产率。

2. 价值链协同

产业集群的价值链协同是指在产业集群中，不同企业之间或不同产业之间通过合作、协调与整合，形成完整的价值链，从而实现资源优化配置，提高整体竞争力和产业附加值的协同效应。通过优化配置和提升价值链、企业链、供需链和空间链，从而促使产业链上下游企业之间的合作，实现资源共享、技术协同和市场协同，提高整体竞争力。

一般情况下，产业集群中的企业可以依托共同的产业基础设施和服务平台，通过技术创新、生产协同等方式，实现产业链上下游企业的协同发展，以及产业集群内的资源共享和优化配置，形成完整的产业生态系统，并在全球市场上形成合作竞争优势，这样可以实现资源的最大化利用，提高资源利用效率。此外，产业集群内的企业可以共享品牌资源，企业之间可以通过联合营销、品牌合作等方式共同拓展市场，提高品牌知名度和市场份额，形成产业集群品牌效应，提高自身的品牌知名度和影响力，增强企业的市场竞争力，从而获得更多的市场机会和资源支持。

产业集群的价值链协同发挥着多方面的作用，对整个产业集群的发展和竞争力提升具有重要意义。一方面，通过产业集群内企业间的合作与协同，实现资源的有效共享与利用，这有助于促进当地区域的产业升级和经济发展，吸引更多的人才和资金投入，形成良性循环，进而提高整体生产效率和降低成本。另一方面，不同企业间的协同创新能够促进技术、产品和管理方面的创新，加速新技术的研发和应用，这不仅能够推动整个产业集群的技术进步和竞争优势的建立，还可以提高产业集群内部整体的科技水平。

3. 创新生态

产业集群的创新生态是指在特定地理区域内，依托于一定的产业基础和资源优势，通过搭建创新生态系统，包括创新研发中心、孵化器等,吸引和培育创新企业,推动技术创新和产业升级,形成一种有利于创新的生态和环境,促进了企业间的合作与竞争,推动了技术创新、产品创新和商业模式创新的集聚和融合。

创新生态的构建需要多方面因素的协调配合。第一,要保证创新生态的完整性,需要有产业集群内部企业间完善的合作机制,联合研发、技术转移、人才交流等,实现优势互补,提高整体创新能力;也要搭建好服务平台,为企业提供技术咨询、人才培训、市场调研等服务,帮助企业解决创新过程中的实际问题。第二,要提升创新生态的竞争性,产业集群内的企业之间需要存在一定竞争,但这种竞争可以激发企业的创新动力,通过良性竞争,企业可以不断优化产品和服务,提高市场竞争力。第三,要加强创新生态的交流性,在产业集群中可以推动人才交流,通过共性技术研发和应用推动共同相关产业的创新,促进集群企业人才之间的互动和合作,并实现技术交叉和融合;通过人才交流,企业可以引进外部优秀人才,同时也可以将内部人才输送到其他企业和机构中,提高人才的素质和能力(见图3-5)。

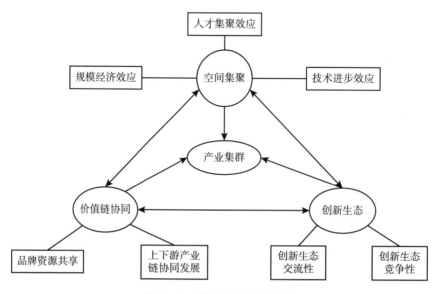

图3-5 产业集群技术线路

（三） 共同构建的关键要素

1. 政策支持

随着数字技术与智能技术的协同发展，数字化转型已是大势所趋，正在深刻重塑人类社会，对世界经济、生产、生活各个领域产生革命性影响。政府可以通过制定有利于数字经济和产业集群研究发展的政策来推动这些领域的发展，从而促进经济增长和创新。在数字经济方面，政府可以通过制定支持数字化转型的政策来促进数字经济的发展，这些政策可能包括提供资金支持，制定数字经济相关的法律法规，推动数字技术的创新应用以及建立数字基础设施等。而对于产业集群方面，政府也可以采取一系列措施来支持其发展，这包括促进不同产业之间的合作与交流、提供资金支持以便进行深入的研究与开发、建立相关的研究机构或实验室，同时培育人才以确保产业集群的可持续发展。

政府对数字经济与产业集群研究的政策支持是多方面的，旨在营造良好的发展环境，促进数字经济的快速发展和创新发展，推动产业升级和发展，其政策支持可以表现在以下几个方面：第一，国家制定数字经济发展战略，明确发展方向和目标，提出数字经济核心产业的重点发展领域，引导和推动数字经济产业的发展，而且政府也会加大对数字基础设施的投入，推动信息通信网络、数据中心等基础设施建设，提高数字化基础设施水平，为数字经济的发展提供基础保障。企业数字化投资为其研发活动提供了更便捷、有效的研发环境，方便研发人员的生产研发工作。第二，政府通过财政、税收等政策手段，支持数字经济核心产业的发展，鼓励企业加大技术创新投入，推动数字经济创新发展；同时，积极推进数字化治理，提高治理能力和水平，加强对数字经济产业的监管，维护市场秩序和公平竞争。第三，相关部门做好引导和支持企业加强合作，促进数字经济产业与其他产业之间的协同发展，推动产业链上下游企业之间的合作与交流；同时，加强人才培养和引进，支持高校和培训机构开展数字经济相关专业的教育和培训，为数字经济的发展提供人才保障。

2. 人才培养

人才培养在数字经济与产业集群发展中具有重要意义，数字经济的发展对人才的需求提出了新的挑战和机遇，随着数字经济的不断发展，它对于技术人才和数字化人才的需求日益增长，培养具备数字化技能和知识的人才，是推动数字经济与产业集群发展的必要条件，而产业集群作为数字经济发展的重要载体之一，也需要有针对性的人才支撑，所以要积极建设人才培训和引进机制，培养和吸引具备数字经济和产业集群知识的专业人才。因此，这需要政府、企业和社会各界共同努力，加大人才培养的力度，为数字经济的发展和产业集群的形成提供有力的人才保障。

人才培养的作用是多方面的，在数字经济和产业集群发展中做好人才培养，意味着为未来经济发展提供有竞争力的人才队伍，为产业升级和转型提供强有力的人才支持。首先，人才培养可以促进产业升级和转型，随着数字经济的快速发展，传统产业需要不断进行数字化转型和创新，而具备数字化技能和知识的人才能够为企业带来新的思路，推动企业实现数字化转型和创新发展。其次，人才培养可以加强企业间的合作与交流，在数字经济时代，企业间的合作与交流更加频繁和密切，而具备数字化技能和知识的人才能够更好地促进企业间的合作与交流，推动产业集群的形成和发展。最后，人才培养可以提高企业的竞争力和创新能力，具备数字化技能和知识的人才能够为企业带来更先进的技术和管理理念，推动企业不断进行创新和升级，提高企业的市场竞争力。

3. 公共基础设施

公共基础设施对数字经济与产业集群发展起着重要的支撑作用，

是推动经济转型升级和实现可持续发展的重要保障，这也意味着在推动数字经济和产业集群发展过程中，可以为数字经济集群的发展提供有效的公共基础设施配套，以促进经济增长、创新和可持续发展，可以通过建立高速网络、云计算中心等基础设施，提供稳定可靠的数字化支持和服务。做到上述要求，离不开政府和社会各界共同努力，需要加强公共基础设施的建设和服务提升，为数字经济的发展和产业集群的形成提供有力的支持。良好的公共基础配套设施，以及人性化的数字信息服务，可以为数字经济和产业集群发展创造良好的环境和条件，这将有助于提升数字化生产和商业活动的效率，促进数字技术的应用和创新，增强企业间的合作与交流，也为居民提供更便利、高效的数字化生活服务。同时，良好的公共基础设施服务也可以吸引更多的投资和人才，为数字经济和产业集群的发展提供必要的人才支持，加速产业集群的形成和发展，从而推动经济转型升级、提升产业竞争力。

总之，做好公共基础设施服务意味着在数字经济和产业集群发展中，为各类参与主体提供稳定、高效、安全的基础设施支持，可以促进数字经济产业之间的信息流动和协同合作，提高整个产业集群的效率和效益，以推动数字经济集群的可持续发展（见图3-6）。

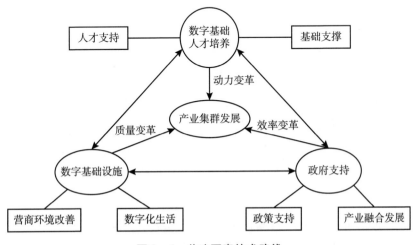

图3-6　共建要素技术路线

（四）数字经济牵引和优化产业集群发展

数字经济可以通过需求牵引和供给优化两个方面赋能战略性新兴产业融合集群发展，在需求牵引方面，随着消费需求结构的升级，数字产品和服务等新消费需求逐渐显现并蓬勃发展，这有助于促进新兴产业集群的发展。在供给优化方面，数据要素与传统生产要素的结合能拓宽现有生产应用场景，促进先导性和支柱性产业发展，淡化不同产业间的产品边界，在供给端催生融合型战略性新兴产业集群。数字经济能够与实体经济不断融合，使经济社会各个领域都受益于数字经济产生的红利效应，数据驱动正成为经济社会发展中的新动力，数字经济俨然成为全球最重要的产业基础、商业模式及新型经济形态。同时，数字经济可降低供需主体间的信息不对称程度，催生消费者对定制化、个性化产品和服务的需求，有利于供给方提供更多互补性或替代性产品和服务，再通过产业间重组、交叉和渗透等形式融入其他新兴产业，提高产业间的主体关联度，以产业间创新推动产业融合集群发展。

数字经济牵引产业集群发展的渠道是多方面的，包括技术进步、政策支持、产业升级、市场需求以及全球化趋势等。这些因素相互作用、相互促进，使得数字经济产业集群成为推动经济增长和促进产业转型升级的重要引擎。首先，随着互联网、大数据、人工智能等技术的不断进步，数字经济的崛起已成为不可避免的趋势，这些技术的发展为产业集群提供了强有力的支撑，使企业能够实现更高效的生产和更广阔的市场覆盖。其次，传统产业的逐渐衰退，新兴产业如互联网、电子商务、人工智能等正在迅速崛起，这些新兴产业的快速发展需要依托于数字经济产业集群的支持，因此数字经济的牵引作用在这个过程中显得尤为重要。此外，消费者对产品和服务的需求日益多样化，企业需要不断提高自身的创新能力以适应市场的变化，数字经济产业集群具有创新氛围浓厚、信息交流便捷、合作机会众多等优势，因此能够吸引大量企业聚集，形成产业集群。最后，各国政府也都在积极推动数字经济的发展，并出台了一些相关政策来支持数字经济产业的集群发展，希望本国在该领域的发展中独占鳌头。

　　数字经济牵引产业集群的形式也是多样化的，需要政府、企业、社会等各方的共同努力，并最终形成合力，共同推动数字经济产业集群的蓬勃发展。首先，要积极进行数字技术创新，培养高尖端的技术型人才和团队，这是数字经济产业集群发展的关键所在，并通过不断研发突破数字技术，实现技术成果的转化，能够促进技术创新链和产业链的深度融合，加快形成新产品新模式新业态，进而推动产业集群的发展。其次，数字经济产业集群内的企业可以通过建立合作机制，加强彼此之间的合作与交流，例如，建立产业联盟、开展联合研发、共享资源等，促进企业的快速发展，以实现互利共赢和共同发展。最后，需要政府出台相关政策来引导数字经济产业集群的发展，政府可以通过优化营商环境，降低数字经济产业集群内企业的运营成本和风险；例如，可以加大对数字经济产业的财政投入，鼓励企业进行数字化转型，简化审批流程、提供税收优惠、加强知识产权保护等等。

　　数字经济优化产业集群发展的渠道是多方面的，包括产业结构升级、数字技术应用深化、产业协同发展、市场需求变化等。这些因素相互关联、相互影响，使得数字经济成为优化产业集群发展的重要力量。首先，随着经济的发展和社会的进步，传统产业面临着结构升级的挑战，数字经济作为新兴产业，具有高技术、高附加值、高成长性等特点，能够推动传统产业向高端化、智能化、绿色化方向升级，进而优化产业集群的发展。其次，数字技术在各行各业的应用不断深化，改变了传统产业的生产方式和商业模式，通过数字技术的应用，企业能够提高生产效率、降低成本、提升产品和服务质量，进而增强市场竞争力。此外，数字经济产业集群内的企业可以通过数字技术的应用和创新的商业模式，提供更加符合市场需求的产品和服务，进而优化产业集群的发展。最后，数字经济产业集群内的企业需要加强协同发展，以实现资源共享、优势互补、合作共赢，通过建立产业联盟、开展联合研发、共享基础设施等，能够促进企业之间的协同发展，提高整个产业集群的竞争力和效益。

数字经济优化产业集群发展的方法也是多样化的，既需要政府、企业和社会各方共同努力，还需要根据不同地区的实际情况和需求，因地制宜地制定具体的政策和措施，不能照搬照抄别人的发展模式，要结合自身的优势和特点进行创造性的发展。首先，要加强数字基础设施建设，包括互联网、大数据、人工智能等领域的基础设施建设，提高数字经济的支撑能力和服务能力，同时要注重传统基础设施的数字化改造，以实现数字化转型和升级。其次，政府可以优化营商环境和政策环境，降低数字经济产业集群内企业的运营成本和风险，给予相关企业更多的引导，以吸引更多的企业加入数字经济产业集群。最后，可以加强国际合作和交流，引进国外先进的数字技术和商业模式，推动数字经济产业集群的国际化发展，同时也要注重本土品牌的培育和发展，提高本土品牌的影响力和竞争力（见图 3 - 7）。

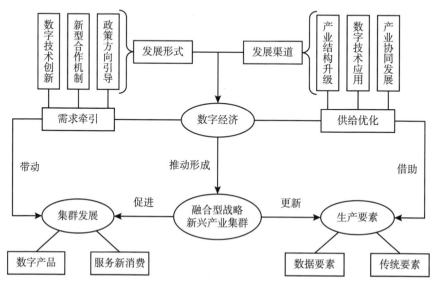

图 3 - 7 数字经济牵引和优化产业集群技术路线

（五）数字经济驱动产业集群融合发展

以数字经济驱动战略性新兴产业融合集群发展，一方面可通过产业深度融合"抱团取暖"，弥补战略性新兴产业资本规模、技术水平等方面的不足，解决部分行业"卡脖子"与"大而不强"的难题；另一方面也可以更好地发挥产业集聚效应和科技外溢效应，实现人才、技术、资金的有机结合和效益最大化，推进相关产业嵌入全球价值链，提升产业链国际竞争力。

数字经济驱动产业集群融合发展涵盖了利用数字化手段促进产业之间的交流与合作，带动整体经济环境的提质增效，集群融合发展是指通过数字技术的应用和数字化转型，促进不同产业之间的深度融合和协同发展，进而形成具有较强竞争力的产业集群。其含义有：第一，通过数字技术的应用和数字化转型，推动各产业的信息化、智能化、数字化升级，提高生产效率、降低成本、提升产品和服务质量，进而增强市场竞争力。第二，不同产业之间的深度融合和协同发展，通过不同产业之间的深度融合和协同发展，实现资源的优化配置和共享，提高整个产业集群的竞争力和效益。第三，形成具有较强竞争力的产业集群，通过数字技术的应用和数字化转型，形成具有较强竞争力的产业集群，这些产业集群能够更好地适应市场需求的变化，提高产业链的稳定性和安全性。总而言之，数字经济驱动产业集群融合发展是指通过数字技术的应用和数字化转型，促进不同产业之间的深度融合和协同发展，形成具有较强竞争力的产业集群，进而推动经济的持续发展和社会的进步。

在全球经济快速转型和升级的背景下，数字经济产业也迎来了自己发展的机遇期，数字技术的更新迭代也驱动产业向集群化发展，这方面的原因是多方面的，包括数字技术的快速发展、供给侧结构性改革、创新驱动发展战略和市场需求的变化等，这些因素使得数字经济成为推动产业集群融合发展的重要力量。第一，数字技术的快速发展为不同产业之间的深度融合和协同发展提供了强有力的支持，数字技术的应用可以打破传统产业的界限，促进产业之间的交叉融合和创新，进而形成新的产业形态和商业模式。第二，供给侧结构性改革旨在提高供给侧的质量和效率，推动经济的高质量发展，数字经济可以通过供给侧结构性改革，优化资源配置和产业结构，提高供给侧的质量和效率，进而推动产业集群的融合发展。第三，创新驱动发展战略是我国经济发展的重要战略之一，数字经济可以通过创新驱动发展战略的实施，推动科技创新和产业创新，促进产业集群的融合发展和升级。第四，随着消费者对产品和服务的需求日益多样化、个性化，企业需要不断创新和改进以满足市场需求，数字经济可以通过数字技术的应用和创新，提供更加符合市场需求的产品和服务，进而推动产业集群的融合发展。

数字经济驱动产业集群融合发展的关键在于数据要素和实体要素的融合、数字化服务的赋能、生产服务化的转变、技术创新和人才培养以及政策支持和市场环境等多方面的因素，只有把相关的要素实现有效整合，才能实现产业集群的深度融合和协同发展，推动经济的持续发展和社会进步。第一，数字经济的基础是数据，数据要素和实体要素的融合是实现产业集群融合发展的关键，通过数据的收集、处理和分析，可以更好地指导实体要素的流转，提高生产效率和服务质量，进而推动产业集群的融合发展。第二，做好数字化服务的赋能，数字化服务可以显著提升实体生产的机械化、智能化、数字化水平，将低附加值、重复性的工作由智能化设备替代，将每一个劳动者转变为管理者，提高生产效率；数字化服务还可以打通实体生产和服务之间的壁垒，让销售的数据和消费者的理念可以融入生产过程，催生新型融合服务，拉近供需两端的距离。第三，实现生产服务化的转变，数字经济可以实现生产和服务之间的深度融合，通过将消费者和生产者之间的短暂买卖关系转变为长期的服务关系，推动生产定制化等新型融合服务的发展，而且生产服务化的转变可以促进产业集群的升级和发展，提高产业集群的竞争力和附加值。第四，数字经济的发展需要进行不断的技术创新和人才培养，技术创新可以推动产业集群的升级和发展，提高产业集群的竞争力和附加值，人才培养可以为产业集群提供高素质的人才支持，促进产业集群的创新和发展。第五，做好政策支持和市场环境优化，政策支持和市场环境优化是数字经济驱动产业集群融合发展的重要保障，政府可以制定相应的政策和措施，提供资金、技术、人才等方面的支持，促进产业集群的融合发展；同时，市场环境也需要为产业集群的融合发展提供良好的竞争环境和市场机制，促进产业集群的创新和发展（见图3－8）。

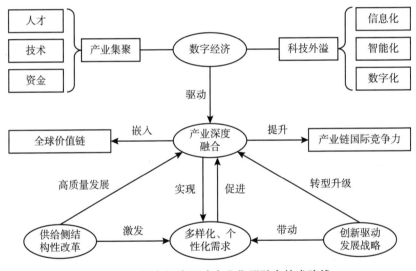

图3－8　数字经济驱动产业集群融合技术路线

（六）数字技术与产业集聚促进产业转型升级

数字技术的应用对于产业的转型和升级具有重要意义，它可以为产业的转型和升级提供强大的推动力。未来，随着数字技术的不断发展，其应用范围和深度也将不断扩大和深化，为产业的升级和转型带来更多的机遇和挑战。在中国经济快速发展的今天，数字经济以第五代通信技术、人工智能、大数据等为技术基础，打破了传统的"生产力—生产关系"体系，正在逐渐成为推动制造产业集群、中国经济高质量发展的核心动力。

产业转型和升级是一个复杂的过程，需要企业在战略规划、技术研发、市场营销、管理优化等多个方面进行全面的改革和创新，其转型和升级的原因也是多方面的，通常是由于外部环境的变化、内部发展需求以及科技进步等因素推动的。在国家发展层面上，政府为了促进经济可持续发展，往往会出台一系列政策来引导产业升级和转型，如税收优惠、补贴政策、环保法规等，这些手段在一定程度上引导了企业未来发展的方向，也为许多产业未来的发展战略和目标提供了一个指向标；同时，当今世界环境问题日益严峻，这迫使许多企业必须采取更清洁、更绿色的生产方式，这些往往需要通过产业升级和技术改造来实现。实现绿色生产是一个循序渐进的过程，没有办法一蹴而就，一方面各行各业需要降低能源消耗，减少对环境的污染和破坏，而另一方面他们也需要为此付出相关的经营成本，如何在绿色转型和企业效益间达到一个平衡的模式，仍需要政府和企业共同努力去探究。在市场需求的层面上，随着消费者需求的多样化和个性化，企业必须调整产品和服务来满足这些新兴需求，这常常需要通过转型和升级来实现，这不仅包括要求用智能化、现代化的手段生产出符合消费者心理预期的产品，也包括了运用互联网、人工智能等手段提供更加人性化和个性化的消费体验。此外，在全球化进程的大背景下，企业面临的竞争越来越激烈，产品的优质性不再是企业间竞争的唯一环节，还包括个性化定制、产品运输、售后服务等环节，为了在竞争中保持优势，企业需要不断调整和升级产品服务，并积极地进行产业结构调整和技术革新，这是企业能够持续焕发活力和生命力的重要因素。在技术创新层面，技术的不断进步和创新为产业转型和升级提供了动力，科技的快速发展，尤其是信息技术、人工智能、大数据等领域的突破，为产业升级提供了新的工具和可能性，推动传统产业通过技术革新来提升自身竞争力，而且新的技术和应用可以带来更高效、更智能、更环保的生产方式和产品，从而推动产业的升级和发展。例如，数字化、智能化等技术的应用，使得制造业、服务业等得以实现自动化、智能化生产。在企业战略目标的层面上，许多公司为了维护相关权益方的利益，往往需要不断提高业绩表现，这也是促使企业不断寻求新的增长点、进行产业升级和转型的原因之一；另外，为了提升企业的经济效益，往往需要更高效地管理供应链、减少库存成本、提高响应速度，因此也需要采用新的技术手段去完成供应链管理技术的创新升级。

数字技术的广泛应用与产业集聚效应的出现，可以有效帮助更多传统产业进行转型和升级，这不仅对如今传统行业融入智能化时代提供了帮助，也加速了他们适应全球化市场的进程。具体表现在以下几个层面上：第一，数字技术的应用可以自动化和智能化地控制生产过程，提高生产效率和质量；例如，通过物联网技术，可以实时监测设备的运行状态，及时发现和解决问题，避免生产过程中的浪费和损失。第二，数字技术可以优化资源配置，通过数据分析和预测，帮助企业更好地了解市场需求和消费者行为，优化资源配置，提高企业的竞争力。例如，通过大数据分析，企业可以了解消费者的购买习惯和需求，从而更好地调整产品和服务，满足市场需求。第三，数字技术可以促进产业间的协同合作，数字技术可以打通产业链上下游之间的信息壁垒，实现信息的共享和协同。例如，通过云计算和物联网技术，可以实现供应链的透明化和实时化，提高供应链的效率和可靠性。第四，数字技术还可以推动产业创新，从而提升服务质量，数字技术的不断发展可以推动产业创新和升级，并应用在具体的项目开发中，提高企业的服务质量和客户满意度。例如，人工智能技术的应用可以帮助企业开发新的产品和服务，实现产业创新和升级（见图3-9）。

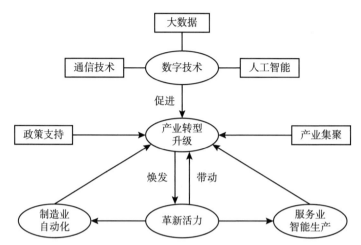

图 3 - 9　数字技术与产业集聚促进产业的转型和升级技术路线

第四章

珠三角地区数字经济
与产业集群现状分析

一、珠三角地区的数字经济发展现状

(一) 数字经济发展的总体态势

1. 数字经济的规模与结构

广东省作为全国数字经济发展的引领者,其数字经济规模长期居于全国首位。据《中国数字经济发展白皮书(2023年)》显示,广东省数字经济总量约占全国的15%,年均增速超过10%,显著高于传统产业的增长速度。数字经济已经成为广东省经济增长的新引擎。

在产业结构上,广东省数字经济呈现"三二一"的优化格局。第三产业中,金融、电子商务、现代物流等领域的数字化程度显著加深,跨境电商已经成为国际贸易的关键驱动力之一。第二产业的智能制造和高端制造逐渐形成集群效应,尤其是在广州、佛山、东莞等制造业集聚区,工业互联网平台的应用使得生产效率和供应链协同能力显著提升。第一产业的数字化虽起步较晚,但通过智慧农业和农村电商的推广,精准施肥、病虫害防治等应用逐渐普及,为农业生产带来了效率和效益的双重提升。

2. 数字化基础设施的建设

数字基础设施是广东省数字经济快速发展的基石。广东省高度重视"双千兆"网络和算力网络的建设。截至 2024 年,广东省 5G 基站的建设数量已经超过 25 万个,覆盖率达到 98% 以上。尤其在珠三角区域,通过推进"共建共享",实现了 5G 网络对重点工业园区、交通枢纽和海岛区域的全面覆盖。

此外,广东加速推进全国一体化算力网络粤港澳大湾区国家枢纽节点建设,通过韶关数据中心集群等项目,形成了高度集约化和绿色化的数据中心体系,为数字经济提供高效的算力支持。同时,广东通过海洋新型信息基础设施的规模化部署,为智慧海洋、海洋经济的数字化转型提供了重要支撑。

3. 区域协同发展的新格局

广东省的数字经济发展呈现区域梯度分布的特点。珠三角地区凭借强大的经济基础和技术优势,成为广东省乃至全国数字经济的核心增长极。广州和深圳在科技创新、数字化金融和跨境电商等领域形成了全国性影响力,东莞通过智能制造的深度实践,推动制造业数字化转型。

相比之下,粤东、粤西和粤北地区的数字经济发展起步较晚,但近年来在政策扶持下进步显著。例如,湛江在水产养殖领域利用物联网技术实现了精准监测,降低了运营成本;汕头的传统玩具产业通过跨境电商实现全球销售网络。区域协同发展也成为广东省缩小区域间数字经济差距的重要手段,通过"数字政府"和区域联动模式,实现公共服务的均等化。

4. 政策驱动对数字经济的促进

广东省数字经济发展离不开政策驱动。省级政策框架以《广东省数字经济发展规划(2021—2025 年)》为指导,提出到 2025 年数字经济核心产业增加值占 GDP 比重超过 10% 的目标，同时通过粤港澳大湾区建设全面提升国际化水平。

行业专项政策也为数字经济发展提供了有力支持。例如，《广东省制造业数字化转型实施方案》推动了产业链的整体数字化改造，数字贸易创新试点政策则助力广州天河中央商务区成为国家数字服务出口基地。在财政支持方面，广东省在 2023 年拨付 7.74 亿元专项资金，用于中小企业的数字化转型，同时通过税收优惠政策激励企业加大研发投入。

（二）"广东模式" 的实践创新

广东省在制造业数字化转型过程中，形成了独具特色的"广东模式"。这一模式以创新为驱动力，通过"单点突破"与"链式改造"的结合路径，推动数字技术在产业链上下游的全面应用。同时，通过政策支持、多方协作和技术赋能，广东模式已成为制造业数字化转型的典范，为全国提供了可复制的经验。

1. 从"单点突破"到"链式改造"

广东模式的数字化转型路径从龙头企业的"单点突破"起步，逐步发展为覆盖整个产业链和供应链的"链式改造"，展现了广东在制造业数字化转型规律上的深刻理解与创新实践。在单点突破阶段，珠三角地区聚焦于龙头企业的特定环节或典型场景，通过实施针对性的软硬件改造，推动生产效率的提升和成本的降低。例如，美的集团通过其"灯塔工厂"项目，在工业互联网平台的支持下，实现了设备与信息系统的全面互联互通，供应链生产浪费减少了 68%，显著提升了资源利用率和环保效益。这一阶段的实践为珠三角地区探索数字化改造路径提供了宝贵经验，也奠定了向更大范围数字化协作推进的基础。

在链式改造阶段，珠三角地区以龙头企业为核心，推动上下游企业协同参与供应链的整体数字化改造，进而实现从单点改造向全链条数字化转型的迈进。例如，奇瑞汽车通过工业互联网平台整合供应商资源，实现了生产和物流的高效协同，使交货周期缩短了23%，柔性生产能力和资源配置效率得到显著提升。这种改造模式不仅强化了产业链内企业之间的数据流通和资源整合能力，也提升了协作效率，促进了区域产业生态的高效化和可持续发展，展现了广东模式在数字化赋能制造业方面的创新优势。

2."1＋1＋N"联合改造模式

广东省在推动制造业数字化转型中，提出了"1＋1＋N"的联合改造模式，即"1类制造业骨干企业或平台型企业＋1类集成服务企业＋N个软硬件企业"的协同机制。这一模式以资源整合和多方协作为核心，通过骨干企业的引领、集成服务企业的枢纽功能以及软硬件企业的技术支持，构建了全产业链协同的高效数字化改造路径。骨干企业或平台型企业在这一模式中发挥了引领作用。例如，美的集团通过构建工业互联网平台，不仅实现了自身在生产计划和供应链调度方面的优化，还为中小企业提供了低成本、高效益的转型解决方案，显著提升了中小企业的数字化能力和市场竞争力。

作为产业链协同的关键枢纽，集成服务企业通过提供整体数字化改造方案，加强了上下游企业间的协作能力。例如，致景科技开发的云端平台，为纺织服装行业提供从设计到销售的全流程支持，推动了供应链的深度协同与全产业链的整合。此外，"N个软硬件企业"则为联合改造模式提供了强大的技术支撑，通过定制化的工具和服务，解决了中小企业在数字化过程中面临的技术短板。例如，广东省遴选了300多家数字化服务商和9个国家级工业互联网平台，为企业提供高质量的技术支持。这种联合改造模式以多方联动为特点，不仅推动了数字化技术的广泛应用，还助力全省制造业实现高效转型和协同升级。

3. 政策支持与要素保障

广东模式的成功在于政策支持与要素保障的多层次协同，通过政策引导、财政激励和要素供给为制造业数字化转型奠定了坚实基础。在政策引导方面，广东省出台了《广东省制造业数字化转型实施方案（2021～2025年）》和《广东省制造业高质量发展五年行动计划》等重要文件，明确提出到2025年推动超过5万家规模以上工业企业完成数字化改造，带动100万家企业实现降本增效和绿色转型。这些政策文件不仅为企业提供了清晰的转型方向和实施路径，也彰显了广东省推动制造业高质量发展的战略决心。同时，在财政支持方面，广东省积极设立专项资金以推动中小企业的数字化转型。以2023年为例，7.74亿元专项资金被用于中小企业的数字化改造，通过灵活的补贴机制激励企业参与转型，同时推出研发费用加计扣除政策，鼓励企业在工业软件、芯片设计等关键领域加大自主研发力度。

此外，广东省在要素保障方面采取了多项措施，为制造业数字化转型提供技术和资源支持。通过完善数字化产品供给体系，优化工业互联网平台建设，广东确保企业在转型过程中获得强有力的技术支撑。例如，韶关数据中心集群的建设为制造业企业提供了稳定的算力支持，显著推动了工业互联网应用的普及。在数据安全与隐私保护领域，珠三角地区建立了工业数据分级分类保护制度，加强企业在数据管理和信息安全方面的能力，保障数字化转型的可持续性。这些政策和要素保障措施的综合发力，不仅提升了企业转型的效率和安全性，也进一步巩固了广东模式在全国数字经济发展中的标杆地位。

4. 创新成果与典型案例

广东模式在多领域的数字化转型中取得显著成效，涌现出一批具有示范意义的标杆案例，为全国制造业的数字化升级提供了宝贵经验。美的集团通过工业互联网平台，全面优化了生产计划、设备管理和供应链协同，同时带动上下游企业完成数字化改造，成为制造业转型的灯塔示范；致景科技在纺织服装行业的数字化探索中，依托智慧云平台覆盖布料生产、设计、采购与销售的全流程，为传统行业注入数字化动能，显著提升了市场竞争力；奇瑞汽车则通过工业互联网平台整合供应链资源，提升了高效协同能力和资源优化水平，为智能制造的深入实践提供了典范。这些典型案例充分展现了广东模式在推动制造业高质量发展和数字化创新方面的先进性与可复制性。

（三）区域数字经济协同发展

广东省作为中国经济发展的前沿阵地，在推进数字经济区域协同发展方面积累了丰富经验。通过政策引导、基础设施建设、产业协同和人才培养等多方面的努力，广东省致力于实现区域间数字经济的协调发展，促进全省经济的高质量增长。

1. 政策引导与战略布局

为推动区域数字化协同发展，广东省政府于 2021 年发布了《关于加快数字化发展的意见》，提出全面推进经济社会各领域数字化转型、构建"数字广东"、提升数字化生产力的战略目标。这一战略以粤港澳大湾区为核心，以珠三角地区为引领，致力于带动粤东、粤西和粤北地区共同发展。《粤港澳大湾区发展规划纲要》进一步明确了区域分工与协同路径，珠三角地区重点发展人工智能、工业互联网和区块链等前沿技术，而粤东、粤西和粤北地区则依托本地特色产业，推动数字化转型，形成优势互补、梯度发展的区域协同格局。

在政策实践方面，各地市围绕数字化转型进行了多层次探索与创新。例如，广州市通过"四化"平台赋能行动，利用数字化平台提升区域企业生产效率；深圳推出"普惠奖补"政策，为中小企业提供数字化改造资金支持；东莞则在制造业数字化转型中，形成了一套具有可复制性的供应链协同模式，为全省乃至全国提供了可借鉴的经验。这些实践体现了政策引导与战略布局在区域数字化协同发展中的重要作用，促进了广东省数字经济的整体发展与区域间协调。

2. 新型基础设施建设

广东省在数字经济发展中高度重视基础能力的夯实，通过全面推进新型基础设施建设，为数字化转型提供了有力支撑。在通信网络建设方面，广东已完成"双千兆"网络布局，建成超过 25 万个 5G 基站，覆盖率达到 98%，珠三角地区率先实现工业园区和重点产业集群的全覆盖，为制造业的数字化转型提供了高速且稳定的网络环境。在算力基础设施建设上，广东布局了广州、深圳的超算中心和韶关的数据中心集群，形成覆盖全省的算力网络，同时通过智能计算中心和工业互联网标志解析节点的建设，为企业数字化应用提供强大技术支持。此外，广东构建了全国一体化大数据中心的国家枢纽节点，并建设了省级大数据平台，有效推动了数据资源在区域间的高效共享与流通。这些基础设施的完善不仅提升了数字经济发展的基础能力，也为产业协同和技术创新提供了坚实保障。

3. 产业协同与集群发展

广东省立足各地市的特色和优势，通过推动区域间的产业协同发展，形成了互补共赢的格局，为数字经济高质量发展注入了动力。珠三角地区数字经济发展中起到引领作用，广州和深圳分别在智能网联汽车、人工智能、区块链等领域形成了具有全国影响力的产业集群，成为推动全国数字经济发展的重要驱动力；粤东、粤西和粤北地区则以特色产业数字化转型为重点，例如，湛江借助物联网技术推动水产养殖数字化，实现养殖环境监控与产量优化；汕头通过跨境电商将传统玩具制造融入国际供应链；韶关则在绿色制造领域探索数字化应用，为传统产业赋能升级。此外，广东通过支持重点企业牵头组建产业链协同联盟，推动区域间产业链的深度融合。例如，佛山陶瓷产业依托工业互联网平台实现设计、制造和销售的全链条协同，显著提升了产业竞争力。通过区域分工与协作，广东成功打造了多层次的产业集群与协同创新网络，为数字经济的全面发展提供了有力支撑。

4. 人才培养与创新生态

广东省在推动区域协同发展中，将人才培养与创新生态建设视为核心，通过政策引导和资源倾斜，构建适应数字经济需求的创新体系，为区域经济高质量发展提供了有力支撑。在高端人才引进与培养方面，依托粤港澳大湾区的区位优势，广东成功吸引了一大批国际化高端数字化人才。例如，深圳的"人才特区计划"通过一系列优惠政策聚集了高层次科技人才，而广州的国际化创新基地则成为推动数字经济发展的重要人才储备地。在创新平台建设方面，珠三角地区在多个城市设立了聚焦人工智能、区块链、工业互联网等领域的创新实验室，形成了开放协同的研发体系。例如，深圳人工智能产业园区汇聚了数百家高新技术企业，成为区域数字经济创新的重要载体。此外，广东还积极推动国际化的开源项目与社区建设，通过跨区域技术交流与合作，构建开放共享的技术平台，为企业的创新发展提供技术支持和合作机会。通过高端人才与创新平台的双重推动，珠三角地区成功打造了充满活力的创新生态，为数字经济的持续发展奠定了坚实基础。

5. 区域协同发展成果

广东省在推进区域数字经济协同发展方面取得了一系列显著成果，充分体现了区域协同的实践价值和创新优势。在制造业数字化方面，佛山探索了从"单点突破"到"链式改造"的数字化转型路径，以美的集团的工业互联网平台为核心，带动家电制造领域的上下游企业实现协同改造，显著提升了产业链的数字化水平和协作效率。在数字化公共服务均等化方面，珠三角地区通过"互联网＋政务服务"平台推动优质公共资源的跨区域共享。例如，韶关的基层社区可以通过平台直接对接广州的医疗资源，实现了医疗服务的协同升级和资源优化配置。此外，在跨区域数据共享与治理上，广州、深圳和东莞联合搭建了高效的数据交换平台，为区域间的数据流通与资源共享提供了强有力的技术支撑。这些成果不仅为广东区域协同发展提供了示范样板，也为全国范围内数字经济的协调发展探索了可复制的路径。

（四）数字经济发展面临的挑战

珠三角地区作为中国经济发展的领头羊，在推动数字经济高质量发展方面取得了显著成就。然而，随着数字化进程的深入，珠三角地区在技术创新、产业数字化转型、数字治理、人才供给、区域协调发展以及国际竞争等方面也面临一系列挑战。以下从这些方面出发，分析珠三角地区数字经济发展中存在的主要问题。

1. 技术创新与核心技术受制问题

珠三角地区数字经济的发展高度依赖技术创新的持续突破，但在高端芯片、工业软件等关键领域仍存在较大短板，限制了区域经济的自主性和长期稳定发展。虽然华为、中兴等企业在技术创新方面具有较强的能力，但在芯片设计、制造及工业软件的复杂流程控制、智能工厂管理等方面，广东制造业企业对进口技术和设备的依赖程度较高。这种受制现状不仅限制了本地工业互联网平台的自主发展，也削弱了产业链的安全性和韧性。此外，在人工智能技术应用上，珠三角地区虽占据一定优势，但在基础算法的原创性研究和高端材料研发生产方面的滞后，难以支撑人工智能和先进制造业等领域的进一步发展，制约了广东数字经济的创新潜力。

技术创新链与产业链的脱节加剧了这些问题。尽管广东在某些领域拥有较强的研发实力，但创新成果转化效率较低，特别是在中小企业群体中尤为明显。许多中小企业缺乏技术支持，难以将创新成果应用于实际生产，导致产业链的整体协同效率不足。技术受制于人的问题使广东在数字经济的全球竞争中处于相对被动的地位，同时对区域产业链的安全性提出了更高的要求。这种状况不仅削弱了广东在全球数字经济竞争中的优势地位，也为其长期发展埋下了隐患，亟须通过技术攻关与产业协同加以解决。

2. 产业数字化转型的深度与广度不足

珠三角地区的数字化转型在全国范围内具有标杆意义，但在推动全行业数字化转型的深度与广度方面仍面临显著挑战，特别是中小企业的参与度不足限制了整体转型效能。作为制造业大省，广东拥有大量中小企业，但这些企业在数字化改造过程中受到资金、技术和人才短缺的制约。尽管政府已出台多项扶持政策，但中小企业的数字化进程相较于大企业依然较为缓慢，许多企业仅停留在数字化改造的初级阶段，难以全面实现转型升级。这一问题表明，中小企业的转型需求未能得到精准匹配，制约了全省数字经济发展的均衡性与协同性。

此外，传统行业的数字化转型进展不均衡和转型成果的长期效益不足进一步放大了这一问题。珠三角地区的制造业数字化转型相对领先，但农业、建筑业和传统服务业在数字化进程中依然滞后，尤其是粤东、粤西地区的传统农业和渔业，在技术应用的深度和广度上与先进制造业存在显著差距。更为关键的是，部分企业在数字化改造中投入了大量资源，却未能获得预期收益，数字化工具应用的针对性不足导致运营效率和成本收益未能形成正向循环。这不仅降低了企业对后续转型的积极性，也暴露出产业链整体数字化过程中缺乏长效联动机制的问题，从而制约了数字技术与实体经济的深度融合及珠三角地区数字经济发展的整体水平。

3. 数字治理体系的完善与数据安全

珠三角地区在数字治理和数据安全方面的实践走在全国前列，但随着数字经济的不断扩展，相关体系的不完善和安全风险的增加成为亟待解决的问题。首先，法律法规建设相对滞后，特别是在数据确权、数据跨境流动和隐私保护等方面缺乏系统性的政策支持。尽管珠三角地区在推动数字化发展中积累了一定的经验，但部分企业在数据使用中仍面临合规性风险，进一步影响了行业整体的发展环境。此外，随着数字化程度的加深，企业和政府机构的网络安全威胁持续上升。珠三角地区作为全国数字经济的核心区域，其重要行业数据和数字基础设施已成为网络攻击的主要目标，数据泄露的风险对数字经济的稳定性构成了重大挑战。

与此同时，区域间的数据共享和流通效率低下也限制了数据资源价值的充分释放。珠三角地区虽在数据流通方面取得了一定成效，但粤东、粤西等地区的数据开放与共享水平较低，数据孤岛现象依然普遍存在，阻碍了跨区域协同的深入发展。这种分布不均的数字治理能力，使得珠三角地区在推动全省范围内的数据协同和提升数据资源利用效率方面面临更大的改进空间。解决这些问题不仅关系到广东数字经济的可持续发展，也关乎其在全国数字治理领域的示范效应和引领作用。

4. 数字人才的短缺与培养机制的不足

数字经济的快速发展对高素质数字人才的需求持续增加，但珠三角地区在数字人才供需匹配上存在显著的结构性矛盾，对数字技术创新和产业数字化转型形成了制约。尽管广东吸引了大量科技企业落户，在人工智能、工业互联网等领域形成了一定的人才集聚效应，但高端数字人才的储备依然不足，特别是在中小企业，高水平技术人员更加稀缺。此外，数字人才的区域分布失衡问题突出，广州、深圳等一线城市成为主要的人才聚集地，而粤东、粤西和粤北地区的人才储备严重不足，这种失衡进一步扩大了区域间数字经济发展的差距。与此同时，数字教育和培训体系未能充分对接产业需求，广东高校在数字经济相关人才培养上的课程设置和教学内容与实际应用脱节，尤其在应用型人才的培养上存在短板。上述问题不仅限制了广东在数字技术创新中的潜力，也阻碍了区域间数字经济发展的均衡推进，亟须从人才引进与教育体系优化等方面加以改进。

5. 区域数字经济发展的不平衡

广东省数字经济发展呈现显著的区域不平衡，珠三角地区与粤东、粤西和粤北地区之间的差距尤为突出，成为全省数字经济全面高质量发展的制约因素。首先，在基础设施方面，珠三角地区的5G网络覆盖率和数据中心密度远高于粤东、粤西和粤北地区，后者因基础设施薄弱而限制了其数字经济发展潜力。其次，产业结构的差距进一步加剧了这种不平衡，珠三角地区的高科技制造业和现代服务业已实现较高水平的数字化，而粤东、粤西地区的传统农业和资源型产业在数字化转型中起步较晚，进展相对缓慢。此外，政策支持的不均衡也对区域间的发展差距产生了深远影响，政府资源更多集中在珠三角地区，而粤东、粤西和粤北地区在政策扶持力度上相对不足，难以形成有效的激励机制。这种区域数字经济发展的不均衡不仅削弱了广东整体的协同效应，也对全省数字经济的全面可持续发展构成了挑战。

6. 国际竞争与数字经济的全球化挑战

珠三角地区在数字经济发展中面临的国际竞争压力不断加剧，主要表现为技术壁垒、规则参与和市场竞争三方面的挑战。首先，随着全球技术竞争的加速，广东在芯片、工业软件等核心领域受到的国际技术封锁显著增强，关键技术受制问题严重限制了其在全球供应链中的主动权与话语权。其次，在全球数字经济规则的制定中，广东参与度不足，尤其在数据跨境流动和数字税等关键领域，难以有效维护本地企业的合法权益，这种缺位使其在国际规则体系中处于被动地位。此外，随着全球主要经济体在人工智能、工业互联网等新兴领域的投入持续增加，珠三角地区企业面临的市场竞争压力显著上升，必须在技术创新和市场开拓中持续寻求突破。这些挑战不仅威胁广东在全球数字经济版图中的地位，也对其数字化战略的长远发展提出了更高要求。

二、珠三角地区的产业集群发展现状

（一）整体特征分析

1. 地理位置和区位优势方面

珠三角涵盖了9座城市，总面积约为5.53万平方公里，紧邻南海，具有优越的地理位置，连接着中国华南及东南亚地区，处于全球经济发展的重要节点。在珠三角内，有许多世界一流的港口、航道和机场。例如，深圳宝安国际机场、广州白云国际机场等主要航空枢纽，为区域内贸易往来和人员流动提供了便利的交通网络。此外，还有多个世界级海港，如广州港和深圳港等，为海上贸易和物流服务提供了一流的支持。珠三角的地理优势不仅限于区内交通便利，更体现在对全球经济体系的战略节点作用。通过深中通道、港珠澳大桥、广深港高铁等交通设施建设，珠三角实现了内部交通效率的全面提升，进一步巩固了其全球物流枢纽地位。此外，与"一带一路"倡议的深度对接，赋予珠三角在全球供应链中的重要角色，使其在全球市场中扮演着更为关键的枢纽功能。这种优势为区域经济协同和产业集群的发展奠定了坚实的基础。总的来说，珠三角凭借其地理位置的优势地位、便捷的交通设施、完善的配套基础设施以及多元文化背景和金融中心的特性，拥有巨大的区位优势。这些优势为推动该地区的经济增长和打造世界级先进制造业集群提供了宝贵的机会和有利条件。

2. 经济实力方面

根据2023年1月19日珠三角地区统计局发布的数据，珠三角地区在2022年的生产总值达到了129 118.6亿元，同比增长了1.9%（见表4-1）。其中，第一产业的增加值为5 340.4亿元，增长率为5.2%；第二产业的增加值为52 843.5亿元，增长率为2.5%；第三产业的增加值为 70 934.7 亿元，增长率为 1.5%。香港特别行政区在 2022 年的生产总值总量为 28 270 亿港元，而澳门特别行政区在同一年的生产总值则为 1 773 亿澳门元。这些数据充分显示了珠三角的整体经济实力。同时，珠三角经济实力的体现不仅在于各城市的经济总量，更在于区域间资源流动的效率与协同效应的发挥。香港作为国际金融中心，为湾区内制造业提供了稳定的融资支持，并通过资本市场的活跃度进一步增强了整个区域的创新能力。而澳门则凭借其旅游休闲业及文化产业，与珠江西岸的制造业形成了较好的互补关系。未来，通过跨境资本流动便利化政策和科技创新合作平台建设，大湾区的协同效应将进一步提升，从而打造更为紧密的经济共同体。

表 4-1　　　　　　珠三角地区 2018~2022 年经济指标　　　　　　单位：亿元

指标	2018 年	2019 年	2020 年	2021 年	2022 年
地区生产总值	99 945.2	107 986.9	111 151.6	124 719.5	129 118.6
第一产业增加值	38 364.0	4 350.6	4 732.7	4 984.7	5 340.4
第二产业增加值	41 398.5	43 368.2	43 868.1	50 555.8	52 843.5
第三产业增加值	54 710.4	60 268.1	62 550.8	69 179.0	70 934.7
工业增加值	37 651.1	39 141.8	393 539.0	45 510.3	47 723.0

资料来源：国家统计局。

3. 产业基础方面

珠三角拥有强大的产业基础，是全球重要的制造业基地，特别是在电子信息、汽车制造和装备制造等行业具有突出优势。同时，服务业也非常发达，包括金融、贸易、物流、旅游和专业服务等领域。2023 年的数据显示，该地区的经济总量已超过 13 万亿元，显示了其强大的综合实力。在产业协同方面，珠三角充分利用其现有的产业分布特点，一方面利用深圳的电子信息产业链与东莞的制造优势，通过深莞惠一体化实现从研发到生产的无缝衔接；另一方面不断推进珠江西岸城市传统制造业的智能化升级，与珠江东岸形成分工协作的产业生态，珠江西岸可通过政策引导和资金扶持，加快智能制造、新能源等新兴产业的布局，与东岸的高端电子信息产业形成上下游联动效应。数字化技术也可以进一步助力产业链管理，实现区域内高效协作与资源共享。同时，香港作为国际金融中心，对湾区乃至整个中国的金融服务和资本市场起到了关键作用。深圳被誉为"中国硅谷"，汇聚了大量的科技企业和创新人才，推动了区域内的数字化转型。此外，珠三角在新能源技术的研发和应用方面取得了显著进展，如太阳能、风能和电动汽车等。区域内有多所知名大学和研究机构，为科技创新和人才培养提供了有力支持。交通网络发达，拥有一流的海港、机场和高速铁路系统，便于货物和人员的流通。此外，政府在政策层面给予了大力支持，如设立自由贸易区、推动跨境电子商务等，为产业发展创造了良好的环境。总之，这些丰富的产业基础以及亮眼的经济数据使得珠三角具备了建设世界级先进制造业集群的潜力，并正在通过持续的产业升级和技术创新来实现这一目标。广东地区生产的5G手机、空调、冰箱、电饭煲、微波炉等产品的产量居全球首位。珠三角是中国乃至世界制造业的重要基地，产业基础坚实且体系完备，正朝着打造世界级产业集群的目标快速前进。

（1）广州。广州的汽车制造业占全市工业增加值比重的1/4，年产量超过300万辆，是全国重要的汽车生产基地之一。虽然早期发展困难重重，例如广州标致在20世纪90年代退市，广汽集团直到1996年才成立，但目前已成为一个不容忽视的重要力量。除了与丰田和三菱的合作外，传祺品牌也逐渐在市场上站稳脚跟；五羊和本田摩托也是其重要业务。此外，广州也是互联网产业的先驱之一，并且是最早抓住新能源和智能化机遇的城市之一。以广汽埃安为代表的新能源车企，通过持续技术创新实现了快速增长，成为行业内的标杆企业。广汽埃安2022年销量达到27.1万辆，正筹备IPO，成为传统车企中转型成功的例子。何小鹏在卖掉UC后，在广州创立了小鹏；而文远知行、小马智行等自动驾驶公司也在当地政府的支持下取得了进展。广州的新能源高新技术教育资源也非常丰富，华南理工被誉为"新能源的黄埔军校"。未来，广州可进一步加强新能源汽车和智能网联领域的研发，通过政策引导吸引全球优质资本与技术资源。同时，依托华南理工大学等高等院校，建设新能源汽车技术研发基地，为产业发展提供源源不断的人才支持。在医药健康与石化产业方面，广州应聚焦绿色技术改造，打造高附加值产业链条，助力"双碳"目标下的产业转型升级，从而进一步提升其在珠三角的经济引领作用。

在重化工大潮中成为热点的石化产业是广州的支柱之一。自1988年宝洁在广州设立工厂以来，这里就成为全国重要的日化产品中心，吸引了众多国际洗护巨头在此聚集。包括一些本土品牌如蓝月亮和完美日记也在这里创立。尽管受到条件限制无法像惠州那样大规模发展石化基地，但广州仍在努力发展精细化工和新材料行业。例如，在21世纪初建立的天赐材料除了日化业务外，在锂电池供应链尤其是电解液方面也取得了不可忽视的地位。另外，像圣丰这样的橡胶企业以及金发等车用材料企业也都位列珠三角地区百强企业之中。

此外，医药健康产业也是广州的重要支柱。广药集团和白云山在中医界享有很高的声誉。随着之前新冠疫情的暴发，诊断检测行业也迅速崛起，达安基因、金域医学、万孚生物等公司都借此机会快速发展，迈普这样的医疗器械新秀也在崛起。

（2）深圳。2022年，深圳在规模以上工业总产值超越上海后，又宣布其工业增加值超过了上海，首次实现全国"双第一"。作为中国最具创新活力的城市之一，深圳拥有雄厚的产业基础，并且发展迅速。据统计，2024年，深圳市的GDP将超过3.68万亿元，同比增长约5.8%，显示出强大的经济实力和增长潜力。

深圳是全球电子信息、通信设备、新能源汽车等产业的重要基地。目前，深圳已在各区规划并建设了多个软件园区，如深圳软件园、深圳湾科技生态园和深圳大运软件小镇等，并引进和培育了一批具有核心竞争力的生态主导型企业，如华为、中兴和比亚迪等。此外，深圳还拥有一大批创新型中小企业，形成了完整的产业链和生态系统。

服务业也是推动深圳经济发展的重要支柱，作为中国的金融中心之一，深圳汇聚了大量的金融机构和科技公司，如平安集团和腾讯等，为全国乃至全球提供金融服务和技术支持。同时，深圳还是中国最大的电子商务城市之一，拥有庞大的消费市场和物流网络。科技创新也是深圳产业发展的一大特色，据统计，2023 年，深圳高新技术企业数量已超过 1.8 万家，PCT 国际专利申请量连续多年位居全国第一，显示出深圳在科技创新方面的强大实力。

综上所述，凭借强大的制造业、服务业以及科技创新能力，深圳已经奠定了坚实的产业基础，并持续推动着城市的经济发展和社会进步。

（3）珠海。珠海是华南地区一个重要的制造业基地中心，特别是在电子信息技术和家电行业有着显著的优势。根据相关数据表明 2024 年珠海的生产总产值达到 4 479.1 亿元以上。但该市的重点产业依然围绕着家电业展开。珠海拥有坚实的家电产业基础，经过长期发展，已经吸引了包括格力、格兰仕等在内的国内领先企业以及创维、戴森等国际知名品牌在此落户。这些企业纷纷致力于智能家电的研发和生产，推动了珠三角智能家电行业的高质量发展，并朝着低碳化、绿色化、智能化的方向转型。

珠海也是粤港澳乃至全国的创新高地，汇聚了大量的高新技术企业和研发机构。截至 2023 年底，珠海已拥有超过 1 000 家高新技术企业，研发投入占 GDP 的比例也在不断上升。

此外，珠海的服务业也呈现出快速增长的趋势，尤其是旅游业。2023 年，珠海预计将接待国内外游客数量达到 5 000 万人次以上，旅游总收入将超过 700 亿元。

在教育领域，珠海也为暨南大学和北师大提供了分校区，并为澳门大学划出了一片领地。随着横琴粤澳深度合作区的实施，中国科学院等科研机构也将在这里设立项目，这将为珠海带来新的发展机遇。

（4）佛山。位于珠江三角洲核心地带的佛山，与广州紧密相连，并靠近深圳、香港和澳门。作为珠三角的重要城市之一，它也是珠三角西部的经济和交通中心，与广州共同构成了"广佛都市圈"和珠三角三大极点之一。作为珠三角地区的一个地级市，佛山占地3 798平方公里。近年来，佛山经济发展稳定且快速增长，展现出强大的韧性，拥有优越的综合经济和社会发展环境。

佛山产业门类齐全，产业体系完善，工业规模在全国排名第六。作为广东的主要制造业城市，佛山拥有8个产值超过千亿元的产业集群，其中3个属于新兴产业，5个属于传统产业。例如，美的总部大楼位于佛山顺德区，而格兰仕等二线家电企业也在此发迹。海信收购了本地的老牌容声冰箱后，也将这里视为其第二故乡。由于完善的家电产业链，新兴公司也会选择在这里开拓市场，如小米生态链中的云米和被誉为"网红小电器"的小熊都在顺德设有基地。当前，佛山与中山正在深化智能家电产业链、创新链、价值链的协作。

（5）惠州。2022年，惠州地区生产总值达到了5 401.24亿元，增长率为4.2%，是珠三角地区GDP增长最快的城市。制造业一直是推动惠州经济发展的重要领域。随着环保、能源和科技的不断进步，惠州制造业正朝着高端化、智能化和绿色化的方向转型，以实现产业升级和国际化布局。

惠州制造业主要集中在电子、机械、化工和新能源等领域，是该市经济发展的"压舱石"。近年来，惠州制造业从传统的规模化生产向高端化、智能化和绿色化转变，加快了产业升级的步伐。统计数据显示，2022年，惠州市规模以上工业实现增加值为2 424.82亿元，同比增长6.3%。

石化产业是惠州最具代表性和重要的支柱产业之一。自2006年中海油与壳牌合作项目最终选址在惠州以来，已有13家世界500强企业在大亚湾的石化园区落户，目前该园区在全国石化园区综合竞争力排名中位居第一。2023年以来，石化行业重大项目频传好消息。惠州坚持大力推动大型项目的建设和发展，实现了经济和产业投资的双双增长。2023年，珠三角地区计划建设15个重点石化项目，其中8个项目位于惠州。随着石化产业集群规模的不断扩大，这一领域将成为未来推动惠州经济增长的关键因素。

此外，惠州的电子信息和新能源产业发展也非常活跃。例如，TCL是从国有企业分离出来后发展成为家电、光伏和面板产业巨头的企业，其每一步发展都紧跟时代的步伐。华星光电的产品也在电子产品市场站稳了脚跟，并与京东方共同降低了高端产品的价格竞争。惠州最大的动力电池公司亿纬锂能，在2022年的装机量排名第五。随着汽车企业寻求"二供"的趋势兴起，亿纬锂能不仅获得了小鹏和广汽的订单，还接到了宝马的橄榄枝，目前正在快速扩张产能。

得益于得天独厚的地理位置和产业基础，以及我国"一带一路"倡议的实施和港澳大桥的开通，惠州已成为连接珠三角地区与海外市场的重要枢纽，为珠三角的快速发展提供了良好的条件。

（6）东莞。在珠三角地区的珠三角9市中，东莞的GDP排名第四，是广东第四个加入"万亿俱乐部"的城市，其发展势头迅猛。众多生产型企业纷纷选择在这里落户，使东莞成为公认的"世界工厂"。

经过多年的开放、产业结构调整、金融危机以及中美经贸摩擦等严峻考验和一系列重大风险挑战后，东莞市通过采取一系列措施，改变了中小加工企业遍地的情况，孕育出了华为系、步步高系、玖龙系等领军企业。在此基础上，该市继续发挥纺织服装鞋帽、食品粮油、现代家居、造纸及纸制品、玩具及文体用品、化工制品、包装印刷等传统产业的优势，并形成了以电子信息制造业和电气机械与设备制造业为两大支柱产业，以及新材料、新能源、生命健康、人工智能、数字经济、海洋经济等新兴产业的发展格局，推动了从"东莞制造"向"东莞创造""东莞智造""东莞品牌"的转型进程。

（7）中山。中山市作为珠三角协同发展的重要城市，在广东"四小虎"时期，通过与香港紧密的经贸关系，以"前店后厂"的模式，成功承接了港资轻型消费品产业转移。中山港成为连接两地货物运输的重要通道，进一步加强了中山与香港的交流。在吸收港资企业带来的先进技术、资金和管理经验的基础上，港资加工贸易的兴起推动了中山村镇经济的快速发展。随着产业链的不断延伸，产业集聚的发展模式逐渐形成，形成了中山独特的"一镇一品"区域特色经济。全市建立 23 个产业集群以及 38 个国家级产业基地，这些都标志着中山产业转型升级实现了质的飞跃。

中山的四大战略性新兴产业——智能机器人、新能源、光电光学和半导体与集成电路，是其产业布局体系中的重要组成部分，具有独特性。借助翠亨新区、火炬开发区、中山西部产业园和中山科学城等重点区域，中山市积极培育或引进一批战略性新兴产业的重点企业，为提升中山先进制造业实力添砖加瓦。

（8）江门。江门市，位于珠三角西南角。在 2022 年，其 GDP 超过了中山和湛江，这得益于现代农业和食品工业的发展，例如陈皮产业，以及高新技术产业如列车、光伏等的贡献。此外，江门的传统制造业中，造纸、印刷和交通运输设备相关产业较为集中，包括新加坡的亚太森博和中国香港的维达、雅图仕等知名企业在此落户。其中，大长江集团旗下的豪爵摩托车是江门最知名的品牌之一，数据显示，其已连续 19 年在中国国产摩托品牌中销量排名第一[①]。

为了提高高新产业技术含量，近年来江门引入了轨道交通和硅能源等产业。自 2010 年以来，中车广东一直在江门生产围绕珠三角地区的城轨和动车，并利用港口海运优势进行部分出口业务。江门还参与了盾构机等特色产业中，如在卡塔尔世界杯相关的基础设施建设中，就有江门企业的参与。目前，江门的硅能源产业仍在发展中，

---

① 资料来源：广东省统计局。

2022 年产值超过 200 亿元。虽然缺乏龙头企业，但产业链配套完整，"光伏玻璃—电池片—胶膜—背板"均有布局，并有向后续储能和其他双碳项目延伸的趋势。2022 年 9 月，珠三角地区提出了首个推动硅能源产业发展的行动计划，重点布局江门，年底江门鹤山就与行业第一的隆基绿能签订了投资意向协议。

另外，随着珠三角不断强化农产品稳产保供和推进现代农业转型升级，江门正在培育建设一批珠三角"菜篮子"生产基地。江门作为农业大市，拥有丰富的资源，除了培育供应港澳广深的优质农产品基地外，也在努力打造江港澳农业合作双创孵化基地。

（9）肇庆。截至 2022 年底，肇庆集聚区已拥有 950 家规模以上工业企业，占全市总量的 65%，规模以上工业增加值也占据了全市总量的 68%。此外，肇庆还拥有一项独特的传统制造业——金属加工业。肇庆有着著名的河台金矿，是广东最大的金矿；同时还有探明储量高达 3 亿吨的铜钼矿等其他丰富稀土资源。由于西江航运的优势，来自广西的原材料可以便捷地运抵此地进行加工[①]。

沿着西江，肇庆还与下游的顺德和中山建立了技术合作和重工业转移关系。近年来，金属回收业务也在蓬勃发展。作为广东唯一的金属资源再加工基地，肇庆在增加材料来源的同时也为环保作出了贡献。得益于本地丰富的金属材料资源、靠近广州的地理位置优势以及当地政府的积极招商政策，虽然小鹏汽车的总部设在广州，但生产基地一直位于肇庆。自 2017~2023 年，已有超过 10 万辆量汽车从这里下线，直到 2023 年 1 月启用了刚刚获得资质的广州基地用于生产 P9 车型。

当小鹏汽车刚落户肇庆时，当地的相关产业链几乎是一片空白，但随着其与当地的新能源汽车智造基地一同建设和发展，如今已经形成了快速发展的态势。肇庆将新能源汽车产业列为"四大主导产业

---

① 资料来源：广东省统计局。

之首"。除了电机和汽配等配套产业，宁德时代也在肇庆投资建厂，与小鹏形成了"双龙头"的格局。小鹏汽车和宁德时代的距离不到 5 公里，实现了"隔墙供应"和及时响应。如今，肇庆已经形成了以小鹏汽车和宁德时代为龙头，包括理士电源、鸿图科技、合普动力等一批细分领域的产业集群，依托新能源智能汽车产业城和汽车零部件产业园等产业园，塑造了"广佛肇整车、肇庆汽配、肇庆服务"的新能源汽车区域合作格局。

（二）电子信息制造业

1. 珠三角电子信息产业的发展现状

新一代电子信息产业企业数量多、总量规模大，是广东主要支柱产业之一。表 4 – 2 显示，2015 ~ 2019 年，珠三角地区电子设备制造业工业总产值从 30 658.71 亿元增加到 41 570.06 亿元，占总产值比稳定增长，从 24.60% 到 28.45%。软件和信息技术服务业利润总额从 2015 年的 302.8 亿元持续增长到 2019 年的 803.2 亿元，占利润总额比从 2015 年的 10.68% 持续增加到 2019 年的 15.65%。

表 4 – 2　　珠三角地区规模以上计算机、通信和其他电子设备制造业与服务业总体情况

年份	电子设备制造业工业总产值（亿元）	增长率（%）	占总产值比（%）	软件和信息技术服务业利润总额（亿元）	增长率（%）	占利润总额比（%）
2015	30 658.71	—	24.60	302.8	—	10.68
2016	33 714.46	9.97	25.20	501.66	65.67	13.91
2017	37 301.89	10.64	27.48	797.95	59.06	17.13
2018	39 911.84	7.00	28.95	575.9	- 27.83	14.10
2019	41 570.06	4.15	28.45	803.2	39.48	15.65

资料来源：据珠三角地区统计局《珠三角地区统计年鉴》。

（1）产值规模稳定提高，产业结构优化升级

①新一代网络通信。推动超高速光电太赫兹通信、高速全光通信、空天地海一体化通信组网、微波毫米波有源相控阵列、异质异构光电子集成、大容量光传输系统等6G前沿技术加速突破，加快6G创新发展。组织上下游企业开展协同攻关、适配合作，大力推进新一代数字基带芯片、射频前端芯片、光芯片、光通信器件、6G模组等核心器件及新一代网络通信设备的研发和产业化。推动省内科研机构、重点企业组建新一代网络通信高水平研发平台，提升原创性研发能力。支持龙头企业深度参与国家新一代网络通信技术专项，建立健全技术标准与技术推进中心，力争掌握新一代网络通信关键技术话语权。有序推进新一代通信网络建设，进一步完善信息基础设施。加快探索6G技术商用，支持新一代网络通信应用测试平台建设，支持6G技术在智能制造、自动驾驶、超高清视频、虚拟现实等场景的应用，开展重点领域应用试点示范。大力构建空天地一体化、通导遥深度融合的空天信息服务体系，开展战略性产品研发和关键核心技术攻关，大力培育发展卫星互联网产业，全面建成卫星互联网综合应用示范区和产业发展集聚地。

②人工智能终端。深化人工智能前沿与应用基础理论研究，在高级机器学习、类脑智能计算、量子智能计算、可扩展人工智能系统、大模型等前沿理论及技术领域实现突破。主动对接和争取国家重大科技专项，聚焦通用大模型、大数据智能、跨媒体分析推理、自然语言处理、群体智能、自主协同控制等领域，开展重大基础研究和前沿科学探索，力争率先获取一批原创性重大科技成果。加强神经元芯片、类脑芯片、AI算力芯片、智能传感器、高性能微机电系统等高端元器件研发，支持一批视觉处理芯片、语音识别芯片、类脑计算芯片等人工智能芯片项目落地。鼓励高校、科研院所与企业合作建设一批高水平创新载体，构建"科技大脑＋未来实验室"创新体系。加快人工智能终端核心技术和产品研发，推进多模态模型、通用人工智能垂

直领域模型在智能终端领域的应用，大力发展 AI 化、通用化、功能化的新一代智能手机、智能服务机器人、智能安防、智能汽车、智能可穿戴设备等终端产品，打造一批人工智能终端拳头产品。推动智能终端产品智能水平分级，打造可信智能终端产品。

③虚拟现实。立足广东产业基础和研发优势，强化人工智能、区块链、云计算等新一代信息技术在虚拟现实中的集成突破，重点突破先进计算、海量存储、高速动态建模、形体驱动框架、数字孪生等虚拟现实底层基础技术。加快图形计算芯片、声学元器件、光学器件、高端传感器等基础硬件的研发创新，全面提升虚拟现实关键器件的产业化供给能力。拓展虚拟现实入口，加速 XR 头显、裸眼 3D 等沉浸显示终端的规模化推广，丰富基于手机、计算机、电视机等终端的虚拟现实应用，支持脑机接口等前沿产品研发，促进一体式、分体式等多样化终端产品发展，丰富虚拟现实终端产品供给。支持建设虚拟现实重点实验室、制造业创新中心、内容制作基地等载体，打造虚拟现实中试平台，强化新技术产品测试验证能力，构建虚拟现实标准体系，加速优秀成果产业化落地。

④量子信息。以广州、深圳为核心，汇聚珠三角优势资源，积极引进和培育具有全球重要影响的量子科技企业，打造世界一流的国际量子信息技术创新平台及我国量子科学研究和高端人才培养的南方基地。加大量子物态与量子效应、量子计算、原子分子光学量子物性与技术等关键技术攻关力度，在量子关键核心设备、量子精密测量和量子传感、功能量子芯片与技术等研发应用上取得突破。推进珠三角（广东）量子科学中心、深圳量子科学与工程研究院、珠三角地区量子精密测量产业技术研究院等重大技术创新载体建设。支持组建珠三角量子科学创新联盟，提升量子信息产业技术创新能力。支持有条件的地市根据产业基础和发展特色，围绕量子计算、量子通信、量子测量等量子信息产业规划布局，加速量子信息产业集聚发展。构建量子信息产业生态，加快量子密钥分发、量子安全直接通信等创新突破，

拓展量子信息在政务、金融、电力等高保密等级行业的应用。

（2）电子信息产业空间集聚呈现深莞领跑，东西两岸布局差异显现

珠三角九大城市（包括深圳、东莞、惠州、广州、珠海、佛山、中山、江门和肇庆）占全省电子信息总产值的97%。其中深圳电子信息产业规模遥遥领先，2019年规模以上电子信息企业共计3143家，产值22373亿元，占全国电子信息产业近1/6的产值。东莞居全省第二，全市1134家规模以上电子信息企业创造了10081亿元产值。惠州及广州属全省第二梯队水平，年产值分别为2788亿元及2092亿元。

从产业分工上看，珠江两岸承载的电子信息产业各有不同。东岸深莞惠三地电子信息产值均占当地工业总产值的50%及以上，电子信息产业属当地绝对支柱产业，且细分产业以显示器件、通信设备、消费电子等高端电子产业为主，具备规模大、层次优、产业关联性强等特点。西岸则以灯饰照明、家用电器等传统电子信息产业为主，虽然部分城市也通过产业扶持政策外引内育部分电子信息领域核心产业（如珠海发展集成电路等），但从规模、层次与集聚度上均落后于珠江东岸三大核心城市。

（3）珠三角地区电子信息产业集群发展的趋势

结合珠三角地区未来的电子信息产业发展政策及现有的产业基础与布局，我们认为珠三角电子信息制造业未来将加速与信息技术融合，呈现高端化、智能化、数字化三大趋势。

①向电子信息产业链的高端产业延伸。现阶段珠三角电子信息制造业大部分仍集中于加工、整机整合等中下游环节，制约了珠三角电子信息产业的整体发展。未来，珠三角电子信息产业将在整体规划的推动下，逐步向高附加值的上游环节延伸。

如OPPO等厂商也已经改变传统的向供应商直接采购元器件材料，转而与供应商联合开发产品并布局基础研究；而苹果手机的代工

厂歌尔股份的销售净利润已由 2014 年的 13.26% 下降至 2019 年的 3.64%，侧面反映出单纯低附加值的 ODM 模式已逐渐没落。

②由传统模式向智能模式方向演变。随着人工智能的发展，人工智能＋电子信息成为新的产业发展方向，深圳为珠三角人工智能产业发展源，人工智能综合实力位居全国前三，产业链上各个环节都有深圳企业。

如芯片领域有海思半导体属行业龙头企业，速腾聚创、奥比光电、瑞声声学等企业在传感器领域位居前列，在应用领域拥有腾讯、华为、平安、大疆等龙头企业，从而推动珠三角地区的人工智能商业化落地。

③通过数字化手段重塑传统产业。利用信息技术对传统产业结构进行调整优化升级，从而带动城市产业的升级是电子信息产业未来的发展趋势之一。如东莞是珠三角有名的制造名城，现在东莞传统制造企业通过积极拥抱数字化趋势，实现了效率变革，侧面反映传统制造型企业将加速与电子信息技术深度融合。总体上看，珠三角也已成为全球电子信息产品制造业基地之一，形成通信设备制造、电子元器件与专用材料制造两大核心细分产业。从产业布局上看，珠江东岸以高端电子信息产业为主，具备规模大、层次优、产业关联性强等特点，西岸则以灯饰照明、家用电器等传统电子信息产业为主，未来，东岸电子信息产业将带动粤东西北协同发展。随着珠三角电子信息产业产业结构的不断调整、优化和升级，将继续向高端化、智能化、数字化趋势发展。

2. 珠三角地区电子信息产业集群存在的问题

电子信息产业发展过程中，仍存在深圳用工成本高、支持产业核心技术发展的系统不够完备等问题，制约了珠三角地区新一代电子信息产业的发展。

（1）用工成本高

首先从用地成本上看，深圳作为全国电子信息产业重市，由于出让的工业用地基本为新型产业用地（M0 模式），且获取方式以工改为主，地价远超于珠三角地区其他城市，2019 年工业用地楼面价高达 2 727 元/平方米。广州位居第二，楼面价为 1 473 元/平方米。而其他珠三角城市工业用地价格差距不大，基本维持在 200～400 元/平方米。工业用地价格的上涨，也直接导致深圳电子信息制造业的大规模外迁。

其他城市虽然用工成本低，但由于产业基础弱、城市常住人口数量少，存在招工难问题，将拉高整体用工成本。从工业用电的成本上看，珠三角九大城市工业用电成本差异甚微。另外工业用水上，深圳和广州成本最高，分别为 3.77 元/立方米与 3.46 元/立方米。惠州、珠海、佛山属于第二梯队，基本维持在 2.4～2.5 元/立方米。东莞、中山、肇庆、江门用水成本最低，为 1.6～1.9 元/立方米[①]。

（2）支持产业核心技术发展的系统不够完备

①知识产权机制不够健全。知识产权保护是产业核心技术发展的基石，其机制的完善直接影响企业创新能力的提升。然而，目前珠三角地区在知识产权保护领域仍存在显著不足。社会整体的专利保护意识较为薄弱，部分消费者对假冒伪劣但价格低廉的产品有较大的容忍度，形成了对知识产权保护的消极市场环境。尽管珠三角地区近年来在知识产权立法和执法方面作出了积极努力，但专利保护的现状仍然滞后于企业的实际需求。专利申请数量的快速增长与知识产权保护力度不大形成了明显反差。截至 2022 年底，珠三角地区发明专利申请量达到 45 万件，居全国首位，但专利保护与维权能力相对滞后。部分企业在遭遇专利侵权时，往往由于举证难度大、维权成本高而选择放弃诉讼。这种局面使得专利侵权案件频发，也加剧了技术外流的风险，进一步制约了企业的创新动力。此外，企业在处理知识产权纠纷方面的能力较弱，也是当前机制不健全的重要表现之一。珠三角地区

---

① 资料来源：广东省自然资源厅。

的中小企业普遍缺乏专业的法律团队或知识产权管理机构，难以应对复杂的专利保护和维权流程。部分企业在国际市场上因知识产权纠纷遭遇重大损失，进一步凸显了在国际规则下的专利保护能力不足。例如，在2020年的一起国际专利纠纷中，某家广东企业因核心技术专利被指控侵权，不仅被罚巨额赔偿，还被迫退出了欧美市场。这些问题表明，加强知识产权保护的立法、执法和企业能力建设，对于提升珠三角地区技术创新水平具有重大意义。

②中介服务资源较为欠缺。中介服务资源是电子信息产业集群技术创新体系的重要组成部分，在协调创新资源、优化要素配置和推动技术转化方面发挥着关键作用。然而，目前珠三角地区的中介服务资源相对欠缺，无法充分满足技术创新和市场转化的需求。这种资源的不足主要表现为数量不够、质量不足和区域分布不均衡。首先，中介服务机构的数量明显不足。以广州、深圳等城市为例，尽管它们是珠三角地区的科技创新高地，但在技术转移、科技咨询、专利代理等中介服务机构的覆盖面上，与发达国家存在明显差距。2021年的一项调查显示，珠三角地区每万家企业仅对应约30家技术服务中介，而美国加州的这一比例接近150家。这种差距使得许多企业在技术创新过程中缺乏专业的指导和服务，难以高效整合技术、资本、市场等资源。其次，中介服务机构的服务质量参差不齐。许多机构仍处于初级发展阶段，缺乏专业化、细分化的服务能力，难以为企业提供高水平的综合支持。例如，某些中介服务机构只关注专利代理的申请流程，而忽略了专利布局、市场化运用和法律保护等后续服务，导致企业在专利保护链条上出现明显断层。此外，这些机构普遍缺乏针对性强的行业解决方案，难以满足不同领域、不同规模企业的需求。最后，中介服务资源的区域分布不均衡加剧了问题的复杂性。尽管珠三角地区的中介服务资源相对集中，但粤东、粤西和粤北等地区的资源短缺问题尤为严重。例如，2022年的数据显示，粤东地区的技术转移服务机构仅占全省总数的5%，而珠三角地区则高达70%。这种分布不均

导致欠发达地区企业在技术创新和转化中面临更多困难，进一步拉大了区域间的经济差距。

③技术转让服务落后。技术转让服务是连接技术创新与市场应用的重要桥梁，其发展水平直接影响创新成果的转化效率。然而，珠三角地区当前的技术转让服务仍处于发展初期，难以满足产业集群和企业的实际需求。这种落后表现在服务体系、专业化水平和市场化运作能力等多个方面。首先，技术转让服务体系尚不健全。珠三角地区虽然在近年来设立了一些技术转移平台，但这些平台的覆盖范围和服务能力有限，无法形成系统化的转移服务网络。例如，许多技术转移平台只关注技术供需信息的发布，而缺乏有效的对接机制和后续跟踪服务，导致技术供需双方的对接成功率较低。2021 年的数据显示，珠三角地区科研成果的转化率仅为 30% 左右，明显低于发达国家 50%以上的水平。其次，技术转让服务的专业化能力不足。目前，许多从事技术转移服务的机构缺乏深度行业经验和专业技术能力，无法为企业提供针对性的技术解决方案。例如，在人工智能和工业互联网等前沿领域，技术转让服务机构的专业知识储备和服务能力远远滞后于企业的实际需求。这种局限性导致企业在技术引进过程中无法获得有效的技术支持，转化效率低下。最后，市场化运作能力亟待提升。目前，珠三角地区的技术转让服务仍以政府主导为主，市场化程度较低。许多技术转让服务项目缺乏市场驱动的激励机制，导致服务模式僵化、创新能力不足。此外，企业对技术转让服务的认知和信任度也较低，部分企业认为技术转让服务机构难以真正满足其需求，因此选择自行完成技术转化工作，这进一步削弱了技术转让服务的市场需求。

（三）机器人制造业

智能制造和人工智能已成为新的经济增长点，并对人们的生产生活方式产生了深远的影响。依托智能技术的机器人产业也成为全球产业发展的重要领域，各国都相继制定政策促进产业发展。根据中国机器人产业联盟发布的数据，2022 年中国工业机器人产量超过 44. 3 万台，整体销量超过 30 万台，全球销量占比超过 50%。机器人产业的迅猛发展客观上也推动了城市产业空间的演化。

如表 4 - 3 显示，2011 ~ 2018 年，珠三角地区机器人企业数量呈现"井喷式"增长，从 2011 年的 95 家增加到 2018 年的 1 610 家，年平均增长率达到 51. 5%。

表 4 - 3   珠三角地区 2011 ~ 2018 年机器人企业数量与增长率

年份	机器人企业数量（家）	增长率（%）
2011	95	—
2012	127	33. 70
2013	177	39. 40
2014	303	71. 20
2015	597	97. 00
2016	929	55. 60
2017	1 306	40. 60
2018	1 610	23. 30

资料来源：《全国机器人企业数量大排名》。

1. 珠三角机器人产业空间格局演变与集聚特征

（1）珠三角东岸逐步成为机器人产业的核心集聚区

进入 21 世纪以来，机器人产业逐渐集聚在以广深科技创新走廊沿线地区为核心的环珠江口内湾地区，其中广州开发区和深圳高新区 - 东莞松山湖高新区是两大核心集聚片区。珠三角东岸的机器人产业集聚水平高于西岸，一是东岸已有的先进装备制造和电子信息产业与机器人产业存在着较强的经济技术关联性；二是这些产业储备了大量的研发人才和技术工程师，为机器人产业的创新和发展奠定了坚实基础。

（2）产业中游发展水平和产业规划是影响机器人产业链形成及空间集聚的关键

工业机器人产业链中游企业的先发优势和数量优势、服务机器人产业链中游企业的技术创新优势，为珠三角的机器人产业创造了良好的发展基础，对于吸引其他环节企业和配套服务具有关键作用。除了模型结果反映了产业规划对机器人产业集聚具有重要的正向影响，以产业园区为中心点，以1千米、2千米、5千米为距离阈值创建出缓冲区。可以发现，约25%的机器人企业分布在相关产业园的2千米缓冲区范围内，约60%的机器人企业分布在相关产业园的5千米缓冲区范围内，证实了机器人产业园区和智能产业园区对机器人企业的集聚作用。此外，经济发展水平和人口规模等区域基础条件也对机器人产业的空间集聚有一定的影响，说明机器人产业作为资金和技术密集型产业，需要一定的经济基础作为支撑。

2. 珠三角地区机器人产业集群发展存在的问题与不足

（1）国产机器人未掌握核心技术

目前国产机器人最大的问题，是核心零部件现在还掌握在国外企业手中。无论外资机器人集成应用品牌，还是国内机器人集成应用品牌，核心零部件都是如此。近年来，国产机器人自主研发虽然取得较大成绩，但机器人的关键零部件仍主要控制在国际知名品牌的手中。减速机、伺服驱动器等关键零部件在中国的市场75%以上都被国外的品牌占领。

目前广东机器人企业核心部件长期依赖进口的局面依然难以改变，企业成本压力大。2015年，约75%的精密减速器由日本进口，主要供应商是哈默纳科、纳博特斯克和住友公司等；伺服电机和驱动超过80%依赖进口，主要来自日本、欧美和中国台湾地区。关键零部件大量依赖进口，导致本地企业生产成本压力大，比之于外企，广东本地企业要以高出近4倍的价格购买减速器，以近2倍的价格购买伺服驱动器。国外机器人企业在我国从借助销售渠道发展到全产业链进入，从整机组装深入到关键部件生产，广东自主品牌工业机器人生产企业发展的市场空间将进一步受限。

（2）产业结构发展不均衡，个别行业占据较大份额

从统计数据看，智能无人飞行器制造业企业数占比虽低，但工业增加值、营业收入、资产总计、利润总额等指标占比多年来显著高于其他行业，2022 年工业增加值、营业收入、资产总计等指标在智能机器人产业集群汇总占比分别高达 62.6%、71.4%、55.0%。工业机器人制造业增加值和营业收入占比分别为 28.2% 和 14.9%，是仅次于智能无人飞行器制造业的行业。另外两个行业增加值占比不足10.0%。从盈利能力上看，前两大行业相差较大智能无人飞行器制造业明显好于工业机器人制造业。前三季度智能无人飞行器制造业实现利润 40.74 亿元，同比增长 67.0%，营业收入利润率为 17.5%，高于全省规模以上工业平均水平 11.3 个百分点，而工业机器人亏损8.61 亿元，亏损额增长 77.9%①。

（四）智能移动终端制造业

1. 珠三角地区智能移动终端行业发展现状

（1）完善的产业链条与强劲的制造能力

珠三角地区智能移动终端集群已经形成了覆盖研发、设计、制造、测试、销售及售后服务的完整产业链。以东莞和深圳为核心的产业布局具备全球竞争力。根据珠三角地区工业和信息化厅的数据，2022 年珠三角地区电子信息制造业增加值达 1.8 万亿元，占全省工业增加值的 40% 以上，其中智能移动终端相关产业贡献占比超过30%。东莞被称为"全球手机制造之都"，2022 年手机出货量超过 2亿部，占全球总量的 30% 以上，而深圳汇聚了华为、中兴、小米等

---

① 资料来源：广东省统计局。

行业领军企业，进一步推动了全球市场份额的提升。

（2）技术创新与高端制造引领

珠三角地区在5G通信、芯片设计和智能硬件领域持续发力，华为、中兴等企业通过高研发投入不断拉动产业升级。华为2022年研发投入高达1 610亿元，占其营收的25%，显著增强了珠三角地区在智能移动终端领域的技术实力。与此同时，珠三角地区的5G基站建设居全国首位，截至2022年底，累计建成5G基站超过20万个，占全国总量的20%以上，为智能移动终端的应用创新奠定了坚实基础。

（3）区域协同效应显著

珠三角区域内城市分工明确，深圳主导研发与创新，东莞则以强大的代工和制造能力成为全球智能移动终端制造的重要基地，广州在市场推广和物流服务方面发挥关键作用。例如，2022年东莞智能手机产业产值突破6 500亿元，占全市GDP的近20%。城市间紧密协作促使珠三角地区形成了全国乃至全球范围内竞争力较强的产业集群。

（4）全球市场占有率持续扩大

珠三角地区智能移动终端集群在国际市场表现优异，相关产品出口占全国总量的40%以上。根据海关总署统计，2022年珠三角地区智能移动终端出口额超过1 500亿美元，其中智能手机出口约占总额的60%。这种全球竞争力的背后，是完善的供应链管理与强大的生产能力的支撑①。

2. 珠三角地区智能移动终端集群存在的问题

（1）**核心技术自主性薄弱**

尽管珠三角地区智能移动终端产业在生产规模上处于世界领先地位，但核心技术特别是高端芯片和关键元器件方面的自主性仍显不足。根据中国半导体行业协会的统计，2022年中国芯片自给率仅为18%，而珠三角地区在芯片设计与制造方面的基础设施建设和技术能

---

① 资料来源：广东省统计局。

力远远落后于欧美先进水平。例如，智能手机的核心部件如处理器、高性能摄像头模块等仍需大量依赖进口，这使得企业在国际供应链紧张或贸易限制时面临巨大压力。

（2）代工模式制约产业附加值

珠三角地区以代工模式为主的制造业格局导致其在价值链中的地位较低。数据显示，东莞代工企业的平均利润率仅为3%～5%，远低于掌握核心技术和品牌运营的企业。例如，2022年华为和小米占据了智能手机高端市场的大部分利润，而为其提供代工服务的企业却难以分享到产业链的高附加值。

（3）高端人才供需矛盾突出

尽管珠三角地区会聚了大量技术型人才，但高端研发人才的供给与智能移动终端产业的需求之间存在显著差距。根据珠三角地区人力资源和社会保障厅的数据，2022年珠三角地区智能终端领域的高级研发岗位空缺率超过15%。特别是在芯片设计、AI算法等关键技术领域，高薪吸引人才的竞争压力不断加剧。此外，珠三角的高生活成本也使得部分高端人才流向其他地区。

（4）区域协同机制有待深化

珠三角内部城市间的产业链协作仍存在分工不明、资源浪费的问题。例如，虽然东莞制造能力突出，但其创新研发能力相对薄弱，而深圳作为研发中心未能与东莞形成更紧密的技术转化合作。广州在高端元器件制造领域的潜力尚未被充分发掘，这在一定程度上限制了区域内智能移动终端产业链的完整性和深度整合。

（5）外部市场压力与环境复杂性

珠三角地区智能移动终端企业在拓展国际市场时面临日益复杂的贸易环境。以美国为首的发达国家对中国高端技术出口的限制，直接影响了珠三角地区企业的国际化进程。例如，2022年珠三角智能移动终端出口增长率放缓至5%，而此前几年一直保持两位数的高速增长。贸易壁垒与国际供应链不稳定给本已占据全球领先地位的广东企业带来了新的挑战。通过对珠三角地区智能移动终端集群现状与问题的深入剖析可以看出，该集群在产业规模、技术创新与市场拓展方面具有明显优势，但在核心技术、附加值提升、人才供需匹配和区域协作等方面依然面临诸多挑战。加强核心技术研发投入、优化人才培养与引进机制、推动区域协作深化以及提升国际市场应对能力，将是珠三角地区智能移动终端集群实现高质量发展的重要路径。

（五）汽车制造业

1. 珠三角地区汽车产业集群整体现状

（1）珠三角地区汽车产业规模高速增长

对于珠三角地区而言，汽车工业是具有优势的支柱产业，汽车产销已经连续 6 年全国第一。汽车相关的专利数量达 2.8 万件，居全国第一。如表 4 - 4 所示，2022 年全年，广东汽车产量 415.37 万辆，汽车产业首次实现超万亿元营业收入，成为广东第八个万亿级产业集群。2022 年，广州汽车产业实现工业总产值 6 471.73 亿元、产量 313.68 万辆，占全省汽车产量的 75.5%，汽车工业总产值和产量分别同比增长6.3% 和 5.7%，整车产销创历史新高，连续 4 年居全国城市之首。

表 4 - 4　　　　　　广州市 2012～2022 年汽车发展规模

年份	汽车产量（万辆）	工业产值（亿元）	产量排名
2012	138.40	2 721.00	—
2013	180.50	3 347.00	—
2014	197.40	3 642.00	—
2015	221.00	3 777.00	—
2016	262.90	4 346.00	—
2017	310.80	5 142.00	—
2018	296.50	5 490.00	—
2019	292.30	5 461.00	全国第一

续表

年份	汽车产量（万辆）	工业产值（亿元）	产量排名
2020	295.20	5 860.26	全国第一
2021	296.60	6 118.00	全国第一
2022	313.68	6 471.73	全国第一

资料来源：广州市统计局。

更为关键的是，多年发展让广州积累下不可小觑的技术实力家底。这些年，广州也在加快汽车工业的全产业链布局。在新能源汽车的产业浪潮中，广州也占得了较为有利的先发优势，广汽、小鹏等本土车企纷纷加码布局。作为广州第一大产业，汽车产业占全市工业产值比重超30%，是实打实拉动工业产值增长的"火车头"。

（2）珠三角地区汽车产业科研投入与成果产出齐头并进

做民族汽车品牌，靠合资起家的广汽集团走的是一条"引进、消化、吸收、再创新"的摸索路子。研发体系很庞大。到目前已建造了涵盖整车、动力总成、新能源、智能网联等领域的研发设施，构建了整车与零部件试验验证体系，每年试验里程超过1 700万公里。因为具备完整的整车和核心系统部件开发能力，研究院在企业内被称为是"最强大脑"：迄今开发了40多款整车产品；自主研发20余款发动机、变速器，涵盖常规高效节能、混合动力等多种技术路线。这让广汽在自主研发上打了个翻身仗，甚至开始向广汽本田、广汽丰田等合资企业反向输出产品、技术，开了行业先河。凭借创新这一硬核实力，民族汽车版的"狂飙"在广汽上演：年产量从1999年的1万辆增长到2022年的248万辆；年营业收入从2000年的199亿元到2022年的5 144.5亿元，每5年翻一番；新能源汽车年均复合增长率122%。这背后的秘诀还是依靠科研的投入。截至2023年4月，广汽累计研发投入395亿元，研发投入占总支出成本的比例为6%，"十四五"期间还要投入300亿元；企业国际化研发人才队伍来自全球

15 个国家和地区，超 5 000 人；拥有专利 14 487 件[①]。

（3）新能源汽车里的"广东造"

毫无疑问，当下汽车工业发展的风口是新能源汽车。从目前的发展态势来看，汽车制造大省的广东，率先抓住了这一风口。重要的是，新能源汽车的技术研发积淀逐渐深厚，在新能源和智能网联汽车专利的地域分布排名中，广东居全国第一。在这些年快速发展中，广东集聚培育了一批新能源头部企业，既有像比亚迪、广汽集团这样的行业巨头，也有小鹏汽车等造车新势力。

在新能源汽车这个新赛道上，广州也是先行者。2022 年，广州新能源汽车实现产值、产量分别为 446.61 亿元、1.37 万辆，同比分别增长 1.2 倍、1.1 倍。这里要提一下广汽集团的主打新能源品牌广汽埃安。这些年，广汽埃安的发展很好地诠释了什么是"换道超车"：仅用 5 年多时间，便在全球新能源汽车行业中实现快速崛起。2022 年全年，广汽埃安累计销量 27.1 万辆，同比增长 126%；2023 年 1～3 月，累计销量超 8 万辆，同比增长 79%，规模效应迈入新阶段。对于广东、广州而言，新能源汽车的市场份额依然很大。

2. 珠三角地区汽车产业集群发展存在的问题与不足

（1）"整零比"结构失调，汽车零部件供应链亟须整合

广东省汽车产业集群问题主要体现在以下三方面：一是汽车产业"整零比"（整车与零部件产值比）偏低，零部件行业仍有很大的改进空间。二是零部件企业的综合竞争力有待提高。2021 年，珠三角地区规模以上零配件企业 912 家，占全国的 6.7%。在 2021 年全球汽车零部件百强企业中，珠三角地区 2021 年仅 10 家，排名最高的广汽零部件仅排在第七位[②]。技术含量高、附加值高、利润率高的核心零部件产业与长三角地区差距较大。三是零配件企业产能与结构存在

---

① 资料来源：人民政协网。
② 资料来源：广东省统计局。

叠加重复的问题，从表 4 - 5 的珠三角地区汽车重点细分领域发展空间布局中可以看出，珠三角地区大部分地级市都有汽车零部件产业，这在一定程度上出现了珠三角地区零部件产业的叠加与重复问题，没有良好的产业结构协调，必然会造成零部件产能的浪费。

表 4 - 5 广东汽车重点细分领域发展空间布局

城市	细分产业	城市	细分产业
清远市	汽车零部件	珠海市	新能源汽车
梅州市	汽车零部件		汽车零部件
肇庆市	传统燃油汽车	深圳市	新能源汽车
	新能源汽车		智能网联汽车
	智能网联汽车		汽车零部件
	汽车零部件		汽车测试及实验
江门市	传统燃油汽车	东莞市	新能源汽车
	汽车零部件		智能网联汽车
湛江市	新能源汽车		汽车零部件
	汽车零部件	汕尾市	新能源汽车
韶关市	智能网联汽车		汽车零部件
	汽车测试及实验		汽车测试及实验
云浮市	新能源汽车	佛山市	传统燃油汽车
河源市	汽车零部件		新能源汽车
茂名市	新能源汽车		汽车零部件
广州市	传统燃油汽车	中山市	传统燃油汽车
	新能源汽车		汽车零部件
	智能网联汽车	惠州市	新能源汽车
	汽车零部件		智能网联汽车
	汽车测试及实验		汽车零部件

资料来源：笔者自行整理。

（2）自主创新能力不强，企业盈利水平有待提升

关键零部件技术被国外巨头垄断也导致珠三角汽车企业受制于国外关键零部件，存在"卡脖子"技术问题。

（3）全球汽车产业调整，珠三角地区汽车产业韧性需提高

当前汽车行业面临的挑战包括：一是国际国内汽车市场下行；二是珠三角地区汽车行业外资持股限制、自主品牌产品的市场竞争力和抗风险能力亟待提高；三是电动化、智能化、网络化、共享化的新趋势冲击着现有的汽车产业，国际国内的并购重组将进一步提高汽车产业的集中度，这对珠三角地区汽车产业集群的建设带来了新的考验。

（六）高端医疗器械制造业

1. 珠三角地区高端医疗器械行业的发展现状

近年来，珠三角地区凭借其强大的经济基础、完善的产业链条以及开放的创新环境，逐步形成了高端医疗器械行业的集聚优势。珠三角地区的高端医疗器械产业已成为中国医疗器械行业的重要组成部分，在市场规模、技术研发以及产业链整合方面均有显著发展。根据《中国医疗器械蓝皮书》数据，珠三角地区医疗器械行业的市场规模在 2022 年超过 1 500 亿元，占全国总量的 20% 以上。特别是在高端医疗设备领域，如影像诊断设备、生命体征监测设备以及微创手术机器人等，珠三角地区的市场份额稳步扩大。

（1）形成较为完整的产业链

在区域分布上，珠三角地区的高端医疗器械产业主要集中于广州、深圳和珠海等地。这些城市通过产业园区、技术研发中心以及高校科研资源的协同作用，形成了集研发、制造与销售于一体的完整产业链。例如，广州国际生物岛和深圳的高新技术产业园在高端医疗设备研发与生产方面均已取得显著成果，吸引了如迈瑞医疗、联影医疗

等行业领军企业入驻。这些企业的成功不仅推动了区域产业集聚，还对全国高端医疗器械行业发展起到了引领作用。

（2）深耕于器械的技术创新

珠三角地区在技术创新方面持续发力，以人工智能、物联网和大数据为基础的新型医疗器械正在成为行业发展的主要方向。根据珠三角地区科技部门统计，2022 年全省医疗器械研发投入超过 100 亿元，占全国研发投入的 30% 以上。以人工智能辅助诊断设备为例，深圳的创新企业已经开发出多款应用于临床的产品，大幅提升了疾病检测的准确性和效率。同时，依托珠三角的政策支持，跨境合作与国际市场拓展也得到了快速推进。例如，粤港澳医疗科技创新平台的建立，吸引了大批国际医疗设备制造商与本土企业合作研发高端产品，从而进一步提升了珠三角地区医疗器械产业的国际竞争力。

（3）政府推出优惠政策扶持高端医疗器械的发展

在产业政策方面，珠三角地区持续优化扶持政策，为高端医疗器械企业提供税收减免、融资支持以及研发补贴等。以《珠三角地区医疗器械产业高质量发展实施方案》为代表的政策体系，明确提出到 2025 年全省高端医疗器械行业的产值要达到 2 500 亿元，同时推动高端医疗设备出口额年均增长 10% 以上。这些政策措施为企业技术创新和产业链协同提供了有力保障，促进了行业的快速发展。

2. 珠三角地区高端医疗器械行业存在的问题

（1）核心技术仍面临"卡脖子"现状

尽管珠三角地区高端医疗器械行业取得了长足发展，但仍然面临多重挑战和制约因素，影响了产业的进一步突破与升级。首先，核心技术与关键部件的自主可控性不足是制约行业发展的主要瓶颈之一。高端医疗设备中的许多关键部件，如高精度传感器、医用芯片以及高端成像器件，目前仍严重依赖进口。据中国医疗器械行业协会数据，2022 年国内高端医疗器械市场中，进口设备的占有率高达 60% 以上，珠三角地区的企业在国际市场上的技术竞争力与国外企业相比仍有较大差距。

（2）顶尖技术领域仍处于追赶状态

珠三角地区医疗器械企业的研发能力虽整体较强，但在全球顶尖技术仍处于落后状态。尤其是在原始创新领域，行业内真正具备自主知识产权和技术原创能力的企业仍较为有限。根据珠三角地区知识产权局统计，截至 2022 年，广东省医疗器械行业的有效发明专利数量虽超过 3 万件，但与国际先进水平相比，专利的质量和技术含金量仍需提升。这种现状导致珠三角地区在全球高端医疗器械市场的竞争中，仍以低端制造和加工为主，高端领域的国际话语权相对有限。

（3）高端医疗器械行业人才短缺

尽管珠三角地区有多所高校和研究机构培养与医疗器械相关的专业人才，但高端研发人才与产业需求之间的匹配度不高。以人工智能辅助医疗设备为例，掌握核心算法开发和硬件集成技术的高端工程师严重短缺。企业在招募顶尖研发团队时往往面临较大的困难，从而限制了行业的创新潜力和技术迭代速度。

（4）行业发展缺乏行之有效的法规与标准

目前，国内医疗器械行业的标准体系相较国际标准仍显滞后。珠三角地区的企业在产品出口过程中，常因技术标准不符而遭遇贸易壁垒，尤其是对于进入欧盟和美国市场的高端医疗设备。此外，国内市场的审批周期较长、流程复杂，也在一定程度上增加了企业的运营成本与时间成本，阻碍了产品快速进入市场的进程。

（5）产业链协同与区域发展不平衡

虽然珠三角地区在广州、深圳等核心城市形成了较为完整的医疗器械产业链，但在区域协同与资源共享方面仍存在不足。部分地区的产业基础薄弱，导致上下游企业之间的合作紧密度较低，无法形成具有竞争力的区域集群效应。例如，粤西和粤北地区的医疗器械产业基础相对较弱，与珠三角核心区域的差距较大，这种发展不均衡现象在一定程度上削弱了全省高端医疗器械产业的整体竞争力。

综上所述，珠三角地区高端医疗器械行业尽管已取得显著进展，但在核心技术自主创新、人才培养与引进、法规与标准体系优化以及区域协同发展等方面仍有较大提升空间。未来，通过加强政策引导与产业链协作，进一步突破关键技术瓶颈，优化行业生态体系，珠三角地区有望在全球高端医疗器械领域占据更为重要的地位。

（七）智能家电制造业

前不久，工业和信息化部公布 45 个国家先进制造业集群的名单。广东有 7 个先进制造业集群进入"国家队"，其中包括与家电产业密切相关的广佛惠超高清视频和智能家电集群以及佛山市、东莞市泛家居集群。而助力家电产业数智化转型的广州市、深圳市、佛山市、东莞市智能装备集群以及深圳市新一代信息通信集群也位列这一名单之中。这是广东智能产业强省建设驶进快车道的缩影。其中的智能家电集群更是传统产业向高端化、智能化转型升级的典范。

数智化技术的应用越发成熟，家电企业新旧产品的迭代速度得以加快，开发适应用户需求的产品功能创新，企业可以进一步提质增效、思考如何优化产品结构。如今，低碳化、绿色化、智能化成为家电行业的发展趋势，许多企业瞄准了智能家电。这也是包括广东在内，多地剑指的方向，以此作为这一传统产业叩响全球价值链高端的钥匙。如今，广东智能家电集群建设成效渐显。

1. 智能家电制造业发展现状

目前，珠三角地区电视机、空调、厨房电器、照明灯饰等产品规模全国第一。如表 4-6 所示，2021 年珠三角地区房间空气调节器产量为 6 736.25 万台，同比下降 0.2%，但产量仍然居全国第一位，占全国产量的比重超过 30%。珠三角地区拥有 TCL、创维和康佳三大彩电巨头，彩电产量走在全国最前列。2021 年珠三角地区彩色电视机产量9 810.91万台，同比下降11.9%，但产量仍然居全国第一位，产量占全国总产量的比重超过50%。除了空调和彩电外，珠三角地区其他家电产品生产规模也居全国前列。其中，2021年珠三角地区家用冰箱产量2 091.56万台，居全国第二位；家用洗衣机产量757.57万台，居全国第四位。

表4-6　珠三角地区2021年家用电器主要产品产量及增速情况

产品名称	产量（万台）	产量同比增速（%）
家用电冰箱	2 091.56	-9.5
房间空气调节器	6 736.25	-0.2
家用电风扇	21 170.92	1.3
家用吸排油烟机	2 427.27	21.2
微波炉	9 140.69	7.9
家用洗衣机	757.57	1.8
家用吸尘器	2 551.32	-21.6
家用燃气灶具	281 826	32.5
家用燃气热水器	167 229	45.8
电饭锅	10 357.51	-1.4
彩色电视机	9 810.91	-11.9

资料来源：广东省统计局。

2021年珠三角地区家用吸排抽油烟机、家用燃气灶具、家用燃气热水器产量增速较快，特别是家用燃气热水器，产量达到43.5万台，同比增长45.8%。

（1）智能家电的产业链长

作为家电生产制造和出口大省，广东省家电制造业营收规模占全国比重超40%。在广东制造业跃向高质量发展的路上，家电行业产业规模持续壮大、智能化水平不断提升、产业布局加速拓展，智能家电成为广东的十大战略性支柱产业之一。珠三角地区家电业 2022 年产值超 1.6 万亿元、利润达 1 100 多亿元，目前广东家电业有美的集团、格力电器、海信家电、创维集团、TCL 实业、格兰仕、万和、华帝、万宝、奥马冰箱等众多企业。

分行业来看，2022 年珠三角地区电视机等的产量规模全国第一，冰箱产量全国第二，洗衣机产量全国第四。其中，电视产量 10 792.02 万台，同比增长 10%；抽油烟机、燃气灶、燃气热水器产量增速较快，特别是燃气热水器产量达 43.5 万台，同比增长 45.8%。珠三角地区家电产业的产值规模在全国占比超过 40%①。

早在 2006 年，珠三角地区经贸委就发布了《关于加快珠三角地区家电产业发展的意见》，提出培育壮大配套企业。具体做法是鼓励家电企业在重点建立健全中小家电企业在家电机械及零部件、核心产品和配套产品专业化、协同化、产业化方面，形成一批特色鲜明、重点突出、配套完善的产业链。

（2）高效互补的分工协作

珠三角地区家电产业链省内配套率已经很高了，当地基本上可以完全解决所有产品配套的问题，不用说跨城市，在一个镇区就可以搞定。比如中山南头镇生产厨电的、顺德容桂生产小家电的，每个家电细分领域都有专业镇，一条街都会围绕这个领域配套。

《关于加快珠三角地区家电产业发展的意见》提道："广东以民营企业为主，珠江两岸分布着多个产业聚集地，产业基础雄厚；靠近港澳地区，思路更开阔；各地家电的优势领域不太一样，广东空调和小家电比较强，山东头部的家电企业也会专门到广东找小家电的代工公司。另外，深圳的电子这一块应该是全国最先进的，所以智能化升级改造会走在全国最前沿。"

---

① 资料来源：广东省统计局。

2. 珠三角地区智能家电战略性支柱产业集群发展存在的问题

近年来，珠三角地区智能家电产业集群升级虽然领先于全国，但也存在一些问题，并面临着诸如贸易保护、技术壁垒和科技变革等冲击带来的新挑战。

（1）智能制造技术领先度不高

放眼全球，广东家电存在营收规模大但技术领先度不高的情况。首先，智能制造基础理论研究滞后，原始创新乏力，对引进技术的消化吸收力度不够，未能完全掌握核心技术。

其次，智能制造技术体系建设滞后，在自主创新的深度、广度、可靠性以及高端制造工艺技术、生产智能化等方面与国际同行存在较大差距，人工智能、3D 打印、虚拟生产等技术水平整体较低，构成智能制造装备或实现制造过程智能化的重要基础技术和关键零部件严重依赖进口。

最重要的是智能家电设计能力薄弱，且长期以来重硬件而轻软件，在计算机辅助设计、资源计划软件、电子商务等关键技术领域与发达国家存在较大差距，应用于复杂家电产品设计和企业管理智能化的高端软件紧缺。主要原因在于创新要素集聚度不高，创新环境有待优化，家电企业的研发投入力度不够和沉淀时间不足，人才缺失问题比较严重。自主创新能力不足导致广东智能家电产业集群的技术领先度不高，在全球家电产业链的部分关键环节缺乏话语权。

（2）标准化建设相对滞后

标准化战略已成为提升产业集群竞争力的关键性核心要素，标准化建设对引领智能家电产业高质量发展是非常重要的。近年来，广东智能家电产业集群在龙头企业的数字化、绿色化、智能化转型引领下，不断推动智能家电标准化发展。

有调查表明，广东 94.13% 的智能家电企业认为标准化对企业高质量发展有非常重要的促进作用，81.54% 的民营企业建立了内部标准化体系，72.65%的民营企业安排了专人负责标准化工作[①]。

然而，广东智能家电产业在标准化领域的短板依然明显，主要体现在产品零部件及其供应链、绿色环保、信息安全、互联互通的平台建设等方面的标准化工作相对滞后。

（3）企业品牌质量优势不明显

珠三角地区智能家电产业尽管规模优势突出，但品牌质量优势尚不明显。首先，广东大部分家电企业没有自主品牌，在欧美发达国家主流市场推出的自主品牌家电产品比重偏低，与三星、索尼等国际品牌相比竞争力不强。其次，产品结构不够合理，多数企业的生产工艺和技术水平比较低，低端产能过剩，高端产能不足，高附加值产品明显偏少。此外，企业的质量监控水平较低，产品质量参差不齐，且存在价格偏高、功能不全、操作复杂、售后欠缺、占用内存、信息泄露、能耗高等问题，不利于品牌建设。

（4）关键零部件原材料自给不足

作为具有全球影响力的家电产业集群，广东智能家电产业链的省内配套率很高，MCU主控芯片、电源管理芯片、实现规模化应用，但中高端家电芯片仍然主要依赖进口。广东家电企业追赶尚需时日，现阶段仍然存在"卡脖子"风险。这不利于广东智能家电企业的产品创新、升级与迭代，也制约着家电品牌的升级。

---

① 资料来源：《中国消费者报》。

第五章

典型世界级先进制造业集群案例分析

一、典型世界级先进制造业集群案例

典型世界级先进制造业集群是指在全球范围内具有重要影响力和较高水平的制造业聚集地。这些集群以其独特的产业优势、创新能力和资源集聚效应，在特定领域或行业中脱颖而出，并成为全球制造业发展的典范。典型世界级先进制造业集群的形成和发展通常受到以下几个关键因素的影响：第一，具有产业优势。集群地区拥有某个或多个特定行业的核心竞争力，例如汽车制造、电子设备、航空航天、机械制造等。这些行业在该地区得到强力支持和投资，形成了完整的产业链和供应链，进一步吸引了相关企业和人才的聚集。第二，具备创新能力：集群地区具备创新驱动的能力，包括科研机构、研发中心、高等教育机构等。这些机构与企业之间形成密切的合作关系，共同推动技术创新和产品升级，保持行业的竞争力。第三，拥有资源集聚效应：集群地区拥有丰富的人力资源、物资资源和金融资源。这些资源的集聚为企业提供了便利和支持，促进了创新、生产和市场开拓。第四，具有供应链优势：集群地区形成了完善的供应链网络，包括供应商、代工厂、物流配送等。这种供应链优势使企业可以更加高效地获取原材料、组装零部件和分销产品，降低生产成本和交货周期。第五，背靠政府支持：政府在制造业集群发展过程中扮演着重要角色，提供政策支持、资金投入、基础设施建设等方面的支持和保障。政府的支持能够加速集群的形成和发展，并推动整个地区的经济增长。

典型世界级先进制造业集群的成功经验对于其他地区的制造业发展具有借鉴意义。它们展示了如何通过产业化、技术创新和资源整合等手段，打造具有国际竞争力的制造业集群，提升整体经济实力和国际影响力。典型世界级先进制造业集群案例指的是在全球范围内具有重要影响力和较高水平的制造业聚集地。这些集群以其独特的产业优势、创新能力和资源集聚效应，在特定领域或行业中脱颖而出，并成为全球制造业发展的典范。本章选取日本爱知汽车产业集群、美国休斯敦能源产业、深圳高科技产业园区、苏州人工智能产业园四大典型世界级先进制造业集群作为案例素材进行分析。

（一）日本爱知汽车产业集群

爱知县位于日本本州岛中心附近，面积 5 153 平方公里，人口 750 万。爱知县占国土面积的 1.4%，占全国人口的 5.8%，贡献了 6.6% 的国内生产总值。日本的汽车产业集群以东京、名古屋和广岛为核心，涵盖了丰田、本田等全球知名的汽车制造商以及大量的零部件供应商。其作为国内领先的制造业中心，是日本最发达、工业化程度最高的地区之一，在 2015 年产值便达 3 400 亿美元。爱知县的汽车产业是其支柱产业，占日本汽车总出货值的 40%。在这里聚集了全球最大的汽车厂商——丰田公司。近年来，随着丰田等大型汽车厂商在海外开办了大量组装厂，爱知县重新定位为汽车零部件的开发和生产中心，目前日本生产的汽车零部件一半左右出自爱知县。爱知县拥有一个集零部件制造和汽车组装于一体的综合性汽车产业集群，区内共计 14 座汽车制造厂，其中 6 座为组装厂，8 座为零部件生产厂。这个集群由包括丰田、本田、日产等在内的一些全球知名汽车制造商、零部件供应商和相关企业组成，是全球最具规模和竞争力的汽车产业集群之一。其拥有完整的汽车产业链，从汽车设计、研发、生产到销售及售后服务等环节都得到覆盖。此外，爱知汽车产业集群周边高校环绕有助于培养优秀的技术人才，为集群内的企业提供人才支持，促进产业快速发展。同时，集群内的企业也积极投入社会责任领域，推动经济、社会、环境可持续发展①。

1. 日本爱知汽车产业集群成功企业案例分析

丰田汽车公司（Toyota Motor Corporation）：作为全球最大的汽车制造商之一，丰田汽车公司在爱知县丰田市总部设有其主要生产基地。丰田以其高品质、可靠性和创新性而广受认可。无论是轿车、SUV、卡车还是豪华车，丰田都能提供多样化的产品线以满足不同消费者的需求。其车型设计时尚，安全配置齐全，并注重驾驶舒适性和燃油经济性。作为汽车制造商，丰田致力于提升制造和运营效率。丰田生产方式（TPS）是其领先的生产管理系统，通过精益化的生产流程和持续改进的方法，使得丰田在生产过程中能够减少浪费、提高质量和降低成本。该公司积极投入研发，致力于开发环保、智能化和安全性更高的汽车技术，一直在技术创新和研发方面处于领先地位。另外，丰田在混合动力、电动汽车和自动驾驶等领域取得了显著进展，并推出了多款符合未来出行趋势的先进车型。环境保护是丰田的核心价值观之一。丰田积极推广电动汽车和燃料电池车等清洁能源车辆，以实现更可持续的出行方式。其以降低汽车对环境的影响为目标，通过提高燃油效率、减少尾气排放和推动可再生能源的使用来降低碳排放。除了日本本土市场外，丰田在美国、欧洲、中国和其他亚洲国家都设有生产基地和销售网络。这种全球化战略使得丰田能够更好地满足不同地区的需求，并提升品牌在全球的认知度。总而言之，丰田汽车公司以其高品质、可靠性和创新性在全球汽车行业中占据重要地位。通过技术创新、环保倡导和客户导向，丰田不断追求卓越，为消

---

① 资料来源：日本汽车工业协会。

费者提供卓越的汽车产品和服务。该公司成立于 1937 年，至今已经发展成为全球最大的汽车制造商之一。

丰田自动车体株式会社（Toyota Boshoku Corporation）：丰田自动车体是丰田汽车集团的子公司之一，成立于 1918 年，总部位于日本爱知县丰桥市。在汽车市场上，内饰和座椅等零部件被认为是汽车厂商的关键竞争力之一。作为丰田集团的重要子公司之一，丰田自动车积极开发和生产高品质汽车零部件，为丰田汽车提供优异的内饰和座椅等零部件。它也向其他汽车制造商提供零部件，并迅速扩大其全球市场份额。丰田自动车体在全球范围内拥有多个生产基地和销售网络。丰田自动车体在亚洲、欧洲和北美等地区均设有多个生产基地，并在开发新技术和创新的过程中积极与丰田汽车集团的其他子公司合作，不断提高产品质量和创新能力。同时，丰田自动车体还积极推广环保意识和行动，以实现更可持续的未来。除了汽车零部件，丰田自动车体还为航空、铁路和其他交通工具提供零部件服务。总之，丰田自动车体株式会社是一家在汽车零部件领域占据重要地位的企业，其在内饰、座椅、过滤器和其他汽车零部件方面的专业知识和经验得到了广泛认可。该公司积极推进全球化战略，在全球范围内扩大市场份额，并通过技术创新、环保倡导和可持续发展等方式来满足不断变化的市场需求。

明治制药株式会社（Meiji Seika Pharma Co.，Ltd.）：明治制药是一家总部位于名古屋市的制药公司，虽然不是汽车制造商，但在爱知县的汽车产业集群中具有重要地位。成立于 1885 年，是日本历史悠久的制药企业之一。公司主要从事处方药、非处方药、医疗器械和保健品等领域的研发、生产和销售业务。作为日本知名的制药企业，明治制药株式会社在医药领域拥有丰富的经验和技术积累。该公司不仅致力于开发和生产创新的药物产品，还在生物技术和医疗器械领域进行持续投入和研发，以满足不断变化的市场需求。明治制药株式会社秉承"贡献社会福祉"的企业理念，致力于提供高品质、安全有效的药品和医疗产品。公司在临床研究和药品注册方面拥有雄厚的实力，不断推出符合国际标准的创新药物，为患者提供更好的治疗选择。除了在日本市场上具有显著影响力外，明治制药株式会社还致力于拓展海外业务，加强国际化战略。公司通过并购、合资等方式扩大国际业务版图，加强与全球其他制药企业的合作，不断提升在全球范围内的竞争力和影响力。

这些成功企业在爱知县的汽车产业集群中发挥着重要作用。他们通过不断的研发和创新，推动了整个产业链的发展。这包括从汽车制造到零部件供应、绿色技术和可持续解决方案的发展。同时，他们关注员工福祉和环保，努力为社会和环境作出积极贡献。这些因素共同促使爱知县的汽车产业集群成为全球最具竞争力和创新力的汽车制造中心之一。

2. 爱知汽车产业集群成功的关键因素

（1）企业合作与供应链管理

爱知汽车产业集群内的企业之间建立了紧密的合作关系，形成了高效的供应链网络。这使得零部件的供应和生产能够更加顺畅，减少了生产周期和成本。同时，企业之间还进行技术合作和研发共享，推动产品创新和质量提升。集群内的企业之间形成了紧密的合作关系，共同推动着日本汽车产业的发展。

（2）技术创新与研发支持

爱知县拥有世界一流的大学和研究机构，如名古屋大学、丰田技术研究所等。这些机构不仅在科研方面提供支持，还为企业提供人才培养和技术转移的平台。企业与高校之间的合作交流和技术转移促进了创新，推动了技术的发展和应用。

（3）政府政策与支持

日本政府通过各种政策措施积极支持汽车产业的发展。例如，提供税收减免、资金支持和补贴等优惠政策，鼓励企业投资和创新。政府还积极推动相关法规和标准的制定，提升整个产业的规范化水平。

（4）人才培养与教育支持

本地大学源源不断地为集群提供高素质人才。爱知县有多所优秀的高等教育机构，为企业提供了充足的人才资源。这些高校注重培养与汽车产业相关的专业人才，为企业输送技术人才和管理人才。同时，企业与高校之间的合作项目和实习机会，为学生提供了实践经验和就业机会。

（5）品牌形象与市场竞争力

爱知汽车产业集群内的企业在产品质量、技术创新和品牌形象上具有较高的声誉和认可度。这使得它们能够在激烈的市场竞争中脱颖而出，赢得消费者的信任和市场份额。企业通过不断提升产品质量和技术创新，满足消费者需求并保持竞争优势。

综上所述，爱知汽车产业集群的成功得益于历史悠久的制造业传统，熟练的劳动力，全球化的大企业和网络化的中小企业，以及企业之间的合作与供应链管理、技术创新与研发支持、政府政策与支持、人才培养与教育支持和品牌形象与市场竞争力等多个方面的因素。这些因素相互促进，构建了一个全面发展的汽车产业生态系统，为爱知县的汽车产业带来了持续繁荣和竞争优势。

（二）德国斯图加特汽车产业集群

斯图加特是德国的第六大城市，位于德国西南部巴登－符腾堡州的中部地区，是巴登－符腾堡州的首府城市。斯图加特汽车产业集群包括了斯图加特市区、伊姆斯－莫、葛平根、路德维希堡以及周边曼海姆、卡尔斯鲁厄等地区，是世界上四大汽车产业集群之一。目前，斯图加特汽车产业集群聚集了 2 000 多家汽车相关企业（其中包括戴姆勒集团、保时捷、艾瓦客车等世界汽车龙头企业和博世、采埃孚集团等众多汽车零配件生产企业），超过 20 家与汽车产业相关的高校院所及研发机构，该地区汽车产业从业人数占全国总人口的 1/7，汽车产值占全球汽车产值的 5%。斯图加特汽车产业集群历经百年发展，并呈现出"以整车龙头为引领，以配套网络为支撑，以研发创新为股份，以双元教育为基石"的产业发展生态。

此外，当地还集聚着 ABB、Siemens、IBM 等 1 000 余家电子信息产业公司，在汽车电子与汽车控制系统方面有力推动汽车产业不断向智能化、电子化升级。在斯图加特及其所属的巴登－符腾堡州，聚集了 12 所高等院校、16 所以技术为导向的公共学院、12 所自然科学马普学会等研究机构、9 个为中小企业提供技术援助的研究所、3 个国家级研究中心以及 250 个提供咨询、培训等服务的技术支持中心，形成了从基础研究到应用研究的创新研发网络体系。其中，斯图加特大学创建于 1829 年，是德国 9 所卓越理工大学联盟 TU9 成员之一。作为该集群内的头牌大学，斯图加特大学积极参与本地汽车产业发展，拥有汽车工程研究所和内燃机研究所两个研究院，牵头建立了斯图加特汽车模拟中心和汽车电子创新联盟，同时每年为企业源源不断输送发动机、材料科学、电气工程等专业领域的工程师。

1. 德国斯图加特汽车产业集群成功企业案例分析

戴姆勒集团（Daimler AG）作为全球领先的汽车制造商，其发展历程贯穿了现代汽车工业的技术革新，从内燃机的发明到电动化、智能化的深入探索，始终引领行业潮流。集团起源于 19 世纪末，卡尔·本茨和戈特利布·戴姆勒分别发明了世界第一辆汽车和高速内燃机，为现代汽车工业奠定了基础。20 世纪中期，戴姆勒在汽车安全与性能技术方面实现了重要突破，推出了包括防撞设计、安全气囊和防抱死制动系统（ABS）在内的一系列创新，显著提高了汽车的安全性并奠定了行业标准。在环保领域，戴姆勒通过 Blue TEC 技术等减少排放的创新，推动了清洁能源在汽车中的应用。进入 21 世纪，戴姆勒积极响应全球汽车行业的变革浪潮，推出专注电动车的 EQ 品牌，研发高端电动车型，并在智能驾驶领域取得重大突破，如 MBUX

智能系统和 L3 级自动驾驶技术，提升了驾驶体验的便捷性和安全性。此外，戴姆勒还在商用车领域推出电动卡车和氢燃料电池车型，为绿色运输提供了解决方案。凭借持续的技术创新和对未来趋势的精准把握，戴姆勒不仅推动了全球汽车行业的技术进步，也为自身树立了在现代汽车制造领域的标杆地位。

博世集团（Bosch Group）自 1886 年由罗伯特·博世（Robert Bosch）在德国斯图加特创立以来，一直以技术创新为核心驱动力，从一家专注于精密机械和电气工程的小型作坊发展成为全球领先的工业技术与服务企业。博世的技术成就遍布多个领域，尤其在汽车零部件、工业制造、物联网和家电领域居于行业前列，对全球工业技术进步作出了重要贡献。早在 1902 年，博世就开发了高压磁电机点火系统，这是内燃机时代的标志性技术革新，为汽车可靠性和普及化奠定了基础。1930 年，博世通过柴油喷射泵技术提高了发动机效率，显著降低了燃油消耗，这项技术成为柴油发动机领域的行业标准。到 1978 年，博世推出了全球首个防抱死制动系统（ABS），这不仅显著提高了汽车制动的安全性，还开创了现代汽车安全技术的新时代。此后，博世又推出了电子稳定程序（ESP），进一步巩固了其在主动安全技术领域的领导地位。近年来，随着汽车工业向电动化和智能化迈进，博世在新能源汽车和自动驾驶技术上持续发力。其电动车动力系统，包括高效电机、逆变器和电池管理技术，已成为市场上的核心方案之一；在自动驾驶领域，博世的 L2 级和 L3 级驾驶辅助技术，通过整合雷达、摄像头和激光雷达等传感器，实现了部分场景下的自动驾驶操作，为未来无人驾驶技术奠定了基础。不仅如此，博世还是工业 4.0 的主要推动者之一，其在智能制造领域的技术贡献十分显著。博世开发的"物联网网关"（IOT Gateway）将传统工业设备与智能化系统相连接，通过实时监测与数据分析实现生产线的全面数字化。这一技术的应用大幅提升了工厂的生产效率，并降低了能耗和维护成本。

采埃孚集团（ZF Friedrichshafen AG）是全球领先的汽车零部件

制造商之一，自 1915 年成立以来，以技术创新为核心驱动力，不断推动汽车工业的发展。最初，采埃孚为齐柏林飞艇研发传动系统，其高精密机械加工和动力传输技术奠定了技术基础。随着业务拓展，采埃孚在汽车传动系统领域取得了卓越成就，其中经典的 8 速自动变速器（8HP）以高效、平顺和可靠性著称，被广泛应用于高端品牌如宝马、奥迪和奔驰。进入 21 世纪，采埃孚在传动系统技术上进一步突破，开发了电驱动模块化混合动力变速器，为混合动力和电动车提供了高效动力传递解决方案，大幅优化能耗和排放水平。集团还积极布局智能驾驶技术和自动驾驶系统，其开发的 Pro AI 超级计算平台融合了人工智能技术，支持 L3 级及更高级别自动驾驶系统的实时决策和路径规划。采埃孚在智能驾驶辅助领域的创新成果包括车道保持辅助系统、自动紧急制动和自动泊车功能，这些技术在提升道路安全性和驾驶便利性方面具有重要意义。此外，采埃孚在底盘技术领域表现卓越，其主动式底盘控制系统通过电子调节悬挂和转向响应，显著提升了车辆操控性能和乘坐舒适性；模块化电驱桥（eAxle）将电机、变速器和逆变器整合为一体，优化了电动车的驱动效率与设计复杂性。在商用车领域，采埃孚开发了高效自动变速器和绿色电动传动系统，成为智能物流和车队管理领域的重要技术供应商。凭借在传动系统、智能驾驶和底盘技术的持续突破，采埃孚不仅巩固了其全球技术领导地位，还为绿色和智能化交通的未来发展提供了关键支持，成为全球汽车技术发展的重要推动者和创新引领者。

这些全球领先的企业在斯图加特汽车产业集群中发挥着关键性作用。它们通过持续的技术研发与创新，推动了集群内从整车制造到关键零部件供应的完整产业链发展，为区域经济注入了强大的创新动力。戴姆勒集团凭借其在豪华汽车和智能驾驶领域的卓越技术，不断提升产业链的高端价值；博世集团则通过其领先的汽车零部件技术、安全系统和新能源解决方案，推动了整个集群向智能化、绿色化方向迈进；采埃孚集团以其卓越的传动系统技术、自动驾驶辅助和底盘控制系统，进一步完善了斯图加特在全球汽车产业链中的核心地位。

2. 斯图加特汽车产业集群成功的关键因素

（1）整车龙头企业孕育带动集群整体发展

斯图加特汽车产业集群是汽车企业孕育的摇篮，诞生了戴姆勒集团、保时捷等汽车企业，且时至今日仍是戴姆勒、保时捷等世界龙头汽车企业的全球总部所在地。基于龙头企业雄厚的资源实力，持续带动该区域汽车产业发展。例如，戴姆勒股份公司成立于1886年，是全球第一大豪华车、商用车的生产商，旗下包括梅赛德斯－奔驰汽车、迈巴赫、smart、AMG等高端汽车品牌。戴姆勒在斯图加特地区建立的奔驰生产制造基地——辛德芬根，拥有员工超过3万人，每天生产各类轿车超过2 000辆，以整车和零部件企业的协同效应极大地带动周边众多汽车零部件配套企业的发展。

（2）中小企业构建强大产业链配套体系

强大的产业链配套能力是斯图加特汽车产业集群不断发展壮大的重要保障。斯图加特地区不仅拥有戴姆勒等汽车巨头，还集聚了采埃孚、博世等国际知名的汽车零部件企业以及占据该地区96%数量之多的中小型配套企业。且无论是汽车零部件龙头企业还是数量众多的中小企业大多都在某行业或某领域具有全球领先的技术，从而推动斯图加特地区在汽车产业链每个环节都能做到精益求精。例如，采埃孚集团在机械式变速器、液力自动变速箱和各式齿轮传动箱等方面都走在世界前列，贝尔集团是世界领先的汽车空调和发动机冷却系统专业厂商等。

（3）创新研发网络支撑产业持续创新

在斯图加特及其所属的巴登－符腾堡州，聚集了12所高等院校、16所以技术为导向的公共学院、12所自然科学马普学会等研究机构、9个为中小企业提供技术援助的研究所、3个国家级研究中心以及250个提供咨询、培训等服务的技术支持中心，形成了从基础研究到应用研究的创新研发网络体系。其中，斯图加特大学创建于1829年，是德国9所卓越理工大学联盟TU9成员之一。作为该集群内的头牌大学，斯图加特大学积极参与本地汽车产业发展，拥有汽车工程研究所和内燃机研究所两个研究院，牵头建立了斯图加特汽车模拟中心和汽车电子创新联盟，同时每年为企业源源不断输送发动机、材料科学、电气工程等专业领域的工程师。

（4）双元教育体制培训高技能汽车人才

斯图加特地区成熟的双元教育体制源源不断为当地汽车产业集群输送高技能人才。双元教育体制是指整个培训过程在企业和职业学校进行，且以企业培训为主，其中由企业进行实际操作方面的培训（70%的时间），培训学校（30%的时间）完成相应的理论知识的培训。在双元教育体制下，大学生毕业后与集群内汽车企业的专业技术工人之间融合度极高，企业内员工流动率较低。目前，斯图加特汽车产业集群所在的巴登－符腾堡州拥有双元制职业学校超过320所，双元制学生20余万人，其中全日制职业学校学生超过15万人。巴登－符腾堡的职业学校每年为斯图加特地区汽车企业提供大量训练有素的技术工人，占整个行业技术工人的将近一半。

（三）美国休斯敦的能源产业

休斯敦的能源产业始于20世纪初。当时，该地区发现了大量的石油和天然气资源，这次发现引发了石油勘探的热潮，并吸引了大量投资者和企业前来开采。随着更多的石油井的发现，休斯敦逐渐成为得克萨斯州石油产业的中心。休斯敦地理位置优越，靠近墨西哥湾，这使得休斯敦成为石油精炼和分销的理想地点。并开始建设炼油厂、储油罐、输油管道等基础设施，形成了最早的能源产业基础。到了20世纪50年代，休斯敦已成为美国石油产业的重要中心之一。在这一阶段，休斯敦的能源产业主要以石油和天然气为主，是一个单一的产业结构。这促使更多的石油公司和相关企业迁至休斯敦，形成了一个繁荣的能源产业集群。休斯敦靠近墨西哥湾，拥有深水港口和良好的航运条件，这使得休斯敦成为石油和天然气产品的重要出口中心。休斯敦港口提供了便捷的航运通道，连接着美国内陆和全球市场。休斯敦设立了能源交易所，促进了能源产品的贸易和交易活动，推动着科技和创新。在这里聚集了大量的工程师、科学家和技术专家，他们致力于开发新的勘探和开采技术，提高石油和天然气的生产效率。20世纪70年代，石油价格的急剧上涨导致了全球性的石油危机。这时，休斯敦的能源产业逐渐走向多元化发展，开始涉足石化、煤炭、核能等领域。此外，在这一时期，休斯敦开始出现了大量的能源服务公司，它们提供了各种钻井、采油等技术服务，成为能源产业的重要组成部分。20世纪90年代以来，休斯敦的能源产业进一步发展壮大。随着可再生能源、石油页岩、深海油气等领域的发展，休斯敦的能源产业呈现出更加多元化和高科技化的特点。此外，休斯敦也成为全球能源咨询和交易中心之一，吸引了大量的投资者和企业前来参与能源贸易。

此外，休斯敦还汇聚了许多能源服务公司和技术提供商，为能源行业提供各种专业服务和解决方案。休斯敦拥有丰富的金融资源和投资机构，为能源项目的融资和发展提供支持。休斯敦的银行、私募股权公司和风险投资机构积极参与能源行业的投资，为新的能源项目提供资金和资本支持。同时，休斯敦的能源交易所也成为能源金融和交易的重要平台。休斯敦能源产业的发展离不开其具有优越的地理位置和资源禀赋，完善的基础设施，以及政府的支持和友好营商环境等因素的影响。休斯敦的能源产业还形成了强大的产业集群效应，推动了企业之间的合作和创新。在未来，休斯敦或仍将继续积极拓展其能源产业，努力实现可持续发展。

1. 休斯敦能源产业成功企业案例分析

在休斯敦的能源产业中，有许多成功的企业案例，包括 Exxon

Mobil、Halliburton、Kinder Morgan、JP Morgan Chase & Co.、Wells Fargo 等。

Exxon Mobil 是一家跨国石油和天然气公司，总部位于美国得克萨斯州的休斯敦。该公司成立于 1999 年，是由埃克森石油公司（Exxon Corporation）和美孚石油公司（Mobil Oil Corporation）合并而成。Exxon Mobil 是全球最大的上市能源企业之一，在石油和天然气勘探、开采、生产、加工、销售和化学品制造等领域具有广泛的业务覆盖。该公司在全球范围内拥有多个石油和天然气资源的项目，并通过其雄厚的技术和创新力量，致力于提供可持续发展的能源解决方案。作为一家能源公司，Exxon Mobil 在全球能源市场中发挥着重要的作用。他们积极参与各种能源项目，包括传统石油和天然气资源的开发，以及对新兴能源技术的研究和投资，如可再生能源和碳捕捉储存技术等。该公司凭借其庞大的全球资源储备、技术实力和卓越的管理能力，在能源行业取得了巨大成功。该公司积极参与国际项目合作，拥有全球范围内的生产、加工和销售网络。

Halliburton 是一家总部位于美国的能源服务公司，成立于 1919 年。该公司提供广泛的油田服务和技术，包括勘探、生产、地质解释、钻井、评价、完井、生产以及地下储层管理等领域的服务。作为全球领先的油田服务提供商之一，Halliburton 在全球范围内拥有广泛的业务和客户群。该公司通过其强大的技术实力和专业团队，为石油和天然气行业的客户提供高效的解决方案，帮助他们优化产能、降低成本、提高生产效率和安全性。Halliburton 的服务范围涵盖了从勘探阶段到生产阶段的整个油田开发过程，并且在油气勘探和生产技术方面具有丰富的经验和专业知识。Halliburton 以其卓越的技术和高效的服务而闻名，为行业带来了巨大的影响力。该公司也是休斯敦能源产业集群中的核心企业之一。

Kinder Morgan 是一家领先的能源基础设施公司，总部位于休斯敦。该公司拥有庞大的输油管道和天然气管道网络，提供能源运输、储存和处理服务。Kinder Morgan 凭借其强大的基础设施和高效的运营能力，在能源物流领域取得了显著的成就。该公司的管道网络覆盖北美洲，并积极参与 LNG 和天然气加工等项目。

JP Morgan Chase & Co. 是全球领先的金融服务公司之一，也在休斯敦设有重要的能源金融业务。该公司通过提供投资银行、资产管理、贸易金融等综合金融服务，支持了休斯敦能源产业的发展。JP Morgan Chase & Co. 与能源公司建立了紧密的合作关系，为其提供融资、风险管理和市场交易等支持。

Wells Fargo 是美国领先的金融服务公司之一，也在休斯敦设有重要的能源金融业务。该公司通过提供商业银行、资产管理、证券承销等多元化金融服务，为休斯敦能源公司提供融资和金融支持。Wells Fargo 在能源金融领域拥有丰富的经验和专业知识，并积极参与能源项目的融资和投资。

这些休斯敦能源产业中的成功企业案例共同具有以下特点：全球化战略、技术创新、行业多元化和卓越的管理能力。它们利用休斯敦作为能源产业中心的优势，充分发挥地理位置、资源禀赋和基础设施的优势，不断追求技术突破和市场机会，取得了业绩的显著增长。同时，这些企业也与政府、学术机构和其他公司合作，共同推动休斯敦能源产业的发展。而休斯敦能源产业中的金融企业通过提供融资、风险管理、市场交易等金融服务，支持了休斯敦能源产业的发展。它们利用自身在金融领域的专业知识和资源优势，与能源公司合作，共同推动能源项目的实施和运营。同时，这些金融企业也积极参与能源领域的创新和可持续发展，为能源转型和环保目标提供金融支持。

2. 休斯敦的能源产业成功的关键因素

（1）地理位置和资源丰富

休斯敦地处得克萨斯州墨西哥湾沿岸，这一地理位置使得休斯敦成为美国能源行业的重要枢纽。墨西哥湾地区拥有丰富的石油和天然气资源，而休斯敦市不仅位于这一资源丰富地区的核心位置，还拥有便捷的水路运输通道，这使得原油和天然气的运输更加便利高效。

（2）完善的基础设施

休斯敦拥有世界一流的港口设施，例如巴拿马运河和休斯敦航道，这些港口设施为能源产品的进出口提供了便捷通道，使得休斯敦成为全球最大的石油出口港之一。此外，休斯敦也是美国最大的石油精炼业中心之一，拥有多家世界知名的炼油厂，这些炼油厂为能源产品的加工提供了重要支持。

（3）产学研结合和创新驱动

休斯敦与诸多知名大学和研究机构展开紧密合作，例如得克萨斯大学系统、休斯敦大学等，在勘探、开采、提炼和能源管理等领域进行了大量科研合作。同时，休斯敦也聚集了大量的科技公司和创新型企业，这些企业通过技术创新推动了能源产业的进步。

（4）强大的产业集群效应

休斯敦聚集了大量的能源公司、服务供应商和专业人才，形成了一个庞大的产业集群。这种集群效应使得企业之间能够进行合作和资源共享，同时也促进了全球能源行业的信息交流和合作，进而推动了整个能源产业的协同发展和创新。

（5）金融和投资支持

休斯敦作为全球能源金融中心之一，拥有大量的金融机构和投资机构，这些机构为能源项目提供了充足的资金和资本支持。同时，休斯敦也拥有丰富的私募基金和风险投资机构，为初创企业和新兴技术提供了融资和投资支持。

（6）政府支持和稳定政策环境

得克萨斯州和休斯敦市政府一直致力于支持能源产业的发展，并提供了稳定和友好的政策环境。政府的支持包括减税措施、法规简化、基础设施建设和人才培训等方面，为能源企业提供了良好的发展条件。政府还鼓励绿色能源技术的发展，为清洁能源领域的创新和投资提供了支持。这些因素共同作用，使得休斯敦能源产业在全球范围内具有竞争力，并为城市的经济繁荣作出了重要贡献。

（四）深圳高科技产业园区

深圳作为中国的创新中心之一，通过建设高科技产业园区，吸引了众多的高科技企业和创新创业者。这个集群以其灵活的市场机制、开放的政策环境和强大的创新能力而获得了巨大的成功。深圳高科技产业园区是中国珠三角地区深圳市的一个集中了国内外高科技企业、研发机构和服务机构的现代化产业园区。它是中国改革开放后第一个设立的经济特区，也是中国最早的高科技产业园区之一。深圳高科技产业园区成立于 20 世纪 80 年代初期，当时是为了吸引外资和促进技术进步而设立的。从那时起，深圳高科技产业园区逐渐成长为国内最具影响力的高科技产业聚集区之一，已经形成了以电子信息、生物医药、新材料、智能制造等为主要产业方向的高科技产业生态系统。其秉承"创新驱动、开放合作、产学研结合"的发展理念，致力于推动高科技产业的发展和转型升级，促进产业链的完善和创新生态的健康发展。近日，赛迪顾问先进制造业研究中心发布 2023 年先进制造业百强园区榜单，其中深圳市高新技术产业园区排名第五，北京中关村科技园区、广州经济技术开发区、苏州工业园区位居前三。深圳市高新技术产业园区设立于 1996 年，位于南山区，规划面积 11.52 平方公里，是科技部建设世界一流高科技园区 10 家试点园区之一①。深圳市高新技术产业园区历时 20 多年发展，始终坚持"发展高科技、实现产业化"两大方向，深入实施创新驱动发展战略，已成为引领深圳科技创新的核心引擎、发展高新技术产业的示范基地，是全国创新资源最集聚、创新氛围最浓郁、创业环境最优越的区域之一。

深圳科技工业园是一个以发展知识技术密集型产业为主旨，开

---

① 资料来源：中商情报网。

发、生产相结合的综合基地。它利用毗邻港澳的地理优势吸引了大批国内外企业，包含了以中外合资为主的多种经济成分，同时依靠中国科学院为主要技术后盾，联合高等院校及产业部门研究、开发和生产高新技术产品。在面向国际市场的发展过程中，深圳科技工业园还不断地吸收、创新国外技术，为深圳和内地输送新兴的科技力量。作为内地第一个科技园区，深圳科技工业园用实践证明了产学研相结合的优势。自它成立后，深圳高技术企业群体和产业体系如雨后春笋般涌现，园内工业产值节节高升，随之而来的经济效益和社会效益也日益明显。如今，深圳科技工业园已发展为投资环境优越、高新技术企业众多、科技开发实力雄厚、人才济济的高新技术产业开发区。

1. 深圳高科技产业园区成功企业案例分析

深圳高科技产业园区是中国最著名的高科技产业聚集区之一，在其发展过程中涌现了许多成功的案例。以下是其中几个典型的案例：

腾讯科技园：作为中国最大的互联网公司之一，腾讯在深圳高科技产业园区建立了自己的科技园区。其以"创新、开放、共享"为核心理念，致力于打造一个促进科技创新和产业生态发展的综合性园区。园区内设有办公楼、研发中心、孵化器等设施，为创新型企业和初创公司提供办公场所和支持服务。该园区集聚了腾讯的研发、运营、营销等核心团队，成为腾讯公司的创新基地。腾讯科技园的建设为深圳高科技产业园区带来了更多的互联网相关企业和人才，推动了整个园区的发展。

华为基地：深圳高科技产业园区也是华为技术有限公司的总部所在地。华为在园区内建立了研发中心、生产基地和行政办公区等，形成了一个完整的产业链。作为全球知名的通信设备和解决方案提供商，华为基地是华为的核心运营中心之一。华为基地以创新、卓越、合作和共享为核心价值观，致力于推动科技创新和产业发展。基地内设有研发中心、生产基地以及培训中心等设施，为华为员工提供创新环境和先进技术支持。华为的成功，不仅推动了深圳高科技产业园区的发展，同时也为园区内其他企业提供了合作和学习的机会。

平安科技园：作为中国领先的金融科技公司，平安集团在深圳高科技产业园区建立了自己的科技园区。该园区集聚了平安集团的金融科技研发团队和创新项目，注重人工智能、大数据、云计算等领域的研究与应用。平安科技园的建设进一步提升了深圳高科技产业园区在金融科技领域的影响力。

以上案例表明，深圳高科技产业园区通过吸引和扶持优秀企业，提供良好的研发环境和政策支持，促进了高科技产业的创新和发展。这些成功案例推动了整个园区的繁荣和壮大，也为其他企业和创业者提供了借鉴和启示。

2. 深圳高科技产业园区成功的关键因素

（1）政策支持

深圳高科技产业园区受益于中国改革开放政策的推动，享有更加灵活和开放的市场经济环境。其位于自由贸易试验区，享受更加开放和便利的贸易政策。这为企业提供了更大的市场机会和更自由的交易环境。例如，自由贸易试验区内的企业可以享受更低的关税和更简化的审批程序，有利于企业降低成本、拓展市场并加速产品上市。此外，自贸区还鼓励创新和跨境合作，促进国内外企业间的合作与交流。同时，深圳市政府一直致力于打造创新驱动发展的城市，为高科技产业园区提供了一系列优惠政策和扶持措施。例如，税收减免、项目资金支持、土地供应和租金补贴等，这些政策吸引了大量企业选择在园区内设立总部或研发中心。

（2）产业集聚效应

深圳高科技产业园区通过吸引和聚集相关产业链上的核心企业和配套企业，成功形成了强大的产业集聚效应。依托深圳在电子信息、智能制造、新材料和生物医药等领域的优势，园区内的上下游企业协作紧密，打造了从研发设计到生产制造再到市场推广的全产业链体系。这种高度集聚的产业生态，不仅促进了企业间的技术交流和资源共享，还显著提升了创新效率，推动了新技术的快速迭代与商业化。此外，园区企业的多样性为专业技术人才和管理人才提供了广阔的就业和发展机会，从初创企业到行业巨头，员工能够根据个人需求选择适合的职业发展路径。

（3）人才引进与培养

深圳地处珠江三角洲地区，周边聚集了中山大学、华南理工大学、香港科技大学等众多知名高校和科研机构，为高科技产业园输送了源源不断的高端人才。这些高校和科研机构不仅提供了强大的学术支持，还通过校企合作推动了科研成果的转化和产业化。为了进一步强化园区的人才优势，政府大力实施人才引进计划，包括"孔雀计划"等政策，吸引了大量国内外顶尖人才。同时，园区内设有配套完善的人才公寓和生活服务设施，为高层次人才提供舒适的工作和生活环境。此外，通过与国际知名企业和研究机构的合作，园区积极开展人才培训和技术交流，为企业员工提供前沿技术的学习机会，持续提升园区的创新能力和技术竞争力。

（4）产业链完善

园区通过多年的发展，构建了高度完善的产业生态系统，涵盖电子信息、生物医药、新材料、智能制造等多个关键领域，形成了完整的上下游产业链。从基础研究、核心零部件制造到整机组装和市场推广，各环节企业高度协同，资源流动顺畅，为技术创新提供了有力支持。例如，园区内的电子信息企业从芯片设计、加工到终端产品制造一应俱全，形成了完整闭环，有效降低了企业的研发成本和供应链风险。生物医药领域则通过与高校和科研机构合作，构建从药物研发到临床试验和生产的全链条服务平台，显著提升了成果转化效率。同时，智能制造和新材料企业依托园区的资源共享机制和协同创新环境，加速推动技术迭代。这种高度一体化的产业链不仅促进了园区内企业的合作与发展，还为深圳高科技产业园的国际竞争力奠定了坚实基础。

（5）创业创新环境

深圳高科技产业园区鼓励创业和创新，并提供了良好的创业创新环境。园区内拥有众多创业孵化器、科技园、研发中心等创新载体，提供办公场所、资源支持和创业辅导等服务。这些创新载体不仅为初创企业提供了低成本的办公空间，还为他们提供了与其他创业者和专业人士交流与合作的机会，促进了创新和知识共享。深圳高科技产业园区内诸多知名企业如腾讯、华为、平安等，它们的成功经验和创新成果为园区带来了良好的企业氛围和示范效应，吸引了更多优秀企业的加入。

（6）资本支持

深圳高科技产业园区凭借其强大的创新能力和完善的产业生态，吸引了大量风险投资和私募股权投资机构的关注，为园区内的企业提供了充足的资本支持。这些资本机构广泛分布于园区周边，通过早期投资和战略性支持，为新兴技术和创新型企业的快速成长注入了动力。许多初创企业通过获得种子轮或 A 轮融资，迅速从概念验证阶段迈向商业化应用，并进一步拓展国际市场。此外，这些投资机构不仅提供资金支持，还通过商业网络、战略咨询和资源整合，帮助企业优化运营模式、提升市场竞争力并加速全球化进程。资本支持与园区内的创新氛围相辅相成，进一步强化了深圳高科技产业园的全球影响力和吸引力，使其成为创新企业孵化和成长的重要基地。

（7）基础设施建设

深圳高科技产业园区在基础设施建设方面进行了系统性投入，打造了一流的工作和生活环境，为园区企业的发展提供了重要支撑。园区内不仅配备了先进的通信网络和覆盖全面的 5G 基站，还拥有智能化的供水、供电系统和高效的废弃物处理设施，确保了企业在生产和运营过程中拥有稳定的资源供应。同时，现代化的办公楼宇、研发中心以及共享实验室为企业提供了灵活的办公空间和技术支持平台。便捷的交通网络，包括高速公路、城市轨道交通以及园区内的绿色出行设施，极大地优化了员工通勤效率和客户来访的便利性。此外，园区内还建有高标准的物流和仓储中心，为企业的生产物资流通和成品交付提供了高效服务。

（8）社会文化氛围

深圳高科技产业园区所处的深圳市具有包容、开放和活力的社会文化氛围。这种氛围有助于激发创新灵感和激情，吸引了更多有创造力和创业精神的人才和企业前来发展。深圳作为一座国际化城市，拥有丰富的文化资源和多元化的社会环境，为企业提供了广阔的交流平台和合作机会。同时，深圳的开放态度和包容性也吸引了来自全球的优秀人才和企业，促进了园区的国际化发展。

（9）市场需求

深圳高科技产业园区紧密关注市场需求，培育和支持适应市场需求的高科技企业。园区通过举办各类创新创业大赛、科技论坛等活动，搭建了创新交流平台，帮助企业更好地了解市场需求、把握行业动态。园区还提供市场拓展、商务合作等支持服务，帮助企业拓展市场、增强竞争力。通过与市场的紧密对接，园区帮助企业准确把握市场需求，优化产品和服务，推动产业发展与市场需求的紧密匹配。

总而言之，深圳高科技产业园区通过良好的政策支持、产业集聚效应、人才引进与培养、产业链完善、创业创新环境、资本支持、基础设施建设、社会文化氛围和市场需求等多个因素的综合作用，成功打造了一个繁荣发展的高科技产业聚集区。这些因素共同推动了园区的创新与发展，不但推动了深圳市的迅速发展，同时使其成为中国乃至全球高科技产业发展的重要引擎。

（五）苏州人工智能产业园

苏州人工智能产业园于 2018 年 11 月正式启动，是苏州市政府为推进人工智能产业发展而设立的专业园区。园区位于苏州市相城区，总规划面积约为 28.6 平方公里，其中主园区规划面积为 14.4 平方公里，计划分为东、西两个部分①。该园区以"人工智能 +"为核心，积极拓展人工智能技术在各行业中的应用，如智能制造、智慧城市、智慧医疗等领域，同时也注重推动人工智能核心技术的创新和提升。目前，苏州人工智能产业园已经引进了一大批优秀的创新企业和团队，如图森未来、思岚科技、上海芯片光电集成设计中心等，为园区的发展注入了强劲的动力。除了提供高质量的办公场所和支持政策，苏州人工智能产业园还注重建立产学研合作平台，加强企业与高等院校、科研机构之间的联系和合作，促进技术创新和成果转化。此外，园区还计划建设一批人工智能产业基金，为入驻企业提供融资支持和投资机会。

总而言之，苏州人工智能产业园作为长江三角洲先进制造业集群的重要组成部分，是苏州市加速发展人工智能产业的一个重要战略平台，也是中国国家创新驱动发展战略的重要组成部分。通过对苏州人工智能产业园区的建设和发展，可以进一步加强中国在人工智能领域的技术实力和国际竞争力，推动中国经济的高质量发展。

1. 苏州人工智能产业园成功企业案例分析

图森未来（Tu Simple）：图森未来是一家总部位于美国的自动驾驶卡车技术公司，成立于 2015 年。该公司致力于开发商业化自动驾驶卡车解决方案，为物流和货运行业提供自动化和智能化的服务。图森未来的自动驾驶技术采用了深度学习和计算机视觉等先进技术，能够实现高精度地图制作、目标识别和路径规划等多种功能。该技术还在实际道路测试中取得了良好的表现，已经在美国、中国和欧洲等国家和地区进行了试验和运营。据报道，目前图森未来已经与多家物流和运输公司合作，为其提供自动驾驶卡车解决方案。该公司还计划在

---

① 资料来源：中国人工智能发展联盟。

未来进一步扩大其业务范围，开拓更多市场，推动自动驾驶技术的发展和应用。入驻苏州人工智能产业园后取得了显著的成就。在苏州人工智能产业园，图森未来与园区内其他企业和高校展开合作，加速了自动驾驶技术的研发和应用，为苏州人工智能产业的发展作出了积极贡献。

上海芯片光电集成设计中心：该中心是由苏州人工智能产业园与上海市政府共同合作建设的，旨在推动芯片和光电子集成技术在人工智能领域的应用。中心通过提供研发平台、技术支持和资金投入等方式，吸引了一批优秀的芯片和光电子企业入驻，并加速了相关技术的创新和产业化。上海芯片光电集成设计中心是一家专注于集成电路设计和光电子技术领域的研发机构。该中心致力于开展先进芯片设计和光电子器件研发工作，涵盖数字、模拟、射频等多个领域。通过使用先进的设计工具和技术，他们致力于研发高性能、低功耗、高可靠性的芯片解决方案，并推动光电子技术在通信、医疗、工业等领域的应用。此外，该中心积极推动技术转化与商业化，促进研究成果向实际产品和解决方案的转化，同时加强技术推广与知识传播。作为重要的创新平台，上海芯片光电集成设计中心与企业、高校和研究机构建立了广泛的合作关系，共同推动技术创新和产业升级。通过不断提升自身技术实力和市场竞争力，该中心将继续在芯片和光电子领域发挥重要作用，为推动中国芯片和光电子产业的发展作出积极贡献。

这些案例表明，苏州人工智能产业园为创新企业提供了良好的创业环境和支持政策，通过促进企业之间的合作和交流，推动了人工智能技术的创新和应用。同时，园区也为企业提供了丰富的资源和发展机会，帮助他们在市场中取得竞争优势。这些成功案例为苏州人工智能产业园树立了良好的口碑，并为其他企业和创新团队提供了借鉴和学习的范例。

2. 苏州人工智能产业园成功的关键因素

（1）政府支持和政策优惠

苏州市政府高度重视人工智能产业的发展，围绕人工智能产业园建设出台了一系列支持政策，为企业营造了优越的发展环境。通过提供财政补贴、税收优惠、低成本土地供应等措施，政府显著降低了企业的运营成本和技术创新风险，进一步激发了园区内企业的创新活力。同时，政府还设立专项资金支持企业技术研发和高端人才引进，推动新兴技术的产业化应用。为了促进园区内的资源共享和产业协同，政府牵头组建了人工智能产业联盟，加强企业、科研机构和高校之间的合作，构建了紧密的产学研合作网络。此外，苏州市政府还积极举办人工智能行业峰会、创新大赛和高端论坛，为企业提供展示技术成果的平台，帮助企业拓展市场与渠道。这些政策的实施，使苏州人工智能产业园成为国内外人工智能企业聚集的高地，并不断提升其在全球产业链中的核心地位。

（2）产学研结合

苏州人工智能产业园区与高校、科研院所建立了深度合作关系，构建了产学研一体化的创新生态系统，为园区的技术发展和企业创新提供了强大支撑。园区与知名高校如东南大学、苏州大学等联合设立了多个联合实验室、技术转移中心和产业研究院，专注于人工智能领域的前沿技术研究和成果转化。这些机构不仅为企业提供了先进的技术支持和咨询服务，还推动了科研成果从实验室走向市场应用的高效转化，缩短了技术研发到商业化的周期。此外，园区通过与高校合作设立实训基地和科研项目，促进了高端人工智能人才的培养，为企业输送了大量技术型和创新型人才。高校和科研院所也借助产业园的平台资源，推动其科研方向与产业需求对接，提升了科研成果的实用性和价值。

（3）人才引进和培养

苏州人工智能产业园区通过多元化的人才政策和合作机制，吸引并培养了大量国内外优秀的人工智能领域人才。园区实施了系统性的人才引进计划，为高端人才提供优厚的薪酬福利、住房补贴、科研启动资金以及广阔的职业发展空间，营造了有吸引力的人才发展环境。

园区还与国内外知名高校和科研机构紧密合作，共同开展人才培训、学术交流和技术合作项目，推动人工智能技术领域的人才集聚。同时，园区鼓励企业与高校联合设立研究生培养基地，通过参与实际研发项目提升学生的实践能力，培养更多兼具理论知识与实践经验的复合型人才。此外，园区定期举办高层次人才论坛、技术沙龙和行业峰会，为企业和人才提供展示交流的平台，加强人才与行业的深度融合。

（4）创新孵化和创投支持

苏州人工智能产业园区通过设立创新孵化中心、技术转移中心和产业加速器，为初创企业提供了全面的孵化服务和创新支持。这些机构不仅为企业提供办公场地、先进设备和实验条件，还通过政策咨询、技术指导和市场对接等服务，帮助初创企业快速迎接早期发展阶段的挑战。创新孵化中心还定期举办创业沙龙、路演活动和技术交流会，帮助企业拓宽视野、对接投资人和合作伙伴，构建起开放的创新生态环境。园区内配套设立了多个风险投资基金，为有潜力的人工智能企业提供资金支持，涵盖种子轮到成长期的融资需求。这些基金由政府和社会资本联合管理，不仅为企业提供资本注入，还通过战略支持和资源整合帮助企业实现规模化发展。此外，园区还联合行业龙头企业、高校和科研院所为创业团队提供技术共享平台，加速创新成果的产业化应用。

（5）市场需求和行业对接

苏州人工智能产业园区紧密围绕市场需求，积极搭建产业交流与合作的平台，通过举办人工智能行业峰会、投融资对接会、技术展示会等活动，促进企业之间的深度合作和资源共享。这些活动不仅为企业提供了展示最新技术与产品的机会，还帮助它们深入了解行业动态和市场趋势，从而更精准地调整研发方向和市场策略。园区通过与龙头企业、投资机构以及终端用户建立紧密的合作网络，为企业提供行业信息和市场反馈渠道，推动技术和产品的迭代升级。此外，园区还邀请行业专家、学术领袖和投资人参与活动，分享市场洞察与前沿技术，帮助企业识别新的增长机会。

通过政府支持、产学研结合、人才引进和培养、创新孵化和创投支持以及市场需求和行业对接的共同努力，苏州人工智能产业园成功地打造了一个具有竞争力的创新生态系统，为企业提供了良好的发展平台和支持，助推了人工智能产业的快速发展。

二、先进制造业集群成功的内外因素总结

先进制造业集群的成功依赖于多方面因素的综合作用，包括集群内部企业因素和外部环境的支持。通过分析世界级先进制造业集群的成功经验，可以总结出其共同特点：优秀的人才资源、完善的基础设施、创新的科研环境、紧密的产业链与供应链。这些因素为珠三角的先进制造业集群建设提供了宝贵的借鉴。以下是影响先进制造业集群成功的主要因素分析：

第一，企业内部因素。企业是产业集群发展的核心，其经营管理能力、技术创新水平和人才培养机制直接决定了集群的竞争力和可持续发展能力。企业需要具备高效的生产能力、卓越的市场竞争力和强烈的合作意识。此外，技术创新能力是推动产业集群发展的关键。这包括企业对研发的高投入、对知识产权的保护以及技术转移机制的建立与完善。这些创新能力使企业能够保持技术的先进性和市场的竞争力，从而推动整个集群的技术升级。

第二，政策环境。一个良好的政策环境是吸引企业和人才进入集群的重要保障。政府需要通过税收优惠、科研资金支持和人才引进政策，为企业发展提供有力的支持。此外，健全的法律与政策体系对于保护知识产权、维护市场秩序至关重要，可以为企业创造稳定的营商环境。政府还需要积极推进制度创新，鼓励企业进行跨行业合作和技术转移，以提升集群的整体发展水平。

第三，基础设施。完善的基础设施是产业集群运作的重要保障。交通、通信、电力和水利设施的建设和维护，为集群内企业的日常生产和运营提供了稳定的支持。尤其是高效的交通和物流系统，可以显著提升生产效率、降低运营成本，并为企业提供顺畅的物资流通渠道。同时，充足的能源和资源供应也是产业集群稳定发展的重要条件，政府需要确保能源供应的可靠性，并逐步推动清洁能源的普及。

第四，人才资源。高素质的人才是先进制造业集群发展的核心资源。政府和企业需要共同努力，通过优化人才引进政策、提供优越的工作环境和福利待遇，吸引更多优秀人才加入产业集群。同时，应加强职业教育与产业需求的结合，建立人才培养机制，提高从业人员的技术水平。创新型人才的集聚不仅能够推动技术突破，还能促进集群内企业之间的知识共享和协同发展。

第五，产业链配套。一个完整的产业链配套体系能够显著提高集群的整体竞争力。企业需要与供应商、客户等上下游环节形成紧密合作，通过严格的品质控制和标准化管理，提升产品质量与市场竞争力。同时，集群内企业应积极开展技术共享与合作，推动技术创新和市场开拓，从而增强整体的协作效应。

第六，市场需求。健康的市场需求是推动产业集群持续发展的重要动力。集群需要根据市场的变化，不断调整和优化产业结构及产品方向，以满足市场对高质量产品和服务的需求。企业需要时刻关注市场动态，通过精准的市场定位和快速的响应机制来维持竞争优势。

通过以上分析可以看出，以上因素共同推动产业集群的形成与发展。其中，技术创新能力是产业集群发展的核心驱动力。企业的研发投入、知识产权保护、技术转移等能力决定了集群的技术水平和持续发展能力。只有当技术创新与其他因素有机结合，才能培育出具有全球竞争力的先进制造业集群，为区域经济发展注入强劲动力。因此，先进制造业集群的成功并非单一因素的结果，而是多维度要素相互作用的综合体现。这些要素需要在政策支持、市场引导和企业自主创新的共同作用下，形成协同效应，方能构建具有国际竞争力的世界级先进制造业集群。

三、珠三角先进制造业集群的发展路径建议

珠三角作为中国经济发展的重要引擎之一，凭借其独特的区位优势和政策支持，展现出巨大的发展潜力。在推动先进制造业集群发展方面，通过借鉴国内外典型产业集群案例的发展经验，并结合珠三角实际情况，可以从以下几个方面提出针对性建议。

第一，提高技术创新能力。增强技术创新能力是先进制造业集群发展的核心。应加大研发投入力度，鼓励企业增加研发经费，提升技术研发水平。与此同时，建立健全知识产权法律制度，加大知识产权保护力度，以激励企业加快创新步伐。进一步完善技术转移平台和机制，促进科研成果的产业化转化，为区域创新发展提供支撑。

第二，建立人才培养与引进机制。针对高端制造业的人才需求，需优化职业教育体系，推动职业教育与产业需求精准对接，培养契合产业发展的技术型人才。通过提供良好的工作环境、完善的福利待遇及职业发展机会，吸引国内外优秀人才加入集群建设。建立人才流动机制，促进人才在不同企业和地区间的良性流动，为产业创新和协作营造良好的环境。制定专门的人才引进政策，积极吸引国内外高层次人才，推动珠三角成为全球高端人才的聚集地。

第三，推动政府支持政策。政府的支持在先进制造业集群的发展中扮演着关键角色。应制定税收优惠政策，鼓励企业扩大投资规模。设立专项科研基金，为先进制造业企业提供稳定的资金支持。此外，应优化政策环境，为企业创造有利的发展条件，确保政策实施的针对性和持续性。

第四，加强基础设施和资源建设。完善基础设施是推动产业集群发展的基础性工作。应加快交通基础设施建设，提升区域物流效率，

降低运输成本，为企业运营提供便利条件。保障能源供应稳定，同时推动清洁能源的普及和应用，助力绿色制造。通过推动企业实施绿色制造技术，减少环境污染，构建可持续发展的制造业生态。

第五，促进产业协同发展。产业链的协同合作是提升集群整体竞争力的关键。应鼓励企业在产业链上下游展开深度合作，构建完善的产业链体系。推动不同领域企业之间的跨界融合，促进技术交叉应用和创新，形成多领域协同发展的产业生态。

第六，吸引外资和技术。在经济全球化背景下，珠三角应积极吸引国际先进制造业企业在区域内设立生产基地或研发中心，引进先进技术和管理经验。加强与国际机构和企业的合作，通过联合研发、生产和市场拓展项目，提升区域制造业的国际竞争力。

第七，建立金融支持体系。健全金融支持体系是先进制造业集群发展的重要保障。建立金融服务平台，为企业提供贷款、信贷担保等融资服务，帮助企业解决资金短缺问题。鼓励金融机构设立风险投资基金，支持具有潜力的先进制造业企业发展壮大。推动股权投资市场发展，为企业提供多元化的股权融资渠道。

第八，推动数字化转型。数字化转型是先进制造业发展的重要方向。应推动企业广泛应用工业互联网技术，实现生产过程的数字化和智能化管理。加强物联网技术在制造业中的应用，实现设备互联互通和数据共享。利用大数据技术开展生产与市场分析，提升决策支持和市场预测能力。加速人工智能技术在制造业生产、质量控制等环节的应用，提高生产效率和智能化水平。

通过以上多方面的具体措施，从全局化、可持续化的角度推进珠三角先进制造业集群发展，进一步增强区域产业竞争力，为经济的高质量发展提供不竭的动能。

第六章

珠三角地区数字经济水平评价体系

一、评价指标

（一）有关数字经济指标构建研究综述

早期 EU、WEF、ITU 等组织最早尝试使用单一维度对其数字经济发展规模进行测度，随后学者也纷纷开始在此基础上尝试建立更多维的数字经济指标体系，以测度数字经济发展水平。我国的数字经济研究则起步比较晚，通过在中国知网搜索"数字经济"关键词，共有文献 9 648 篇，时间为 1999～2023 年，其研究成果发表年度趋势如图 6 - 1 所示。数字经济的研究在 2018 年才开始逐渐成为研究的焦点，但关于数字经济发展水平的指标构建的研究较为丰富，多数学者都能从数字经济的内涵与特性出发构建多维度、科学地去衡量我国数字经济发展水平。本节主要综述我国当前数字经济研究领域较多学者引用、较为典型的数字经济指标构建体系。

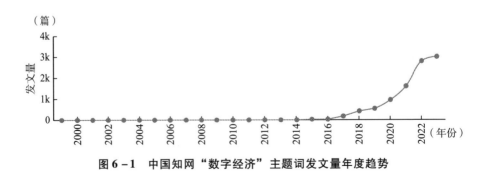

图 6 - 1 中国知网"数字经济"主题词发文量年度趋势

　　在数字经济指标体系的构建中，学者们多从多重维度上构建：

　　其一，省份层面上，刘军等（2020）[①] 将互联网发展作为测度核心，从信息化、互联网和数字交易三个维度构建指标衡量我国数字经济发展水平，属于早期从省级层面衡量的研究。根据 2021 年我国国务院印发《"十四五"数字经济发展规划》中对数字经济的内涵的阐述，王军等（2021）在权衡指标体系的全面性和数据的可得性上，构建包括数字经济基础设施、数字产业化、产业数字化和数字经济发展环境测度我国各省份数字经济发展水平，李蕾（2022）[②] 在现有研究的基础上，根据数字经济的内涵与发展特征，进一步丰富数字经济水平指标的选择，构建包括数字技术层面的基础设施、产业发展、网络应用、科研支撑多维度的数字经济发展水平衡量指标。熊婷燕等（2023）基于现有的研究，结合数字经济发展的新态势，构建包括数字基础设施、数字创新能力、数字产业融合三维度的测度指标，加入数字创新相关指标。

　　其二，城市层面上，黄群慧等（2019）[③] 收集国内 274 个城市数据，采用互联网综合发展指数进行度量，随后被许多研究者测度数字经济水平指标的借鉴基础。赵涛等（2020）[④] 通过借鉴已有研究基础，加入数字金融普惠指数指标，构建互联网相关指标和数字金融普惠发展指数构建其数字经济综合发展指数，该指标体系较为完整地反映数字经济水平。胡海洋等（2023）在赵涛现有测度指标上加入 5G 基站数量以更好衡量数字技术在经济发展中所起的作用。陈永伟等

　　① 刘军，杨渊鋆，张三峰. 中国数字经济测度与驱动因素研究 [J]. 上海经济研究，2020（6）：81-96.
　　② 李蕾. 黄河流域数字经济发展水平评价及耦合协调分析 [J]. 统计与决策，2022，38（9）：26-30.
　　③ 黄群慧，余泳泽，张松林. 互联网发展与制造业生产率提升：内在机制与中国经验 [J]. 中国工业经济，2019（8）：5-23.
　　④ 赵涛，张智，梁上坤. 数字经济、创业活跃度与高质量发展——来自中国城市的经验证据 [J]. 管理世界，2020，36（10）：65-76.

（2023）建立起较为完善与合理的指标体系，包括数字基础设施、数字产业发展、产业数字融合、数字环境营造五个维度指标，其中包括数字网络建设、数字设施建设、数字普及程度、数字产业建设、数字研发投入、交易数字化、数字化应用、数字技能环境、数字政府建设和数字金融环境 10 个二级指标和 23 个三级指标，较全面地反映出我国数字技术在各领域应用的现状。

其三，借鉴国外理论使用卫星账户测度数字经济规模。OECD 组织是国际上最早提出可通过编制卫星账户框架测度数字经济规模，这一方法一提出便引起我国研究学者的关注。卫星账户被视为国民经济核算体系位于严谨性与灵活性中间的产物，徐蔼婷等（2017）借鉴国际上关于架构和编制 R&D 卫星账户的实践经验，以期为我国卫星账户的构建提供一定的参考和借鉴。后来部分学者为了对我国不同区域或不同时期的数字经济发展水平作更具体的测度，尝试编制中国数字经济卫星账户框架来测度数字经济发展规模及水平。随着数字经济融合发展的复杂性对构建数字经济卫星账户提出了更高的要求，罗良清等（2021）从数字技术对实体经济融合的视角，为了更好地掌握数字机构对传统产业的传导机制与影响程度，将数字经济划分为数字经济基础产业和融合产业，以及数字产品和数字化产品，并以此丰富了我国数字经济卫星账户的基础框架。杨仲山等（2019）基于国际上对数字经济核算的经验与中国的现实情况，尝试提出了中国 DESA 框架，以更准确地衡量我国数字经济发展规模对宏观经济运行的贡献程度。

综上所述，在数字经济指标构建中，学者们均从多方视角、不同侧重点展开研究，并提出不同的见解与看法。目前，我国对于数字经济的测度及体系还处于不断完善的过程中，大部分学者都能根据数字经济的内涵与构成，构建包括数字经济基础设施、数字产业化相关指标、产业数字化相关指标、数字经济营商环境来进行数字经济发展水平的衡量，后来学者也在不断基于先前的研究成果不断细分指标，希望以更全面、更具体的、更多维度的测算与衡量数字经济的规模与发展水平。结合数字经济发展的趋势，未来数字经济的核算研究将会更加科学化、全面化和系统化。

数字经济测度的目的，最重要的在于帮助政府、企业和学术界把握国家或地区数字经济发展的状况与走势，并与其他更先进的国家或地区进行比较。一个准确的、客观的数字经济测度，对于国家或地区关于数字经济发展的政策与战略的制定尤为重要。不仅是因为测度的结果是政策和战略执行的反馈，可以帮助决策者评估和反思所采取的各项政策的有效性与战略举措的可行性，强化政府决策者对于公共战略政策制定的责任心，更是帮助我们社会广大群众、研究者清晰认识到先进的数字经济发展水平，以增强民众的自信心和奋斗意志。此外，政府对于数字经济测度的指标体系设计的关注，重点在于政策和战略制定所关注和感兴趣的领域，特别是数字经济技术前沿对于数字经济发展和国家竞争力提升的促进作用。因此，随着新一轮科技革命和产业变革的加速演进，要求我们研究者以创新的视角来进行数字经济的测度，采集最能反映数字经济重要特征的数据，用全新的视角去设计数字经济测度的维度，以便我们较为准确地认识和把握时代的变迁，更好地抓住历史发展的机遇。所以对数字经济发展水平进行准确测度是数字经济有效赋能珠三角地区世界先进制造业集群建设的前提。尽管关于数字经济各方面的研究已有一定的成果，但学术界对于数字经济发展指标体系的衡量仍未形成统一权威的标准，学术界、行业界对于数字经济水平测度水平指标体系要么普遍使用单一指标，要么普遍借鉴基于互联网每一领域构建的指标体系，这就可能会存在一是不能全面反映数字经济发展的丰富内涵，二是未能根据研究对象的特殊性而对数字经济测度指标作出合理的调整，测度体系的深度与广度有待提高。因此为更加全面和客观测度数字经济发展水平，在构建数字经济发展水平时需充分考虑数字经济的内涵及其在珠三角地区的发展实践，以更好地测度珠三角地区各城市地区的数字经济发展水平，为实现建立世界级先进制造业集群奠定坚实基础。

（二）珠三角地区数字经济区域生态评价模型

珠三角地区以 9 城市群组成，包括了珠三角 9 个城市，各地区的经济、社会、技术和市场环境相差较大，呈现出多级多中心的格局，导致推动数字经济发展的区域资源不均衡的问题也逐渐显现。因此基于以上研究，本课题试图选择数字经济发展相关的区域影响因子（简称"生态因子"），建立 n 维超体积生态位模型（周青等，2020），再通过信息熵值确定各指标的权重，从而获得较为客观的权重比例。

1. 生态位理论模型研究

（1）生态位理论溯源

生态位（ecological niche）是在特定的生态系统中定义的不同个体或者群落在一个种群中的时空位置及给予功能地位。动物、植物的种群为了争夺食物与空间，会在生态环境中呈现出不同的层次地位，此时食物和空间也成为影响因子，而动物、植物的地理或生境的规模和范围，即称为种群适应环境的因子限度，还取决于同一生态环境的其他竞争资源。生态位概念不仅仅指个体或群落的生存空间，而是主要强调生物单位本身在其种群中所发挥的作用和所处地位，尤其是与其他同类或异类物种的合作或竞争关系。

1894 年，学者施特雷（Streere）在解释为什么鸟类分离会在菲律宾定居时，对"生态位"的概念感到好奇。到了 1910 年，美国学者杰克逊（Johnson）最早提出"生态位"一词，但是对于生态位的具体概念还未作出明确辨析。最早定位生态位一词的是格林奈尔（Grinnell）在其《加利福尼亚恐龙的生态位关系》文章中，他还提出"功能生态位"的概念，认为一个物种的生态位由其所处的生态环境和其他物种之间的相互关系最终选择的。后来，普遍受到其他学者的认可的有埃尔顿（Elton）在1930年撰写的《动物生态学》一书中，进一步丰富和详细描述功能生态位概念，一个物种的功能生态位由其对资源的利用方式和对环境的响应方式所决定。一个物种在同一生态系统中不仅扮演一个角色的功能，不同物种之间的生态位会因其适应和生活习性的差异而不同，如同一个物种在食物链中扮演"捕食者、食草动物、植物"等。此外，还包括动物学家哈钦森（Hutchinson）在1957年试图使用数学和统计学解释物种在生态中的存在，提出的n维超体积生态位，其中的维度就是环境条件和资源，这些条件决定了个体或物种的实践及生活方式，特别是种群的延续。他的研究也启发了许多后面的学者，拓展提出"生态位宽度""生态位划分""生态位重叠"的概念，分别表示给定物种使用的资源或生境的多样性、共存物种的资源分化和不同物种使用的重叠资源。蒂尔曼（Tilman）学者最早提出了随机生态位的概念，认为群落中的资源分割是随机的，生态位是固定的，而共存于生态位中的物种获得资源是不均等的、随机的。

　　总而言之，在生态学领域，生态位概念的研究已有近百年，具有里程碑式意义的就有杰克逊、格林奈尔、哈钦森三位生态学家，他们分别提出了生态位的概念、明晰生态学的概念和提出n维超体积生态位，定性分析了物种与生境之间的相关关系。虽然生态位的概念逐渐明晰、理论日臻完善。但后来研究者们在继续不断地丰富、拓展生态学内涵，探究适用更大范围、更多领域的生态位概念模式和理论体系。

　　（2）生态位理论模型

　　生态位理论原是生态学领域中研究物种之间的关系、群落结构、演变和种群变化的重要理论，主要包括生态位态势理论、生态位宽度理论、生态位重叠与排斥理论和生态位扩充与压缩理论。生态位理论体系如图6-2所示。

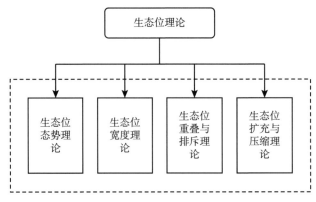

图 6 - 2　生态位理论体系

①生态位态势理论。生态位态势理论，即指由个体到整个种群再到完整生物圈，不管是自然界还是社会中的任一生物单位都存在态和势两方面的共同属性，态指的是生物生存的整体状态，朱春泉（1997）在过去的成长、学习、社会经济发展以及个体或物种对环境和自身发展能力的现实影响中，任何生物单元都以某种状态存在于自然界中，并在环境的相互作用中相互影响。因此，在确定生物单元的生态位时，不仅要衡量外部环境对其生长的影响所形成的状态，还要衡量其在外部环境影响下的未来发展趋势。

②生态位宽度理论。生态位宽度理论指的是某一物种占有资源的总量与资源的利用率大小，反映某一物种的生态地位及影响力。生态位宽度越大，代表物种占有和利用资源的程度越高，地位越高，发展潜力越强，反之则生态位宽度越窄，不利于物种的生存。

③生态位重叠与排斥理论。生态位重叠与排斥理论衡量的是不同物种间的关系，指的是两个或两个以上物种对同一资源的共享或者竞争程度。一般情况下，两个物种生态位重叠部分越多，竞争也就越激烈，从而产生排斥的现象，导致生态位有所变化。因此，生态位重叠与排斥理论一方面体现物种之间的竞争程度，另一方面反映了生态系统中不同物种的空间布局情况。

④生态位扩充与压缩理论。当物种的生存由于竞争关系受到威胁时，就需要采取一定的应对措施避免在竞争中被淘汰，而生态位扩充即任一生物单位提高生态位的态与势对新的领域进行开拓，提高自身的竞争力；生态位的压缩即某一物种减少甚至退出所在生态位的态与势，避免资源的浪费和过度投入，找到自己的核心竞争力，形成与竞争对手的错位发展。

（3）生态位理论在经济学领域应用综述

随着生态位概念和内涵的丰富，生态位理论的应用范畴逐渐超越生态学领域的边界，被越来越多的学者广泛引用于政治学、军事战略学、教育学、管理学、经济学等研究领域，延伸出组织生态位、区域生态位和城市生态位等新概念。

①国外研究综述。过去几十年相关研究中，在经济学领域中较多学者基于生态位理论研究企业间的竞争与合作关系，因此也延伸出"企业生态位"一词，许多学者都在探索如何改善企业生态位。肯普塔尔（Kempetal，1968）认为，企业所处的环境对其创新有较大的影响，而企业可以通过战略生态位理论更好地维护企业环境，这已成为早期企业创新的一种方式。戈登（Gordon，2011）则进一步提出企业通常采用专业化或多样化的手段占据更佳的生态位，占据市场中更多的资源，即生态位宽度是更高的，资源占有率和利用率处于优势地位。而如果出现企业占用同一种资源或环境时，会出现生态位重叠现象，卡西莫格鲁和哈马拉（Kasimoglu & Hamarat，2003）随着市场里的企业数量增加，企业间的竞争更加激烈，此时拥有独特生态的企业则具有明显的优势，在这片生态环境中保持屹立不倒。此外，吉格等（JIG et al.，2014）利用生态位理论研究供应链集群的创新及选择策略，认为供应链集群应根据成员与创新模式之间进行生态位匹配，埃德莱斯顿（Eddleston K A，2018）家族企业中善于利用生态位扩充理论，拓展国际市场，以保持企业的优势地位。总的来说，国外关于生态位理论在其他领域的衍生应用已较为广泛，尤其是经济学领域中提

出的企业生态位概念,许多企业家都善于利用分析自身在市场中的生态位,以此确定下一步的战略方向,探讨不同的企业生态位差异如何影响各自的竞争力,充分利用区域比较优势,在更大的范围、更广领域和更高层次中实现持续性发展。

②国内研究综述。我国经济领域基于生态位理论的研究始于21世纪初。胡成功(2000)首次利用生态位理论用于探讨我国发展知识经济的若干方略。如生态分离机制启示我国应有选择地重点发展知识含量较高的高新技术行业,生态隔离机制启示我国在制定经济发展战略中要勇于打破行业边界,灵活整合各领域知识资源。在理论探究层面,张艳辉(2005)以全新的视角将生态学理论与产业经济学理论相结合,重新阐释了产业结构理论、产业组织理论,希望通过模仿自然生态的运行规则来运行产业体系。曹鉴燎等(2000)在书中《可持续发展:我们的共同道路》将生态位理论引入我国可持续发展道路探索的战略制定中,并构建了区域可持续发展的理论体系。白洁等(2009)基于生态位理论定量分析和评价城市的生态聚类,并据此提出适用于不同类型城市的发展策略,从而提高城市竞争力。边伟军等(2014)将生态位理论与区域科技创新创业企业群相链接,提出区域科技创业企业群生态位概念。时朋飞等(2017)基于生态位理论研究长江经济带建设水平,并据此构建并分析长江经济带不同区域中不同的发展态势。黄显敏等(2018)基于生态位理论对我国31个省份的金融发展水平进行测度,探究我国在金融生态领域中生态位态势发展良好、进化能力也较高的区域。朱芳阳等(2019)以测算各省市的物流产业生态位,通过全新视角研究我国物流产业发展的基础条件及未来趋势。

综上所述,生态位理论已逐渐应用于经济学研究领域,一方面,生态学理论被并用于经济学各领域战略制定的指导,如产业经济学相联系让我们以全新的视角认识到产业经济学道路发展方向,与我国可持续发展战略相结合探索中国式发展模式;另一方面,生态学理论被应用于不同经济学领域因素的测度,如我国不同区域间金融发展水平的测度、长江经济带中区域的发展态势差异、我国各省市物流行业的发展趋势等。

二、指标构建背景

当今时代，数字经济已成为影响全球经济格局、重塑世界创新版图、加速时代变革的重要力量，数字技术与产业领域相融合进入深化发展阶段，数字经济已成为世界经济可持续发展的重要驱动力。世界数字经济论坛主席、世界经济论坛董事会执行董事朱民 11 月 25 日在广东深圳举行的第四届世界数字经济论坛上表示："数字经济浪潮汹涌澎湃，势不可挡。特别在 ChatGPT 和 AIGC 人工智能加持下，发展非常迅猛，从去中心化、去中介化、去物质化三个维度正在深刻改变我们的工作、生产、生活和社会。"在 2023 年 7 月举办的全球数字经济大会主论坛上，会上也重点提出了全球各国数字经济发展持续提速，其中美国、中国、德国、日本和韩国 5 个主要国家的数字经济总量达到 31 万亿美元，占 GDP 比重超半数以上达到 58%[①]。此外，随着数字经济与各行业各领域的渗透和深度融合，数字经济的规模呈现出快速增长的态势。据中国产业研究院发布的《2022—2026 年中国数字化转型行业市场全景调研与投资前景预测报告》中表明，预计全球数字化转型市场规模在 2026 年将达到 12 475 亿美元，在 2022～2026 年复合年增长率实现 19.1%。这表明数字技术促进各行业产业数字化转型已经成为全球发展的必然趋势，数字经济的发展规模呈现不断上升的趋势，正在不断生出推动世界经济发展的强大动力。与此同时，基于深度学习、空间创维、数字孪生、AI 技术等新一代信息技术不断创新与广泛应用，为数字经济的发展壮大提供基础的技术支撑，从而使得数字经济逐渐与传统的农业、工业和服务业深度融合，

---

① 资料来源：中国信通院《全球数字经济白皮书》。

正在不断重塑传统经济形态，激发传统产业改革创新的内在动能，催生出一批具有代表性的企业。

2020年4月，我国将数据列为继土地、劳动力、资本、技术之后排名第五的生产要素，并在多项政策文件中着重强调。我国数字经济的重视与发展逐渐呈现出新业态新模式。同年7月，国家发改委等13部门联合发布《关于支持新业态新模式健康发展激活消费市场带动扩大广大就业的意见》，旨在支持新业态新模式，激活消费市场，加快培育数字经济新兴就业机会，打造我国领先数字经济新优势。以党中央为核心的国家领导人明确提出要加快数字经济的发展速度，促进数字经济与实体经济融合的深度与广度，打造具有国际竞争力的数字产业集群，从而成为推进中国实现中国式现代化提供重要驱动力量。根据国家相关部门发布的数字经济相关研究报告可以了解到，整体上我国数字经济现状发展如下：一是数字经济规模上的增长。2022年我国数字经济规模达到50.2万亿元，同比名义增长10.3%，已连续11年显著高于同期GDP名义增速，且数字经济占我国GDP的比重不断上升，近年来一度达到41.5%的高比例，相当于第二产业占国民经济的比重。二是数字经济内部结构得到进一步优化。数字经济内部结构由数字产业化与产业数字化构成。2022年，我国数字经济产业化规模达到9.2万亿元，产业数字化规模为41万亿元，分别占数字经济比重为18.3%和81.7%，数字经济的二八结果较为稳定，数字产业化规模有待进一步提高[①]；在与各行业的融合中，数字经济分别在一、二、三产业渗透率为10.5%、24.0%和44.7%，同比分别提升0.4个、1.2个和1.6个百分点，第二产业与第三产业的渗透率差距进一步缩小，工业数字化逐渐成为驱动发展格局的主力军。三是数字经济的全要素生产率得到进一步提升。总体上看，2012年我国数字经济的全要素生产率在1.66，2022年我国数字经济全要素生产率水平

[①] 资料来源：中国信通院发布的《中国数字经济发展研究报告（2023年）》。

提高到 1.75，数字经济生产率水平和同比增幅都显著高于整体国民经济生产效率，对我国经济生产效率的提升起到支撑和拉动作用。分行业看，第一产业的数字经济全要素生产率平稳保持在较低的水平，随着乡村振兴战略等政策的实施，农业数字化转型成为学者们研究的热点，因此近年来全要素率具有小幅上升的态势。第二产业数字经济全要素生产率近 10 年间整体上呈现先升后降的态势，随着信息技术在工业上广泛应用，数字经济一度拉动生产率的提高。但技术是不断进步的，现今如何创新改革是我国首要面临的问题，数字经济如何更加深入地融入工业生产中，为其生产效率的提高助力，是我们需要去研究的问题。数字经济促进第三产业全要素生产率大幅提升，并长期保持较高的体量与增长速度，已逐渐成为驱动数字经济全要素生产率增长的关键力量。四是数据要素价值得到进一步重视。主要包括数字基础设施的完善，相关法律制度的健全，更加规范自由的经济市场，数据成为新一代生产要素，这些都使得数据生产要素的价值得到进一步释放。同时，数据要素市场建设进程加快，数据产业体系进一步健全，数据确权、数据定价、交易流通等市场化探索正成为经济学领域新的研究热点。

作为中国的制造业强区和主要经济引擎之一的珠三角地区，已成为当下中国对外开放程度最高、经济活力最强和数字经济发展速度最快的区域之一。2023 年 9 月首届珠三角地区发展工商大会在澳门举行，来自粤港澳三地的嘉宾共同围绕"数字经济"主题商讨大湾区数字经济新机遇、科创产业新动能。会议上提出，珠三角地区数字经济发展领先，尤其是在制造业数字化集群布局方面，已较为成熟。珠三角地区贸促会、广东国际商会会长陈小锋提出："当前，珠三角地区已经具备了坚实的产业基础，为实现数字经济、科技创新、产业发展三者之间的优势互补、协同发展提供了良好的条件。"此外，珠三角地区中的制造业基础雄厚，发展历史较为悠久，如此庞大规模的传统制造业转型升级释放出巨大的需求潜力，为本地区的数字产业发展、数字技术进步提供了强劲的市场动力，并且珠三角地区涵盖范围广、人口数量庞大，有许多新成立的研究中心，包括引进来大量实力强劲的大学建立分校，以及与海外的学校合作办学等。这表明珠三角地区的制造业数字经济发展不仅规模领先、基础深厚，更重要的是具有广阔的市场与发展空间，具有更大的后发优势。目前，我国正将其制造、贸易和技术优势汇聚到珠三角地区，优先发展数字经济，目的是打破国际市场上对中国的重重技术限制。在最近 2023 年 11 月 21 日公布的《"数字湾区"建设三年行动方案》中，广东也承诺将打造"数字湾区"，服务范围涵盖珠三角与澳门、香港，为三个地区提供跨境数据服务，以更好地为数字经济的发展奠定基础支撑。整体而言，第一，大湾区城市群中香港在基础研发、人工智能等研究领域领跑大湾区，澳门则在数字生物领域成绩出色，珠三角地区的广州、深圳等核心城市在互联网、大数据、云计算等领域技术力量的叠加，珠三角地区成为我国数字经济领域的领跑者。第二，珠三角地区人才集中，人才平均年龄均在 25 ~ 34 岁之间，这是独特于其他国际知名湾区的优势，表明发展动力与后劲十足，国际核心竞争力进一步加强。第三，也是最重要的一点，珠三角地区在我国推动经济新发展格局中具有重要的战略地位，国家致力于将珠三角地区打造成国际上数字化程度最高的城市集群，数字湾区的时代已经到来。

三、指标体系构建与选取

（一）推动数字经济发展的区域生态位评价模型

1. 数字经济区域生态位适宜度模型

本研究借鉴周青等（2020）[①] 数字化发展适宜度构建数字经济综

---

① 周青，王燕灵. 推动产业数字化发展的区域适宜度评价研究——基于浙江省 11 区市的实证 [J]. 杭州电子科技大学学报（社会科学版），2020 (6)：5 - 12.

合水平评价区域生态位适宜度模型，以推动珠三角地区区域数字经济的情况作为研究对象，选择与推动数字经济发展相关的经济社会影响因子（也称"生态因子"），建立 n 维超体积生态位模型。生态位模型中设有 m 个区域（本研究为珠三角地区 9 个城市），n 个生态因子（本研究为 9 个测度指标），X_{ij}（$i=1$，2，$\cdots$；$j=1$，2，$\cdots$，n）表示的第 i 个区域的第 j 个生态因子的现实生态位，不同区域的生态因子构成了一个 $m \times n$ 维的生态空间。

考虑到实际获得的各指标数据在数量级和计量单位上存在一定差异，因此在测算前先对各项指标数据进行标准化处理，避免因指标数据量纲而导致测算结果有误差，因本研究的 9 个指标都属于正向指标，因此计算公式如式（6-1）所示：

$$Z_{ij} = \frac{X_{ij} - \min X_{ij}}{\max X_{ij} - \min X_{ij}} \qquad (6-1)$$

设 $Z_{aj} = \max\{Z_{ij}\}$ 表示在珠三角地区中第 j 个生态因子的最佳生态位，那么第 i 个区域的生态位适宜度计算公式如式（6-2）所示：

$$S_i = \sum_{j=1}^{n} W_j \frac{\min|Z_{ij} - Z_{aj}| + \varepsilon \max|Z_{ij} - Z_{aj}|}{|Z_{ij} - Z_{aj}| + \varepsilon \max|Z_{ij} - Z_{aj}|} \qquad (6-2)$$

其中，W_j 为各生态因子测算而得的权重，反映第 j 个生态因子对区域适宜度的影响比重。此外，公式中的 ε（$0 \leqslant \varepsilon \leqslant 1$）模型的参数，一般情况下由 $S_i = 0.5$ 时进行估计。进行参数估计时，先假设各生态因子的权重相同，则 $|Z_{ij} - Z_{aj}| = \overline{|Z_{ij} - Z_{aj}|}$，可以得出参数的计算公式如式（6-3）所示：

$$\varepsilon = \frac{\overline{|Z_{ij} - Z_{aj}|} - 2\min|Z_{ij} - Z_{aj}|}{\max|Z_{ij} - Z_{aj}|} \qquad (6-3)$$

其中，ε 为模型参数，S_{ij} 为第 i 个区域的第 j 个生态因子的最佳生态位。

此外，为了计算珠三角地区内不同区域生态位适宜度的进化空间，本研究采用进化动量变量用于评价不同区域可拓展空间，其计算公式如式（6-4）所示：

$$EM_i = \sqrt{\frac{\sum\limits_{j=1}^{n} |Z_{ij} - Z_{aj}|}{n}} \qquad (6-4)$$

其中，EM_i 代表 9 个城市的生态位适宜度的进化动量。

2. 基于熵值法的生态因子权重计算方法

熵是信息科学领域的一个概念。信息熵的概念最早是由信息论的相关理论提出的，后来逐渐应用于经济和社会领域，用于计算各种经济指标的重要性。根据信息熵的定义，指数的熵值可以用来判断指数的分散程度，熵值越小，指数的分散度越大，指数（权重）对综合评价的影响越大。

本研究中采用熵值法计算各区域影响生态因子的权重，假设有 m 个区域，n 个生态因子，根据熵值法模型，第 i（$i = 1, 2, \cdots, m$）j（$j = 1, 2, \cdots, n$）个生态因子的熵值计算公式如式（6-5）所示。其中 Z_{ij} 表示由（6-1）标准化后的指标数据，则第 j 个生态因子的权重计算方式如式（6-6）所示：

$$e_j = -\frac{1}{\ln m} \sum_{i=1}^{m} \frac{Z_{ij}}{\sum\limits_{i=1}^{m} Z_{ij}} \ln \frac{Z_{ij}}{\sum\limits_{i=1}^{m} Z_{ij}} \qquad (6-5)$$

$$W_j = \frac{1 - e_j}{\sum\limits_{j=1}^{n} 1 - e_j} \qquad (6-6)$$

其中，e_j 计算结果表示第 i 个区域的第 j 个生态因子的信息熵值，W_j 计算结果则表示第 j 个生态因子的权重占比。

（二）数字经济评价指标体系的选择

生态位态势理论同样适用于经济领域的研究，本研究中数字经济的内涵广泛，不但要考虑到珠三角地区数字经济发展的基础环境，还要兼顾对经济社会影响以及工业应用等各个方面，所以形成一套多维度指标体系是较为合理的衡量途径。根据前文所提及的生态位态势理论模型，自然界或社会中的每个生物单元都具有"态"和"势"的属性，"态"是指生物存在的状态，即过去的成长、学习、社会和经济发展以及环境之间相互作用的累积结果；"势"是个体或物种对环境及其自身发展能力的现实影响。

　　因此，本研究将珠三角地区乃至全国先进城市群的数字经济环境整体近似看成一个生态系统，基于生态位态势理论模型，本研究将"态"定义为各地区推动数字经济发展的成果效益，将"势"定义为反映各地区推动数字经济发展各方面的竞争能力的属性，反映出珠三角地区数字经济在基础环境、社会应用中的双方属性，基于生态位态势理论，结合熵值法的应用对珠三角地区数字经济水平指数进行动态的综合评价，并将其与我国四大城市群进行对比分析。

　　1. 构建珠三角数字经济水平评价体系

　　本书研究珠三角地区各地区的数字经济发展规模及水平，适用于生态位态势理论的应用范围，具有一定的可行性与科学性。因此，在数字经济水平测度中，基于以上研究，本课题试图选择数字经济发展相关的区域影响因子（简称"生态因子"），建立 n 维超体积生态位模型（周青等，2020），从基础环境、工业应用情况和应用效益三个维度，测度产业数字化适宜度和进化动量，从而构建推动数字经济水平评价体系（见图 6-3），再通过信息熵值确定各生态因子的权重，以获得较为科学、客观的权重比例。

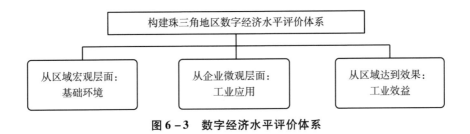

图 6-3　数字经济水平评价体系

　　根据现有研究成果以及珠三角地区数字经济发展水平评估数据，数字经济综合水平指数的评估可以从"态"和"势"两个方面来定位，从"态"层面选择各区域数字经济发展达到效果的工业效益作为测度要素，表示各区域推动数字经济发展的成果效益。从"势"层面选择有利于数字经济发展的区域宏观层面的基础环境和从企业微观层面的工业应用作为两个测度要素，表示各区域推动数字经济发展各方面竞争力所包含的属性。其生态位模型如图6-4所示。

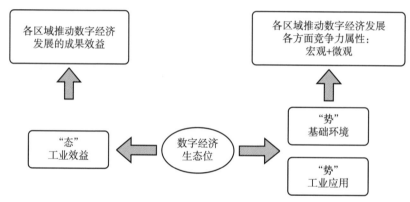

图6-4　数字经济综合水平评价生态位

　　此外，考虑到测度指标的代表性与可获得性，最终选取9个指标测度珠三角地区数字经济发展水平（见表6-1），建立数字经济发展综合水平测度的区域适宜度评价指标体系，具体内容和内涵如下。

表6-1　　　　　　　数字经济综合发展水平指标体系

综合指标	指标类别	指标名称	指标属性
数字经济综合发展水平指标体系	基础环境W1	每百人国际互联网用户数	正向
		每百人移动电话用户数	
		数字普惠金融指数	

综合指标	指标类别	指标名称	指标属性
数字经济综合发展水平指标体系	工业运用 W2	信息传输、计算机服务和软件业从业人员占比	正向
		人均电信业务总量（万元/人）	
		数字经济专利申请量	
	工业效益 W3	规模以上工业总产值当年价（万元）	
		规模以上工业产品销售收入（万元）	
		规模以上工业利润总额（万元）	

（1）生态位"态"层面：工业效益

从区域达到的效果上看，工业效益是数字经济在长期发展、应用、演进的过程中与环境间相互作用的成果，体现出数字经济对经济增长和结构升级的价值和贡献。工业效益的测度包括规模以上工业总产值当年价、规模以上工业产品销售收入和规模以上工业利润总额三个指标。工业一般指加工制造业，规模以上总产值当年价指的是规模以上工业企业在报告期内以货币形式体现从事工业生产活动的最终收益；规模以上工业产品销售收入指规模以上工业企业销售产品和提供劳务等主要经营业务取得的收入总额，规模以上工业企业利润总额指的是一定时间内规模以上工业企业所创造的净利润。这三个指标是衡量工业经济运行情况的重要指标，也是评估数字经济的发展对社会经济生活所带来的经济增益，尤其是对于工业制造业所带来的促进作用。本课题报告研究主题为数字经济赋能珠三角地区先进制造业集群，主要衡量数字经济在工业制造业领域所带来的增长效益，因此，根据数据的可获得性及已有研究的成果选择规模以上工业总产值当年价、规模以上工业产品销售收入和规模以上工业利润总额三个指标来代表数字经济生态位"态"层面。

（2）生态位"势"层面：基础环境

从区域宏观层面上看，基础环境是数字经济发展基础性、有力的支持，是数字经济发展的基础支撑。本研究选取每百人国际互联网用户数、每百人移动电话用户数、数字金融普惠指数，三个指标的测度代表有利于数字经济发展的基础环境。每百人国际互联网用户数表明一个国家中每百人使用电脑或者手机登录互联网的用户数，每百人移动电话用户数表明了一个地区中使用移动电话的人数，这两个指标旨在评估一个地区的互联网发展水平，从而也从侧面反映一国或地区的居民的数字技术运用能力。数字普惠金融指数指的是"中国数字普惠金融指数"，包括了数字普惠金融发展的广度、深度，反映一个地区的数字经济创新水平。因此，本课题在研究生态位中对数字经济发展产生影响的基础环境层面，选择每百人国际互联网用户数、每百人移动电话用户数、数字金融普惠指数三个指标作为代表进行测度，以了解数字经济在发展过程中受到来自社会环境中的互联网发展及数字普惠金融因素的影响的程度。

综合"普惠金融"和"数字金融"的概念，结合我国数字普惠金融最早由非银行金融科技企业引领并得益于互联网推广普及的事实，本书将数字普惠金融定义为，运用互联网、大数据等数字技术手段，为社会各阶层和群体提供普遍泛在、适当、有效金融服务的新型金融业务模式。从功能属性上看，提高金融服务可得性，让金融惠及更多长尾群体是数字普惠金融发展的核心目标；从技术属性上看，互联网、大数据等数字技术运用是数字普惠金融的鲜明特征；从业务属性上看，数字普惠金融是一种新型金融业务模式，金融创新是数字普惠金融发展的基因；从提供方上看，数字普惠金融的运营主体既包括商业银行等传统金融机构，也包括互联网企业等原本不提供金融服务的科技企业；从需求方上看，数字普惠金融的服务对象可以涵盖社会所有阶层和群体，但小微企业、低收入者等长尾群体是其重点支持对象。

关于数字普惠金融发展水平的度量，现有相关研究文献使用最多的是北京大学数字普惠金融指数。该指数由北京大学数字金融研究中心和蚂蚁科技集团联合课题组利用蚂蚁金服的底层数据编制而成。该指数包括数字普惠金融总指数和覆盖广度、使用深度、数字化程度 3 个分指数，总指数由 3 个分指数分别按 54%、29.7%、16.3% 的权重加权合成；使用深度指数还包含了支付、信贷、保险、信用、投资、货币基金 6 个业务分类指数。该套指数涵盖了我国省、市、县 3 个行政区域级别，覆盖全国 31 个省（自治区、直辖市）、337 个地级以上城市（地区、自治州、盟等）、近 2 800 个县域（县级市、旗、市辖区等）。目前，省级和城市级指数的时间跨度为 2011～2020 年，县域指数的时间跨度为 2014～2020 年。编制该指数使用了 33 个指标，根据指数编制采用的指标体系可知。北京大学数字普惠金融指数较好地代表了面向小微企业、居民等长尾普惠群体的数字普惠金融发展水平。

本书研究的"数字普惠金融"主要指互联网企业提供的数字金融服务，即狭义上的数字普惠金融。因此在后续实证研究中，使用北京大学数字普惠金融指数来代表地区层面的数字普惠金融发展水平。由于互联网企业等非银行类金融科技企业较早探索金融科技及其应用，成为数字普惠金融发展的先锋者，而商业银行等金融机构在非银行类金融科技企业从事数字金融业务的倒逼下，才开始转型和跟进金融科技领域。因此，研究互联网企业的数字普惠金融业务的价值效应显然具有重要意义。同时也应认识到，互联网企业和商业银行的数字普惠金融是相互关联的，互联网企业提供的数字普惠金融产生和发展于一定的金融环境中，并通过助贷、联合贷等业务模式与商业银行的数字普惠金融联系在一起。从理论上看，互联网企业和商业银行的数字普惠金融对经济社会发展的影响在本质上没有区别，以互联网企业的数字普惠金融作为研究对象，得到的关于数字普惠金融价值效应的研究结论具有普遍适用性。

（3）生态位"势"层面：工业应用

从企业微观层面上看，工业应用是数字经济相关技术、数字人才、数字工具的普及情况，反映数字经济区域竞争能力。本研究选取信息传输、计算机服务和软件业从业人员、人均电信业务量和数字经济专利申请量 3 个指标作为反映有利于数字经济发展的工业应用情况的测度要素。信息传输、计算机服务和软件业从业人员占比反映了社会中宏观数字技术行业就业人数占比，反映了一个地区的数字人才资源和规模。人均电信业务量指的是利用货币形式表示的电信企业为社会提供的人均电信服务量，反映一个地区的信息化水平。数字经济专利申请量指的是与数字经济领域相关的专利申请量占比，数字经济专利申请量细分领域中又以数字产品制造业专利申请数量最多，反映出我国社会经济各领域的数字技术创新力。数字技术创新力是数字经济发展的重要动力。因此，本研究选取这 3 个测度因素作为评估工业应用领域中数字经济发展的竞争力水平。

2. 数据来源

本研究选取我国珠三角地区中广州、深圳、珠海、东莞、中山、江门、肇庆和惠州 9 个城市的数据为研究样本，测算区域间数字经济发展水平。测算数据主要来源于《中国统计年鉴》《中国工业统计年鉴》《中国城市统计年鉴》《中国数字经济发展白皮书》以及各城市的统计局、工业和信息化局网站等，对于数字金融普惠水平数据则来自北京大学数字金融研究中心所撰写的《北京大学数字普惠金融指数》（2011～2020年）。在缺失值处理方面，本研究选择线性插值法对缺失值进行补齐。

四、数字经济测度结果分析

（一）珠三角地区各区域生态位适宜度分析

根据上文中所提及的熵值法计算得出各变量指标的权重，如表 6-2 所示，其中工业运用与工业效益两个维度占比较高，分别为 39.10% 和 37.55%，其次为基础环境占比 23.36%，在各具体指标中，又以数字经济专利申请量变量的占比最高，接近 20%。每百人国际互联网用户数变量占比最低为3%，这说明数字经济珠三角地区中数字经济综合水平评价的生态位红"势"对其影响是较大的，各个区域对于推动数字经济发展各方面具有较强的竞争力属性。

表6-2   指标权重分布

维度	指标名称	权重（%）
基础环境 23.36%	每百人国际互联网用户数	3.115
	每百人移动电话用户数	12.949
	数字普惠金融指数	10.224
工业运用 39.10%	信息传输、计算机服务和软件业从业人员占比	9.66
	人均电信业务总量（万元/人）	7.291
	数字经济专利申请量	19.216
工业效益 37.55%	规模以上工业总产值当年价（万元）	9.748
	规模以上工业产品销售收入（万元）	15.463
	规模以上工业利润总额（万元）	12.334

将9个生态因子变量标准化，根据上文中的公式（6-3）计算出珠三角地区生态位模型的参数 $\varepsilon = 0.7468$。其次通过表6-2中熵值法估算得出各生态因子的权重，利用估算得到的模型参数 ε 和计算所得到的生态因子权重 W_j，代入公式（6-2）中，分别计算出珠三角地区各区域2011~2020年数字经济综合水平的生态位适宜度 S_i，其数值与排名如表6-3所示。

表6-3   珠三角地区数字经济综合水平生态位适宜度及排名

生态位 适宜度	2011年	2012年	2013年	2014年	2015年	2016年	2017年	2018年	2019年	2020年	均值	排名
深圳	0.547	0.563	0.590	0.603	0.598	0.624	0.663	0.711	0.780	0.837	0.652	1
广州	0.483	0.485	0.506	0.512	0.521	0.544	0.576	0.625	0.628	0.670	0.555	2

续表

生态位适宜度	2011年	2012年	2013年	2014年	2015年	2016年	2017年	2018年	2019年	2020年	均值	排名
佛山	0.476	0.484	0.490	0.500	0.508	0.518	0.533	0.545	0.571	0.596	0.522	3
东莞	0.491	0.498	0.504	0.502	0.509	0.514	0.537	0.546	0.557	0.580	0.524	4
珠海	0.447	0.449	0.458	0.466	0.474	0.485	0.499	0.501	0.540	0.506	0.482	5
中山	0.452	0.453	0.455	0.459	0.465	0.462	0.465	0.467	0.468	0.470	0.462	6
惠州	0.436	0.440	0.445	0.447	0.450	0.453	0.457	0.457	0.459	0.462	0.451	7
肇庆	0.433	0.444	0.438	0.439	0.440	0.440	0.444	0.445	0.513	0.446	0.448	8
江门	0.436	0.435	0.438	0.443	0.445	0.449	0.449	0.452	0.451	0.453	0.445	9

根据以上数据统计分析结果，我们可以明显观察出珠三角地区数字经济综合水平适宜度存在一定的差距。由表6-3可知，深圳、广州、佛山和东莞经济较为发达的地区数字经济综合水平生态位适宜度测算值大于0.50，表明当前经济社会环境有利于数字经济的发展，其中深圳的数字经济综合水平生态位适宜度居于首位，在珠三角内具有明显的领先优势。其余珠海、中山、惠州、肇庆和江门5个城市数字经济综合水平生态位适宜度测算值均位于0.4~0.5，表明处于第二梯队的珠三角地区城市数字经济综合水平生态位适宜度差距较小，并且这部分经济水平较弱的地方在数字化发展的区域环境上还有较大的改善空间。

此外，进一步将各区域数字经济生态位适宜度水平可视化，如图6-5中箱线图所示，可以明显观察出珠三角地区不同区域间生态位适宜度分布的特征。首先，如图所示，深圳、广州、佛山和东莞的箱线图中中位数都大于0.5，表明这4个区域的生态位适宜度总体平均水平是较高的，而珠海、中山、惠州、肇庆和江门的中位数都低于0.5，表明其对于数字经济的发展生态位适宜度还有较大的进步空间。其次，通过观察箱线图中的上下须的长度可以判断，数字经济水平较为落后的中山、惠州、肇庆和江门近 10 年来生态位适宜度都较为稳定在一个区间内，数据较为集中，这也说明这 4 个区域未来需要政府、社会、珠三角内部更加重视与支持；相反，深圳、广州、佛山、东莞和珠海这 5 个区域的数据分布范围较散，这表明这 5 个区域的数字经济发展速度是较快的。最后，图中在肇庆的箱线图上方出现了一个异常值离群点。

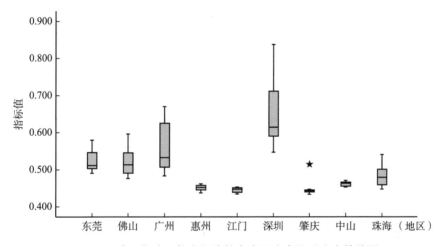

图 6-5　珠三角地区数字经济综合水平生态位适宜度箱线图

　　虽然珠三角地区整体经济表现强劲，但从内部看，各城市的数字经济生态适宜度仍存在差异。以上现象可能的原因为：（1）深圳作为全球著名的科技中心，在人工智能、互联网、数字科技等领域具有显著优势；广州具备产业基础和区位优势。（2）东莞和佛山制造业结构调整持续推进，加上区域位置靠近广深，受其辐射。（3）而肇庆、中山、江门等边缘城市 GDP 增速较慢，城市产业结构相对单一，且受到出口依赖度高、投资水平不足等问题的困扰。总体而言，珠三角地区内的各区域数字经济综合水平生态位适宜度在数值还存在较为显著的差距，在发展速度上也各不相同，呈现出阶梯形的趋势，这也启示我们珠三角地区的数字经济综合水平生态位适宜度还有待进一步区域协调化、规模扩大化。

进化动量指的是某地区生态位适宜度的进化空间，一般情况下与生态位适宜度呈现出对称相反的态势。如表6-4所示，进化动量测算值较高的是肇庆、江门、惠州和中山，测算值均在0.9以上，这表明这4个区域推动数字经济综合水平发展的整体环境上具有较大的提升改进空间。其次是珠海、佛山和东莞，其进化动量测算值属于次高的水平，这表明这3个地区在推动数字经济发展的生态位上具有一定的基础条件，但是仍然具有较大的提升和改进空间，应在现有水平的基础上进一步寻求发展。最后为广州和深圳进化动量的测算值较低，这表明这两个区域对于促进数字经济综合水平的发展已具备一定成熟的条件，数字经济发展具有一定基础。

表6-4　　　　　珠三角地区数字经济综合水平进化动量及排名

进化动量	2011年	2012年	2013年	2014年	2015年	2016年	2017年	2018年	2019年	2020年	均值	排名
肇庆	0.990	0.966	0.970	0.965	0.960	0.958	0.947	0.943	0.884	0.941	0.952	1
江门	0.981	0.979	0.966	0.954	0.947	0.936	0.935	0.929	0.931	0.926	0.948	2
惠州	0.980	0.967	0.951	0.945	0.936	0.928	0.918	0.917	0.913	0.908	0.936	3
中山	0.944	0.936	0.927	0.918	0.904	0.908	0.900	0.895	0.892	0.889	0.911	4
珠海	0.957	0.945	0.922	0.906	0.889	0.870	0.847	0.843	0.806	0.833	0.882	5
东莞	0.886	0.869	0.857	0.854	0.839	0.826	0.789	0.782	0.770	0.752	0.822	6
佛山	0.906	0.887	0.873	0.859	0.846	0.834	0.813	0.798	0.776	0.762	0.835	7
广州	0.895	0.883	0.843	0.834	0.818	0.789	0.750	0.701	0.700	0.669	0.788	8
深圳	0.796	0.765	0.721	0.700	0.703	0.673	0.637	0.585	0.542	0.504	0.663	9

数字经济生态位适宜度越低的区域代表其具有更大的发展空间、付出更多的努力。主要原因为：（1）深圳和广州相较而言数字经济

基础厚实，整体生态位适宜度较为成熟。（2）珠三角其余7个城市，发展数字经济的生态位适宜度较低，数字经济发展基础设施条件不成熟。但总体来看，9个区域推动数字经济发展生态位适宜度的进化动量均大于0.5，表明珠三角地区未来需要以更大的力度、更长远的眼光积极推动珠三角地区的数字经济综合水平的提高。

（二）珠三角地区层面数字经济发展水平分析

如图6-6所示，展示了2011～2020年珠三角地区整体生态领域内 i 个区域的 j 个生态因子综合计算而得到的数字经济发展水平变化趋势。珠三角地区数字经济综合水平指数整体上从2011年的0.139增长到2020年的0.330（以2020年为基准进行标准化），增长幅度高于50%，年平均增长率高于10%，总体上呈现逐年上升的趋势，且增长速度保持较为平稳，说明国家对于珠三角地区数字经济的发展一直处于积极鼓励支持的态度，珠三角地区内部也重视数字经济的长远持续性发展，积极构建良好的发展环境，在促进数字经济发展方面取得了较为显著的成效。

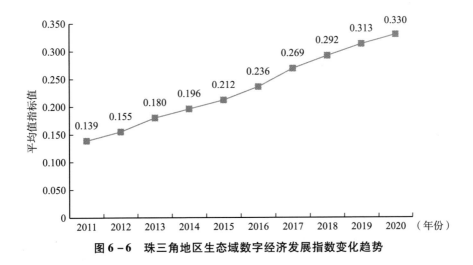

图6-6　珠三角地区生态域数字经济发展指数变化趋势

　　珠三角地区涵盖范围广，地区发展不均衡是该地区的基本情况。地方政府也会根据不同地区的经济发展特性及地理位置特性先后实施差异化发展战略。为了更好地解释珠三角地区数字经济综合水平在区域内不同生态位的差异特性，依据各区域综合发展水平差异，本研究进一步将珠三角地区中位于珠三角的 9 个城市划分为核心城市（包括广州和深圳）与非核心城市（包括东莞、中山、江门、肇庆、佛山、珠海和惠州 7 个城市）两大生态区域的数字经济发展综合水平指数。如图 6 - 7 所示，可以明显观察出核心城市与非核心城市间存在的地区差异性，核心城市生态区域数字经济综合发展水平指数显著优于非核心城市生态区域，且可以观察到两区域的综合水平指数线从 2011 年开始存在 0.2156 的差距，发展到 2019 年差异扩大到 0.4561。随着时间的推进，地区间的差异逐渐扩大。主要原因是珠三角地区数字经济仍存在跨区域协作机制有待完善、缺少数字经济发展的统筹规划、跨境数据流动障碍等瓶颈问题，体现在核心城市数字经济基础设施较为完善，数字化企业数量也具有显著优势，数字技术创新活力高，政府扶持力度大，形成了推动其数字经济发展的强大推动力。而非核心城市主要承接核心城市的淘汰的第三产业，数字基础设施相较而言不够完善，对数字企业和数字人才的吸引力也不足，导致数字经济的发展在珠三角地区还较为落后。比如，东莞、佛山等城市面临高端人才持续外流，数字经济人才密度仅为广州、深圳的1/3，珠海、中山、江门等地区仍以家电、建材等传统制造业主导，规模以上工业企业数字化转型率和数字经济增加值占比相较于广深两地较低，惠州、肇庆等城市缺乏龙头企业牵引，未能形成完整的数字产业链，非核心城市关键数字技术对外依存度高，数字经济领域研发投入强度不足广深均值的一半。这也表明不同地区不同生态区域内可能存在数字鸿沟现象，国家所倡导的先进协助后进、区域协同发展的良好局面的形成还需要一段时间，所以推动非核心城市群加快数字经济发展，尽可能弥补地区之间的数字差异，以更好地赋能珠三角地区先进制造业城市群的建设。

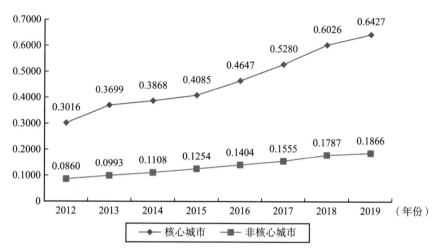

图6-7　珠三角地区城市群核心城市与非核心数字经济发展综合水平指数

（三）珠三角地区各区域数字经济发展水平对比

基于生态位熵值法计算出2011～2020年珠三角地区共9个城市的数字经济发展水平指数，并根据各城市均值进行排序，由表6-5可以看到，深圳数字经济综合水平指数遥遥领先，多年来始终高于其他城市位居第一，均值高达0.5409。其次为广州，广州的数字经济增长水平快，虽与深圳相比具有一定距离但仍处于发展水平及速度较高的区域，均值为0.3448。再次为佛山、东莞、珠海和中山四个城市，靠近深圳和广州，数据经济水平指数在0.1～0.3，差距较小，最后为肇庆、惠州和江门，这三个城市的数字经济发展水平较为落后，均值均小于0.1，其中排名最后的是江门，其均值水平与排名首位的深圳相比差距达0.5。由表6-5来看，可以明显地观察到各城市2011～2020年数字经济的发展均呈现出向上发展的趋势，整体而言各城市都在积极鼓励与推进数字经济领域的发展，各区域呈现出持续向好的态势。此外，2011～2020年中各区域数字经济综合水平指数分布于0.7673～0.0189，最大值与最小值间隔差距达0.7484，这表明珠三角地区中各区域数字经济发展综合水平两极化部分较为显著，区域内部数字经济综合水平梯度差异化明显。深圳看作第一梯度，整体而言水平最高，规模最大；其次为广州、佛山、东莞，可以看作是第二梯度，数字经济水平达到一定规模但与核心城市深圳和广州比还是具有一定差距；最后是中山、珠海、惠州、肇庆和江门，可以明显看出其处于第三梯度，不仅地理位置边缘，数字经济基础设施还不够完善。因此，这也体现出珠三角地区内城市群区域间的协调发展机制有待进一步加强与完善。

表 6 – 5　　　　　　　　珠三角地区各城市数字经济综合水平指数

地区	2011年	2012年	2013年	2014年	2015年	2016年	2017年	2018年	2019年	2020年	均值	排名
深圳	0.384	0.420	0.497	0.515	0.538	0.592	0.645	0.718	0.788	0.842	0.594	1
广州	0.210	0.217	0.285	0.301	0.321	0.379	0.445	0.526	0.530	0.589	0.380	2
佛山	0.183	0.210	0.226	0.252	0.274	0.297	0.333	0.360	0.399	0.428	0.296	3
东莞	0.201	0.222	0.232	0.239	0.263	0.293	0.360	0.371	0.395	0.437	0.301	4
珠海	0.078	0.087	0.119	0.144	0.168	0.199	0.240	0.238	0.293	0.250	0.182	5
中山	0.101	0.104	0.108	0.123	0.142	0.138	0.146	0.149	0.150	0.155	0.132	6
肇庆	0.023	0.061	0.045	0.050	0.047	0.043	0.065	0.071	0.067	0.062	0.054	7
惠州	0.036	0.049	0.069	0.077	0.088	0.099	0.111	0.108	0.112	0.120	0.087	8
江门	0.034	0.028	0.040	0.060	0.066	0.084	0.079	0.087	0.080	0.087	0.064	9

注：基于前文数字经济发展指标体系计算得出。

1. 珠三角地区数字经济综合水平指数空间差异分析

为了直观展示出珠三角地区中数字经济综合水平指数的地区差异，需要对城市群内各区域作对比分析。本研究选用系统聚类对上文中9个区域数字经济综合水平指数进行分类，利用SPSS

26.0 软件作数据分析从而得到聚类结果。系统聚类也称为层次聚类或分层聚类，不仅可以对变量进行聚类，而且能对个案进行聚类（见表6-6）。其原理主要是将变量划分为多个种类，然后通过计算得出距离相近或者性质相似的两个种类，再从多个种类中寻找最接近的两类合并为一类。该聚类方法不仅适用于连续变量，同样也适用于分类变量。因此，该方法适用于本研究中的区域数字经济水平归类分析。

表6-6　　　　　　　珠三角地区数字经济综合水平指数聚类情况

类别	地区	数量
高	深圳	1
中等	广州、东莞、佛山	3
低	珠海、中山、肇庆、惠州、江门	5

如在本研究中，将生态位中 m 个区域 2011～2020 年数字经济综合水平指数进行聚类，根据发展水平相近或发展阶段趋势相近的区域归为一类。如图6-8所示，珠三角地区（除港澳外）的数字经济综合水平指数聚类谱系图中可以看到，9 个城市中可以分为三个等级，这也是与前文中的分析对各城市梯度分析结果也是相一致的。如图6-9所示，高等级的仅有深圳这一城市，其次为数字经济发展水平中等等级，包括广州、东莞、佛山 3 个城市，其中第二等级中又以广州表现最佳，最后为数字经济发展水平较低的珠海、中山、肇庆、惠州和江门 5 个城市，其中第三等级中又以珠海城市表现最佳，而肇庆、惠州和江门相对而言数字经济发展水平较低，3 个层级中划分界限是较为明显的。

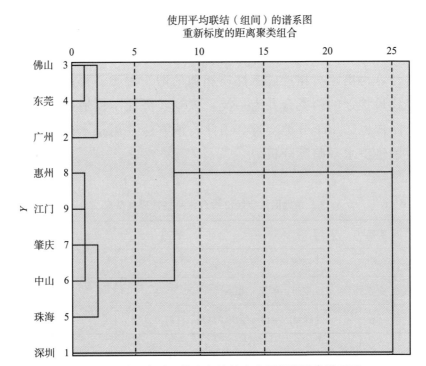

图 6-8 珠三角地区数字经济综合水平指数聚类谱系图

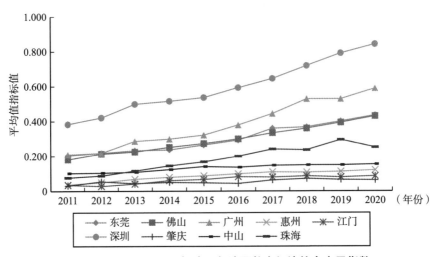

图 6-9 2011~2020 年珠三角地区数字经济综合水平指数

2. 珠三角地区数字经济综合水平指数时间序列分析

根据图6-9可知，各地区的数字经济发展整体而言呈现向上发展的态势，尤其是深圳、广州、佛山等数字经济综合水平指数较高的区域，发展速度也较快，相较而言，数字经济发展较为落后的中山、肇庆和惠州等，发展速度较慢，但整体而言呈现出稳中有升的趋势，并且随着时间的推移，存在与第一、第二梯队的差距日益扩大的趋势。

处于第一梯队的深圳与广州不仅是大湾区更是我国数字经济的先行者，尤其是深圳，无论是数字经济还是经济增长，历年来整体水平都保持在高位。一方面是由于其在科技创新层面较为重视，数字技术创新活力高，数字基础设施较为完善；另一方面是由于其深厚的技术产业基础和自由的创造氛围吸引了大量技术人才前往。但由于核心技术的不足差距仍然存在，相关的高级产业研究实验室数量较少，如何进一步保持与提高数字经济发展，实现经济高质量发展是当前深圳面临的一大挑战。广州近年来也在不断尝试将数字技术与传统制造业相结合，包括琶洲的数字产业园区和南沙港的快速数字化转型。因此，广州的数字经济发展水平一直处于稳中有升的态势。第二梯队的东莞、佛山、珠海在过去均是以传统制造业与服务业为主，具有深厚的产业基础，因此其经济增长整体上保持稳中有升的趋势，但数字经济发展水平有待提高，企业的数字化转型仍需一定时期，产业数字化是当前面临的最关键的挑战。对于第三梯队的中山、江门、肇庆、惠州，经济发展缺乏动力，数字经济的发展面临着技术与人才两大挑战，数字基础设施的缺乏使其未能跟上数字经济发展步伐。

（四）珠三角地区与其他城市群数字经济发展时序特征对比

除了关注珠三角地区区域内的各城市的生态位，还要将目光放眼到全国，关注珠三角地区在国家多个城市群中的生态位情况。国务院、国家发展和改革委员会以及各省（自治区、直辖市）级政府批复印发的十九大城市群发展规划文件中，提到近年来我国正着重建设的 5 个国家级城市群：长江中游城市群、京津冀城市群、长江三角洲城市群、珠三角地区城市群以及成渝城市群。因此本书在对珠三角地区数字经济水平测度的同时，将其与另外 4 个城市群数字经济发展水平作对比分析，以更为宏观的角度分析珠三角地区的数字经济发展水平。

其中，各城市群的城市数量较大，为确保研究区域城市群之间的可比性与数据的获得性，选择以地级市及以上的城市为研究单元，某些城市由于数据的缺失，将其排除在测算的范围外，各城市群的选取的样本如表 6 - 7 所示。

表 6 - 7　　　　　　　我国 5 个重点建设城市群所选城市样本

城市群	所选城市样本
珠三角地区	广州、深圳、东莞、中山、肇庆、佛山、江门、惠州、珠海
长江中游城市群 *	武汉、黄石、鄂州、黄冈、孝感、咸宁、宜昌、荆州、荆门、长沙、株洲、湘潭、岳阳、益阳、常德、娄底、南昌、九江、景德镇、鹰潭、新余、宜春、萍乡、上饶、抚州和吉安
京津冀城市群	北京、天津、石家庄、唐山、秦皇岛、保定、沧州、廊坊
长江三角洲城市群	上海、南京、无锡、常州、苏州、南通、盐城、镇江、泰州、杭州、宁波、嘉兴、湖州、绍兴、金华、舟山、台州、合肥、芜湖、马鞍山、铜陵、安庆、滁州、池州、宣城
成渝城市群	重庆、成都、自贡、泸州、德阳、绵阳、遂宁、内江、乐山、南充、眉山、宜宾、广安、达州、资阳

注：* 因数据缺失不包含仙桃、潜江、天门和襄阳。

从总体时序特征来看，我国五大城市群数字经济在 2011～2020年不断朝着更高的水平提升。如表 6 - 8 所示，首先是珠三角地区数字经济综合评价水平增速最快，增长幅度最为显著，平均年增速达到

12%，珠三角地区数字经济综合水平一直保持领先位置。未来随着珠三角地区城市群的进一步建设，预测未来珠三角地区数字经济综合水平指数会继续以高速增长的趋势发展。其次为长江三角洲城市群，其以上海、南京为核心城市，该城市群内部的数字经济增长相较于其他城市群而言，同样处于较高的水平位置，2011～2020年处于稳中有升的态势，整体而言数字经济综合水平指数位于0.2以上，且一直保持着该水平的数字经济发展规模，但目前长江三角洲城市群数字经济的发展存在区域发展不平衡，数字经济发展水平在不同地区和行业之间存在差异。此外，数字经济发展面临着技术不断更新和迭代的挑战，需要不断提升数字技术创新能力。还有数字经济发展也面临着安全和隐私保护等方面的挑战，因此增速并不快，未来有待进一步提升。再次，数字经济综合水平指数位处第三的为京津冀城市群，该城市群的核心城市是北京和天津，且北京为我国的首都和政治中心，2011～2020年发展过程中，其增速是除珠三角地区外较为明显的城市群，从早期的0.1逐渐提高到0.2水平线上，京津冀城市群内部以都市圈为中心的经济发展模式，已经逐步成为区域发展的主流。近年来，规划的不断完善，其呈现出不断上升发展的态势。最后为长江中游城市群和成渝城市群，分别以武汉、长沙和成都、重庆为核心城市，但均是处于内陆地区的城市群，其数字经济综合水平指数发展规模及增速几乎相一致，且数字经济综合水平指数一直维持在0.1的水平线上，多年来呈现稳中有升的发展趋势。其中成渝经济圈政府曾发布《川渝数字经济共同迈入全国一流方阵》，从基础设施、应用场景、创新生态等维度深度呈现了川渝数字经济发展成果，总结提炼川渝两地推动数字经济发展的重要举措，传递来自政界、学界、业界等各方的观点及思路，以尽力打造中国中西部的数字经济高地。此外，长江中游城市群的数字经济发展一直紧跟着长江三角洲城市群的发展脚步，多年来不断摸索内陆城市群数字经济发展的渠道，但是长江中游城市群与成渝城市群均在上升为国家战略层面重点发展城市群的进程中相对滞后，地区范围跨度大，区域间协调发展存在许多挑战，因此，其数字经济综合水平指数相对而言处于较为落后的位置。

表6-8　　2011~2020年五大城市群数字经济综合水平指数均值及排名

五大城市群	2011年	2012年	2013年	2014年	2015年	2016年	2017年	2018年	2019年	2020年	均值	排名
珠三角城市群	0.139	0.155	0.180	0.196	0.212	0.236	0.269	0.292	0.313	0.330	0.232	1
长江三角洲	0.132	0.150	0.178	0.189	0.204	0.221	0.244	0.263	0.273	0.295	0.215	2
京津冀城市群	0.101	0.133	0.154	0.174	0.192	0.206	0.219	0.220	0.236	0.249	0.188	3
长江中游城市群	0.051	0.067	0.083	0.093	0.106	0.122	0.139	0.156	0.173	0.190	0.118	4
成渝城市群	0.052	0.070	0.077	0.088	0.104	0.119	0.143	0.153	0.159	0.182	0.115	5

从图6-10五大城市群数字经济综合水平时序特征来看，我国五大国家级城市群数字经济综合指数呈现出由东南沿海向中西部内陆城市递减的态势，长江三角洲城市群和珠三角地区具备明显的领先优势。如表6-8所示，按照数字经济综合水平指数均值分类，长江三角洲城市群与珠三角地区城市群处于第一梯队，京津冀城市群处于第二梯队，长江中游城市群和成渝城市群处于第三梯队。除珠三角地区2015年后稳居第一，长江三角洲城市群退居第二外，城市群的排名基本固定，呈现出明显的梯度特征，且随着时间的推进，第一梯队的城市群与其他城市群的差距逐渐拉大，出现了明显的断层。这表明城市群之间的数字鸿沟现象仍然存在，不同城市群的生态位特征有所差

距，应根据自身的基础水平与区域特征进一步找到自身的优势，实现
数字经济的持续、稳步式发展。

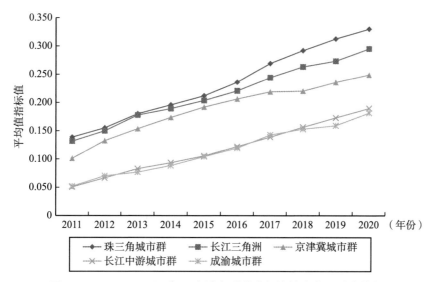

图 6 - 10 2011 ~ 2020 年五大城市群数字经济综合水平时序特征

呈现这种特征主要原因为：（1）长江三角洲数字经济成绩斐然，
但缺乏增强城市群内部欠发达区域高质量发展动能，城市之间数字经
济发展不平衡，当前正积极探索省域发达地区和欠发达地区优势互补
协作新路径；（2）京津冀城市群基于丰富的数字资源、人才资源、
开放资源和政策资源，是我国数字经济发展的高地，未来随着三地协
同夯实数字经济底座，数字经济有待进一步发展；（3）长江中游城
市群和成渝城市群均处于内陆地区，在上升为国家战略层面重点发展
城市群的进程中相对滞后，地区范围跨度大，因此其数字经济综合水
平指数相对而言处于较为落后的水平。未来，不同城市群应基于生态
位差异化特征，根据自身的基础水平与区域特征进一步发挥自身优
势，实现数字经济的持续、稳步式发展。

五、小结

总体而言，珠三角地区数字经济基础雄厚，数字经济综合水平指数发展速度快，总体规模最大，近年来遥遥领先于国内各大城市群，是国内数字经济最活跃的城市群。尤其珠三角地区9市是核心引擎，珠三角地区制造业规模大、水平高，在对广东数字经济核心领域的58 039家优质企业的调研中发现，深圳的优质企业最多，有27 598家，占总数的47.5%。其次是广州，优质企业15 740家，占总数的27.1%，且产业数字化步伐快，其中战略性产业中的智能网联汽车、智能机器人、新一代电子信息、软件与信息技术服务业四大产业赛道兼具行业发展前景和科技创新实力，是珠三角数字经济未来发展最具潜力价值，且值得重点关注的领域[①]。但将目光对标世界三大国际级湾区，珠三角地区的发展尚存在较大的差距，数字湾区的障碍在于跨境数据的流通，粤港两地在数据资源的确权、交易、流动等方面机制和渠道不畅通，跨境数据资源交易规则不明朗。当然，这是每一个城市群在早期发展都会遇到的障碍与挑战，最重要的是找到自身的生态位，即珠三角地区应根据自身的特色及独特的优势，实施特色发展战略路径，不断推进科技与产业深度融合，协调各地同步发展，珠三角地区与港澳两地共建共享数字经济生态系统，最大化提高利用资源效率。

---

① 资料来源：《数据湾区、智汇未来——珠三角地区数字经济发展报告2023》。

第七章

数字经济对先进制造业集群的影响机制

一、引言

数字经济是以数据要素、数字技术、数字基建、数字治理促进经济增长与升级优化的一种新增长经济业态。作为经济发展的新引擎，数字经济已经逐步渗透到经济发展的每个环节，不仅促进了经济的增长，也加速了经济产业结构的升级与优化。当前我国经济已经进入从快速增长到高质量增长阶段，更应把握住数字经济增长带来的机遇与红利，加快促进我国经济增长过程中的产业结构优化与升级，推进我国经济高质量发展格局。

党的二十大报告提出，要求加快发展数字经济，促进数字经济与实体经济的深度融合，打造一批具有国际竞争力的产业集群，加快我国数字化转型发展，为我国发展为数字化强国做好准备。

2023 年 8 月，工业和信息化部电子第五研究所发布的《中国数字经济发展指数报告（2023）》显示，2022 年数字经济规模达到50.2 万亿元，同比增长 10.3%，并连续 11 年显著高于同期 GDP 增速，数字经济占我国 GDP 比重已经高达 41.5%。

在经济高速发展向高质量发展的大背景下，数字经济发展推动了产权确立，生产要素、企业转型、经济增长引擎等领域的实质性变革，已经逐步成为与传统生产要素相比肩的重要经济增长要素。相较于传统经济，数字经济是以数据为关键生产要素，更强调当代互联网信息网络与数字化技术的应用。并且，作为我国经济增长过程中最具活力的一个部门，数字经济正加速与社会经济不同领域的深度融合，并在生产、消费、投资与就业等传统经济部门中发挥着越来越重要的作用。数字经济正成为我国经济高质量发展的重要引擎与动力。

先进制造业是一国经济的命脉所在，数字经济是新一轮科技革命和产业变革的前沿阵地。2023年召开的中共中央政治局会议分析研究当前经济形势和经济工作，提出"要推动数字经济与先进制造业、现代服务业深度融合，促进人工智能安全发展"。正确认识数字经济和先进制造业深度融合的重要意义，把握好主攻方向和重要突破口，是加快建设经济强省、确保珠三角经济高质量，奋力谱写中国式现代化建设珠三角高质量发展的必然要求。

推动数字经济与先进制造业深度融合是推进中国式现代化的必由之路。党的二十大报告提出，到2035年基本实现新型工业化、信息化、城镇化、农业现代化。新型工业化不同于传统工业化的一个主要特征，就是通过数字技术的集成创新促使要素全域连接和全面贯通，打破原有的封闭生产体系，加快制造体系向开放化、平台化、协同化方向转变，推动经济发展动力、模式、机制深刻变革。因此，推动数字经济与先进制造业深度融合，是我国实现新型工业化、信息化目标的关键路径，是推进制造强国、质量强国、网络强国、数字中国建设的重要抓手。对广东省而言，数字经济与先进制造业深度融合将推动制造业质量变革、效率变革、动力变革，增强数字经济核心竞争力，为打造制造强省和数字湾区提供战略支撑。

推动数字经济与先进制造业深度融合是释放经济增长潜力、激活发展新动能的有效途径。做好当前经济工作，需要积极扩大国内需求，把实施扩大内需战略同深化供给侧结构性改革有机结合起来，大力推动产业优化升级，加快培育壮大战略性新兴产业、打造更多支柱产业。推动数字经济与先进制造业深度融合，促使数字经济全面渗透和深刻影响制造业全产业链的各个环节，推动各类资源要素快捷流动、各类业态跨界发展，对培育经济发展新动能、畅通经济循环具有重要作用。推动数字经济与先进制造业深度融合，加快打造一批竞争力强的先进制造业集群，将为经济快速增长注入澎湃动力。从广东省来看，只有推动数字经济与先进制造业深度融合，才能提升广东省制造业在全国产业格局中的竞争力和地位，从而赢得未来区域竞争发展的主动权。

本部分着重对我国各区域 2011～2020 年数字经济发展现状进行分析，探究数字经济是否通过提升外贸开放度、产业高级化、劳动生产率进而促进先进制造业集聚的影响机制，探索数字经济对先进制造业集聚的影响机制既有利于为先进制造业集聚定量研究提供借鉴，也有利于为我国加快构建新发展格局提供新思考，此外，结合我国先进制造业集群发展所面临的现实困境，为促进先进制造业集群发展提出提升外贸开放度、促进产业高级化、提高劳动生产率相关的对策建议。

二、先进制造业集聚测算

主要按照经合组织 OECD 对 R&D 投入强度相对较高的制造行业确定先进制造业，其主要包括药品、医药化学剂和植物药材制造，办公室、会计和计算机机械制造，无线电、电视和通信设备与装置制造，医疗器械、精密仪器和光学仪器制造，飞机和航天器制造 5 类行业[①]。根据我国制造业分类，我国制造业产值分类主要分为以下几类：农副产品加工业、纺织、木材加工、家具制造、造纸及纸制品、石油与煤炭、化工原料、医药、橡胶和塑料、非金属矿物、黑色金属

---

① 具体见附表 5 先进制造业 ISIC 与 SITC 匹配产品分类。

冶炼、通用设备制造、汽车制造、铁路船舶、电器机械、其他制造业。选取家具制造、医药、通用设备制造、汽车制造、铁路船舶、电器机械产值作为先进制造业产值，使用 EG 指数来计算先进制造业集聚。

为全面体现制造业产业集聚，本章使用先进制造业集聚指标测度先进制造业集群：

（1）产业集聚是企业生产率提升一个重要因素。李波和杨先明（2018）研究发现，贸易便利化有利于促进产业集聚程度较高行业企业的生产率进步。本章采用 EG 指数测算产业集聚，埃利森和格雷瑟（Eliision & Glaeser，1997）[①] 提出了新的集聚指数测算产业的空间集聚程度。该指数充分考虑了企业规模、产业组织和区域差异可以跨时间、跨产业进行比较，弥补了既往产业集聚的缺陷（李瑞琴等，2018）。其测算公式为：

$$AMI_{it} = \frac{\sum_{k=1}^{M}(x_{kt} - s_{jkt})^2 - (1 - \sum_{k=1}^{M}x_{kt}^2)H_{it}}{(1 - \sum_{k=1}^{M}x_{kt}^2)(1 - H_{it})} \qquad (7-1)$$

其中，AMI_{it} 表示 $E-G$ 指数，$\sum_{k=1}^{M}(x_{kt} - s_{jkt})^2$ 表示产业空间基尼系数 G_{it}，此系数表明空间区域集聚程度，其中 K 表示不同的区域，M 表明区域的总数；x_{kt} 表示 k 区域 t 时期就业人数比全国总就业人数的比例；s_{ikt} 为 k 区域 t 时期某个产业就业人数比该产业在全国总就业人数的比例。其中 H_{it} 为赫芬达尔指数表明市场规模集聚度。表示产品销售收入占 i 行业总产品销售收入平方和加总。$E-G$ 正负与区域集聚水平和规模集聚水平相关（韩增林等，2017）[②]。

---

① Ellison G & Glaeser E. Geographic Concentration in U. S. Manufacturing Industries：A Dartboard Approach ［J］. Journal of Political Economy，1997（105）：889 – 927.

② 韩增林，杨文毅，郭建科，等. 环渤海地区临港石化产业集聚水平测度 ［J］. 地理科学，2017（37）：1136 – 1143.

三、模型的设定

（一）变量选择

1. 被解释变量

先进制造业集聚（AMI_{it}），包括 30 个省份 2011～2020 年先进制造业集聚指数。

2. 解释变量

本章从基础环境、工业应用情况和应用效益三个维度，共选取 9 个评价指标来构建数字经济发展水平指标体系，具体指标选择如第六章表 6-2 所示。

3. 调节变量

本章以贸易开放度、劳动生产率、产业结构高级化作为模型调节变量。

（1）贸易开放度（trad）。随着贸易开放水平提升，会让更多的外资和先进技术得以涌入国内，为制造业带来了丰富的资源和创新动力。这不仅推动了制造业的技术升级和产业升级，还吸引了大量的相关企业和产业链上下游企业聚集，形成了制造业集群。这种集聚效应进一步提升了制造业的生产效率和竞争力，为经济发展注入了强劲的动力。因此，贸易开放是制造业集聚发展的重要推动力量。本章采用进出口总额占 GDP 的比重来度量贸易开放度指标，使用历年平均汇率将美元换算成人民币。

（2）劳动生产率（lab）。高效的生产能力意味着更低的成本和更高的产出，吸引了寻求竞争优势的先进制造企业。这些企业聚集在一起，共享资源、技术和市场信息，形成协同效应，进一步推动技术创新和产业升级。因此，劳动生产率的提升成为先进制造业集聚的重要驱动力。本章采用工业增加值与制造业平均用工人数的比值来度量劳动生产率指标。

（3）产业结构高级化（isl）。随着传统产业的转型升级和高技术产业的快速发展，地区产业生态变得更加有利于先进制造业的成长。这种结构变化吸引了高端制造企业和研发机构，促进了产业链上下游企业的紧密合作，形成了先进制造业集群，提升了整体产业的竞争力和创新能力。制造业产值占比提高，能够更好地促进先进制造业上下游价值链的延伸与拓展，有助于先进制造业的集聚。本章第三产业增加值占 GDP 比重/第二产业增加值占 GDP 比重代理产业结构高级化指标。

4. 其他控制变量

除了数字经济外，先进制造业集聚也会受到其他变量不同程度的影响。本章基础回归中控制了下列省份特征变量，尽可能地减少遗漏变量偏误。

（1）科研投入占比（sci）。地区科研投入水平能在一定程度上反映科技水平，以及政府对科技创新发展的重视程度，能推动制造业生产，采用地方政府科学技术支出与一般财政支出比例来表示科研占比。

（2）教育投入占比（edu）。地区教育投入水平能在一定程度上反映教育水平，以及政府对教育发展的重视程度，能推动制造业生产，采用地方政府教育支出与一般财政支出比例来表示科研占比。

（3）地区创新水平（ui）。创新能力与制造业生产效率息息相关，选择国内发明专利申请授权数量（$ui1$）、规模以上工业企业 RD 人员（$ui2$）、规模以上工业企业 RD 经费（$ui3$）。

（4）地区经济发展水平（$pcgdp$）。经济发展能够促进产业集聚，有利于制造业高质量发展，以各区域人均 GDP 度量经济发展水平。

（5）人才潜力（sch）。高校毕业人数在一定程度上反映区域未来人才发展情况，能够推动高新制造业发展与集聚，采用高校毕业人数表示人才潜力。

（6）人工智能水平（au）。人工智能化能完善先进制造业生产设施，促进先进制造业发展，助力制造业高质量发展，采用人工智能企业数量表示人工智能水平。

（7）政府干预程度（gov）。政府干预能够缓解市场失灵，优化产业发展环境，采用地方政府一般财政支出与地区生产总值比例表示政府干预程度。并对城市固定效应（λ_i）和年份固定效应（μ_t）进行控制。

（二）数据来源与描述性统计

本研究数据来源于公共数据库，分别从国家统计局网站、各省份统计年鉴和地方统计局网站匹配模型所需数据。对于数据库中部分省份个别年份数据缺失的问题，本节采用线性插值法补齐。各变量描述性统计特征如表 7 – 1 所示。

（三）模型构建

1. 基础回归模型

为了验证假设 H1，以考察数字经济对城市产业结构升级的作用机制，构建以下基本计量模型

$$Y_{i,t} = \alpha_0 + \alpha_1 Digit_{i,t} + \sum_{i=1}^{n} \alpha_2 Controls_{i,t} + \lambda_i + \mu_t + \varepsilon_{i,t}$$

$$(7-2)$$

其中，i 和 t 分别表示城市和年份；被解释变量产业结构升级 $Y_{i,t}$ 先进制造业集聚；$Controls_{i,t}$ 为一系列控制变量；λ_i 和 μ_t 分别表示城市固定效应和年份固定效应，模型中的 $\varepsilon_{i,t}$ 为随机误差项。若假设 H1 成立，预计 $Digit$ 的回归系数 α_1 大于 0 且显著，即表明数字经济的发展可以促进先进制造业集聚。

2. 调节效应模型

$$Y_{i,t} = \beta_0 + \beta_1 Digit_{i,t} + \beta_2 TFP + \beta_3 Digit \times M$$
$$+ \beta_4 Controls_{i,t} + \mu_i + \eta_t + \varepsilon_{i,t} \qquad (7-3)$$

在模型（7-3）中，交互项 $Digit \times M$ 的估计系数 β_3 为数字经济通过机制变量对先进制造业集聚的影响，如果估计系数为正，则表明外贸开放度、产业高级化、劳动生产率在数字经济与产业结构升级的关系中具有正向的调节作用；反之，则表明外贸开放度、产业高级化、劳动生产率在数字经济与先进制造业集聚的关系中具有反向的调节作用。

四、实证分析

（一）描述性统计

表 7-1 显示了相关变量的描述性分析结果。首先，先进制造业集聚（AMI）的均值为 0.512，最小值为 0.089，最大值达到了 0.895。不同地区的先进制造业集聚情况呈现出显著差异性，这可能是城市间经济发展水平和当地经济政策与自身要素禀赋的不同导致。其次，数字经济（Digit）的均值为 0.376，最小值为 0.060，最大值为 0.823，与现有文献的计算结果基本保持一致，由此推断我国不同省份间的数字经济发展水平存在差异，但总体发展相对均衡。最后，科研投入占比（sci）、教育投入占比（edu）、创新水平（ui）、地区经济发展水平（pcgdp）、人才潜力（sch）、人工智能水平（au）、政府干预程度（gov）等控制变量与现有文献的统计结果相近，未见显著差异。

表 7 – 1　　　　　　　　　　　描述性统计分析

变量	样本数	平均值	标准差	最小值	最大值
AMI	300	0. 512	0. 095	0. 089	0. 895
Digit	300	0. 376	0. 143	0. 060	0. 823
sci	300	0. 020	0. 014	0. 003	0. 067
edu	300	0. 163	0. 026	0. 098	0. 222
*ui*1	300	8. 180	1. 417	4. 248	11. 166
*ui*2	300	0. 195	0. 042	0. 047	0. 372
*ui*2	300	10. 618	1. 372	7. 053	13. 458
*ui*3	300	14. 322	1. 352	10. 964	17. 034
pcgdp	300	10. 791	0. 439	9. 681	12. 008
sch	300	24. 598	14. 980	1. 200	69. 260
au	300	7. 587	1. 228	4. 682	11. 013
gov	300	0. 264	0. 114	0. 119	0. 758

（二）回归分析

表 7 – 2 显示了数字经济对先进制造业集聚的回归结果。表明数字经济对先进制造业集聚的正向促进作用显著，在 1% 水平上显著。

表 7 – 2　　　　　　　　　　基准回归结果

变量	（1） *AMI*	（2） *AMI*	（3） *AMI*
Digit	0. 365 * （2. 245）	0. 535 *** （3. 563）	1. 342 *** （3. 589）
控制变量	No	Yes	Yes
常数项	0. 315 ** （2. 634）	1. 003 ** （2. 866）	0. 867 *** （3. 635）

续表

变量	(1) AMI	(2) AMI	(3) AMI
城市固定效应	控制	不控制	控制
年份固定效应	控制	不控制	控制
调整后 R^2	0.834	0.923	0.953
样本量	300	300	300

注：括号中的值为标准差，*** 、** 、*分别表示在1%、5%和10%的 P 值的显著水平。

（三）内生性与工具变量

为解决解释变量与被解释变量可能存在互为因果、模型存在遗漏变量等内生性问题，本章整理全国各省政府工作报告，对数字经济相关的词语进行词频统计，运用数字经济词频统计量作为模型的工具变量，以数字经济政策供给与数字经济发展水平的相关系数的显著性作为二者匹配程度的划分依据，一定程度上规避了数字经济政策供给与数字经济发展水平之间可能存在的内生性问题。

表 7 - 3 汇报了模型加入工具变量回归后结果，根据结果显示，数字经济对产业结构升级的正向促进作用依然显著，验证了基本回归模型结果。

表 7 - 3　　　　　　　　　　工具变量的估计结果

变量	(4) AMI
Digit	0.526 *** (3.278)
控制变量	Yes
KPF	32.856
城市固定效应	控制

变量	(4) *AMI*
年份固定效应	控制
调整后 R^2	0.856
样本量	300

注：括号中的值为标准差，*** 表示在1%的P值的显著水平。

（四）稳健性检验

1. 替换解释变量

本节采用主成分法测算数字经济水平替代原有的数字经济作为解释变量。结果见表7 - 4第（1）列，相关系数发生明显变化，依然在5%显著水平上显著，说明原假设稳健。

2. 剔除直辖市

为排除区域经济发展不平衡的因素，剔除4个直辖市的数据，在剔除直辖市后，影响系数为1.153，在10%水平上显著，结果并未发生显著变化，说明原假设结果是稳健的。

表7 - 4　　　　　稳健性检验：数字经济与先进制造业集聚

变量	(1) *AMI*	(2) 剔除直辖市
Digit	1.156** (2.264)	1.153* (1.943)
控制变量	Yes	Yes
常数项	0.023 (0.035)	0.205 (0.299)
城市固定效应	控制	控制

续表

变量	（1） AMI	（2） 剔除直辖市
年份固定效应	控制	控制
调整后 R^2	0.8253	0.7265
样本量	300	300

注：括号中的值为标准差，＊＊、＊分别表示在5%和10%的P值的显著水平。

五、机制分析

（一）外贸开放度对数字经济与先进制造业集聚的调节效应检验

表7-5的列（2）分析了外贸开放度（trad）对数字经济与先进制造业集聚关系的调节效应。结果显示：模型加入贸易开放度作为控制变量时，回归系数比基准回归系数更小，加入数字经济与贸易开放度的交互项（Digit×trad）后，数字经济对先进制造业集聚作用效果减弱，说明贸易开放度耗损数字经济对先进制造业集聚的影响，但数字经济与贸易开放度交互项系数显著为正（$\beta_3 = 0.835$，$p < 0.01$），这说明，贸易开放水平高低会影响数字经济对先进制造业集聚的影响程度，数字经济通过提升贸易开放水平加大推进先进制造业集聚程度，由此，本节假设 H2 得到验证。

表7-5　　　　　　　外贸开放度的调节效应检验结果

变量	（1） AMI	（2） AMI
Digit	1.020＊ （1.680）	0.682＊＊＊ （2.810）
trad	0.989 （1.330）	0.724 （0.652）

续表

变量	（1） *AMI*	（2） *AMI*
Digit × trad	—	0. 835 *** （1. 890）
控制变量	YES	YES
常数项	− 0. 626 （− 1. 390）	− 0. 954 * （− 1. 970）
城市固定效应	控制	控制
年份固定效应	控制	控制
调整后 R^2	0. 5238	0. 5389
样本量	300	300

注：括号中的值为标准差，*** 、* 分别表示在1%和10%的 P 值的显著水平。

（二）制造业劳动生产率、产业高级化对数字经济与先进制造业集聚的调节效应检验

为检验研究假设 H3 和假设 H4，即制造业劳动生产率、产业高级化对数字经济与先进制造业集聚的调节效应。表 7 - 6 的列（2）分析了制造业劳动生产率（*lab*）、产业高级化（*isl*）对数字经济与先进制造业集聚关系的调节效应。结果显示：数字经济与制造业劳动生产率的交互项（*Digit × lab*）系数显著为正（$\beta_3 = 0. 689$，$p < 0. 1$）。数字经济与产业高级化的交互项（*Digit × isl*）系数显著为正（$\beta_3 = 0. 523$，$p < 0. 1$）。

表 7 - 6　制造业劳动生产率、产业高级化的调节效应检验结果

变量	（1） *AMI*	（2） *AMI*	（3） *AMI*	（4） *AMI*
Digit	1. 183 *** （2. 890）	0. 867 *** （2. 260）	1. 236 *** （2. 695）	0. 956 （2. 250）

续表

变量	（1） *AMI*	（2） *AMI*	（3） *AMI*	（4） *AMI*
lab	0.736 * （1.268）	0.242 （0.145）	—	—
Digit × *lab*	—	0.689 * （1.528）	—	—
isl	—	—	0.068 *** （2.85）	0.112 （0.156）
Digit × *isl*	—	—	—	0.523 * （1.825）
控制变量	控制	控制	控制	控制
常数项	0.532 （0.460）	0.326 （0.31）	0.356 （0.413）	0.325 （0.213）
城市固定效应	控制	控制	控制	控制
年份固定效应	控制	控制	控制	控制
调整后 R^2	0.342	0.376	0.463	0.489
样本量	300	300	300	300

注：括号中的值为标准差，***、* 分别表示在 1% 和 10% 的 P 值的显著水平。

这说明，劳动生产率高低会影响数字经济对先进制造业集聚的影响程度，数字经济通过提高劳动生产率加大推进先进制造业集聚程度，由此本节假设 H3 得到验证。产业结构高级化水平会影响数字经济对先进制造业集聚的影响程度，数字经济通过提升产业结构高级化水平加大推进先进制造业集聚程度，由此本节假设 H4 得到验证。

六、空间溢出效应分析

在进行空间溢出效应分析之前，首先需要对各省先进制造业集聚之间是否存在空间自相关性进行检验。为此，本节使用 Moran'I 指数法分析了经济 – 地理嵌套距离矩阵 2011～2020 年省份先进制造业集聚的空间效应，给出了各省 2011～2020 年的全局 Moran'I 指数检验结果，如表 7 – 7 所示。

表 7 – 7　　2011～2020 年 30 个省份先进制造业集聚的空间自相关检验

指标	年份	Moran' I 值	Z 值	P 值
先进制造业集聚	2011	0.033	0.636	0.262
	2012	− 0.017	0.138	0.445
	2013	0.003	0.307	0.380
	2014	− 0.019	0.128	0.449
	2015	0.054	0.721	0.236
	2016	0.082	0.957	0.169
	2017	0.155 *	1.553	0.060
	2018	0.120 *	1.572	0.100
	2019	0.117 *	1.300	0.100
	2020	0.128 *	1.340	0.090

注：＊表示在 10% 的 P 值的显著水平。

结果显示，2011～2020 年省份先进制造业集聚的 Moran' I 指数，整体呈现上升趋势；同时，显著性检验中 P 值下降至 0.09，即通过了 10% 统计水平上的显著性检验。

上文已通过空间自相关检验证实了各省份先进制造业集聚存在显著的空间效应，接下来将采用合适的空间计量模型来展开实证研究。在模型选择上，LM 检验的结果，空间误差模型（SEM）和空间滞后模型（SAR）的 P 值都在 1% 置信水平下显著，因此选择空间杜宾模型（SDM）更加合适。对空间杜宾固定效应模型进行 Wald 检验与 LR 检验，Wald 检验的指标值分别在 1% 显著性水平上显著，LR 检验的指标值分别在1%显著性水平上显著，拒绝会退化为空间误差模型（SEM）和空间滞后模型（SAR）的假设。综上所述，选择SDM模型更优。Hausman的检验指标为120.30，在1%显著性水平上通过检验，判断应该选择固定效应。通过检验个体固定效应、时间固定效应和双固定效应，最后应选择双固定效应。为验证数字经济对城市对外贸易高质量发展的空间溢出效应，利用2011~2020年中国30个省份的数据，构建空间杜宾双固定模型（SDM）设定如下：

$$AMI_{it} = \alpha_0 + \rho AMI_{it} + \gamma WDie_{it} + \alpha_1 Die_{it} + \theta WZ_{it} + \alpha_2 Z_{it} + \mu_i + \delta_t + \varepsilon_{it}$$

$$(7-4)$$

其中W为空间权重矩阵，ρ、γ、θ分别为先进制造业集聚、数字经济、其他控制变量与空间权重矩阵的交互项系数，μ_i、δ_t为时间、城市固定效应，ε_{it}为随机干扰项。

为进一步讨论数字经济的直接作用与间接作用的真实结果，本节将数字经济对省份先进制造业集聚的总效应分解为直接效应、间接效应与总效应。

表7-8汇报了空间杜宾面板个体固定效应模型的回归结果，同时将普通面板模型作为参照。

表7-8 数字经济对先进制造业集聚的影响及空间外溢效应

指标	变量	SDM	FE
直接效应	Die	0.971 *** (6.98)	1.180 *** (3.232)
	控制变量	Yes	Yes
间接效应	Die	1.31 *** (6.98)	—
	控制变量	Yes	—
总效应	Die	2.281 *** (6.49)	—

续表

指标	变量	SDM	FE
其他	sigma2_e	0.0011*** (5.76)	—
	Log-likelihood	478.140	—
	时间/地区固定效应	是	是
	样本量	300	300
	R^2	0.545	0.923

注：括号中的值为标准差，*** 表示在1%的P值的显著水平。

从直接效应来看，数字经济对本地先进制造业集聚发展产生了正向影响，且在1%的水平上通过显著性检验，即数字经济水平每提升1%，先进制造业集聚水平就提升0.971%，这与普通panel固定效应模型（FE）的结果相近，表明数字经济显著提高了本地先进制造业集聚发展。从间接效应（外溢效应）来看，数字经济对省份先进制造业集聚的空间溢出系数为1.31，并且在1%的水平上显著为正，同时大于直接效应的1.180。表明数字经济的发展不仅有利于提升本区域先进制造业集聚，而且也可以促进其他省先进制造业集聚。可能是由于先进制造业的集聚的示范作用，借助信息外溢以及先进制造业集群的空间溢出性与正外部性，本省先进制造业集聚也能显著促进其他省和直辖市先进制造业的集聚发展。

七、异质性分析

由于全国各区域发展存在差异，像经济发展水平、数字经济水平、贸易开放度水平等因素都可能造成不同城市群数字经济对先进制造业集聚产生不同影响，通过表7-9来看，长三角、珠三角、京津冀、长江中游城市群数字经济对其先进制造业集聚都有显著正向影响，而成渝城市群数字经济对先进制造业集聚没有通过统计检验。可能的解释为，从经济发展水平来看，长三角、珠三角和京津冀城市群的经济发展水平相对较高，具有强大的经济实力和市场规模。这为数字经济的发展提供了良好的基础和支撑，使得这些地区能够率先实现数字技术与制造业的深度融合。同时，高水平的经济发展也意味着更高的产业需求和消费能力，这进一步推动了制造业在这些地区的集聚。从地理区位来看，长三角、珠三角、长江中游、京津冀城市群地理位置优越，交通便利，有利于企业之间的交流合作和原材料、产品的流通。例如，长三角地区拥有发达的水陆空交通网络，为制造业的集聚提供了便利条件。这些地区的劳动力资源丰富，且具有较高的素质和技能水平，这为制造业的发展提供了充足的人力资源保障，并推动了相关产业的集聚。从贸易开放度来看，这些城市群具有较高的贸易开放度，积极参与全球产业链分工和合作。贸易开放度的提高吸引了大量外资的进入，这些外资带来了先进的技术和管理经验，推动了制造业的转型升级和集聚发展。贸易开放度的提高也促进了这些城市群与全球市场的联系和互动，使得这些地区的制造业企业能够更好地拓展国际市场，提高国际竞争力。而成渝城市群数字经济对制造业集聚影响有限，可能的原因是：虽然成渝城市群经济发展水平不断提升，但相较于东部沿海地区仍有差距；在地理区位上，成渝城市群地处内陆，物流成本较高，影响了制造业集聚；在贸易开放度方面，尽管近年来有所提高，但国际贸易占比仍然较低，限制了数字经济在促进制造业集聚方面的作用。这些因素共同作用，导致数字经济对成渝城市群制造业集聚的影响不明显。

表 7 - 9 五大城市群回归分析

变量	(1) 长江中游	(2) 长三角	(3) 京津冀	(4) 珠三角	(5) 成渝
$Digit$	1.868 * (3.215)	1.223 *** (3.593)	0.580 ** (0.986)	1.425 *** (3.264)	- 2.342 (- 1.635)

续表

变量	（1） 长江中游	（2） 长三角	（3） 京津冀	（4） 珠三角	（5） 成渝
控制变量	Yes	Yes	Yes	Yes	Yes
常数项	3.256*** (9.647)	2.151** (3.953)	2.425*** (9.656)	0.062 (0.036)	2.234*** (5.220)
城市固定效应	控制	控制	控制	控制	控制
年份固定效应	控制	控制	控制	控制	控制
调整后 R^2	0.325	0.306	0.465	0.426	0.234
样本量	30	40	30	10	20

注：括号中的值为标准差，***、**、*分别表示在1%、5%和10%的P值的显著水平。

八、结论与建议

（一）实证结论

基于2011～2020年的省份面板数据，构建固定效应模型、调节效应模型，从多方面探讨了数字经济对先进制造业集聚的影响以及作用机理，分析了提升外贸开放度、促进产业高级化、提高劳动生产率在其中的调节作用。得出如下结论：第一，数字经济能够促进先进制造业集聚。第二，外贸开放度有助于数字经济促进先进制造业集聚，即外贸开放度越高的地区，数字经济对区域产业结构升级的促进作用越明显，这表明外贸开放度已经成为产业结构升级的重要影响因素。第三，产业高级化、提高劳动生产率在数字经济提升先进制造业聚集中起到正向调节作用，有助于数字经济在先进制造业集聚中发挥更加显著的影响。第四，从空间溢出效应实证结果来看，各省份和直辖市之间先进制造业空间集聚存在正向促进作用。第五，分别从5个城市群分样本回归发现，长三角、珠三角、京津冀、长江中游城市群数字经济都能促进先进制造业集聚，但成渝城市群数字经济对先进制造业集聚影响有限。

（二）政策建议

第一，推动先进制造业集群的数字化转型升级。实施数字强基工程，促进集群信息互通、组织共建、资源共享、协同共创，打造数字生态共同体。加强云平台、大数据平台等基础设施建设，推动产业链数字化转型；同时，鼓励企业采用大数据、云计算等先进技术，提升生产效率和产品质量。通过数字化手段，实现技术创新的引领，推动集群向产业链高端延伸。第二，在经济发展水平方面，应优化集群发展的产业生态，突出协同创新、相互协作两个重点。建立健全协同创新机制，激发企业与高校、科研院所的合作动力，推进大中小企业合作研发；同时，强化集群促进机构建设，加大政策支持力度，引导各地发挥比较优势，在专业化、差异化、特色化上下功夫；通过提升集群的创新能力，推动经济高质量发展。第三，深化服务贸易领域的开放合作，提升服务贸易竞争力；通过放宽外资管制、降低市场准入门槛等措施，吸引更多外资进入先进制造业集群；同时，积极参与国际服务贸易规则制定，提升我国在全球服务贸易中的地位，通过服务贸易的发展，为先进制造业集群提供更多高端生产要素，推动其向价值链中高端攀升。第四，注重推动传统产业的改造升级和新兴产业的培育壮大，通过技术创新和转化应用，推动传统产业向高端化、智能化、绿色化转型；同时，加大对新兴产业的支持力度，培育一批具有国际竞争力的先进制造业集群；通过产业高级化的发展，提升我国在全球产业链中的地位。第五，关注劳动力素质的提升和技能人才的培养，通过加强职业教育和技能培训，提高劳动力的技能水平和创新能力；同时，推动劳动密集型产业向技术密集型产业转型，提升劳动生产率和附加值。此外，还应关注劳动者的权益保障和工作环境改善，提高劳动者的积极性和创造力。

第八章

珠三角地区数字经济与产业转型升级

一、引言

当今时代，数字经济已成为影响全球经济格局、加速时代变革的重要力量，数字技术与产业领域相融合进入深化发展阶段，已成为世界经济可持续发展的重要驱动力。2022 年，我国"十四五"数字经济发展规划明确提出：立足新发展阶段，深入实施数字经济发展战略，协同推进数字产业化和产业数字化，赋能传统产业转型升级。其中，数字经济的去中心化、去中介化、去物质化三个维度正在深刻改变我们的工作、生产、生活和社会。伴随着数字经济在各行业各领域的渗透和深度融合，数字经济的规模呈现出快速增长的态势，有效把握发展契机，利用数字经济的优势赋能产业升级，对我国经济健康可持续发展具有重要意义。

作为中国具有厚实基础的制造业区域和主要经济引擎之一的珠三角地区，已成为当下中国数字经济发展速度最快的区域。2023 年 9 月，首届珠三角地区发展工商大会提出，珠三角地区数字经济发展领先，尤其是在制造业数字化集群布局方面，虽较为成熟但仍处于不断升级过程中。珠三角地区数字经济总量连续 7 年位居全国第一，尤其是珠三角地区中的深圳、广州和香港的规模均超千亿元，其中最为突出的优势在于珠三角地区在我国推动经济新发展格局中具有重要的战略地位，国家致力于将珠三角地区打造成国际上数字化程度最高的城市集群。因此，珠三角地区城市群内外部数字经济发展水平与特征如何？珠三角地区数字经济优势提高了地区产业结构升级吗？二者在理论和实践上存在何种联系？这种联系在我国具有不同数字资源禀赋的城市群中表现出何种特征？以上均为本研究的主要问题。

与本研究相关的文献主要有涉及数字经济与产业结构升级两者关系的研究。目前国内外学者主要研究方向为数字经济对产业结构升级与优化的正向作用。其一，数字经济细分业态对产业结构升级的影响，崔海洋与袁倩莹（2022）① 通过研究普惠金融指数与省市产业结构两者的联系，得出数字金融有助于提升第三产业占比，助力我国经济产业结构升级，包彤（2023）② 认为，数字技术有利于促进制造业结构绿色转型和效益提升，李斯林等（2023）③ 实证检验数字基础设施建设与完善能够显著推动我国产业结构转型升级，但对产业生产效率的作用并不明显。其二，数字经济对产业升级的影响机制。目前的研究成果中，技术创新的影响作用已是大部分学者的共识，此外李健（2023）认为，要素市场化与政府治理转型是数字经济推动产业结构升级的影响因素。廉园梅等（2024）④ 认为，数字经济能够通过要素整合促进产业网络系统的构建与演进。其中少量文献如孙早等（2023）⑤ 关注到数字经济在三个产业间的渗透应用率差异，并将其

① 崔海洋，袁倩莹. 数字金融、产业结构升级与包容性增长——基于区域和城乡协调发展的视角 [J]. 云南民族大学学报（哲学社会科学版），2022，39（5）：108－116.

② 包彤. 数字技术赋能制造业结构双重优化：效益提升与绿色转型 [J]. 南方经济，2023（12）：83－106.

③ 李斯林，余红心，武文博，等. 数字基础设施对产业升级的影响机制研究 [J]. 科技进步与对策，2023，40（12）：99－107.

④ 廉园梅，钞小静，元茹静. 数字经济对产业现代化的影响研究 [J]. 当代经济科学，2024，46（5）：47－61.

⑤ 孙早，王乐，张希. 数字化赋能产业转型升级：机遇、挑战与实现路径 [J]. 西安交通大学学报（社会科学版），2023，43（6）：51－63.

作为影响产业结构升级的因素。

综上所述，上述文献构成本章的研究基础：①关于数字经济水平的测算普遍基于互联网构建的指标体系；②生态位态势理论在经济学领域具有适用性；③数字经济对产业结构升级影响具有较为丰富的经验数据，这为本章厘清数字经济发展与产业结构升级的联系提供了重要依据，但要充分厘清数字经济的水平测算及与产业升级之间的关系仍有待拓展与深化的空间。因此本书的边际贡献如下：①本研究试图基于生态位态势理论选择数字经济发展相关的区域影响因子（简称"生态因子"），建立 n 维超体积生态位模型，从基础环境、工业应用情况和应用效益三个维度构建指标为珠三角地区数字经济水平的测算提供依据；②全方面评价珠三角地区数字经济的时空生态位水平及进化动量，并与我国其他四大城市群进行对比分析；③系统分析数字经济对珠三角地区产业升级的影响，在已有研究成果的基础上，选择全要素生产率、区域创新和资本优化配置为影响因素，并进一步明晰其两者间影响机制的逻辑关系，进行实证检验，从而为珠三角地区产业结构升级提供支撑与参考。本章基于 2011～2020 年中国 282 个地级市的面板数据，测算珠三角地区的数字经济水平及生态位水平，同时选择通过多元回归法考察数字经济对产业升级的影响机制。

二、模型的设定

（一）变量选择

1. 被解释变量

为全面体现产业升级内涵，本节使用产业结构水平指标测度产业升级：产业结构水平（ISL_{it}）＝第三产业增加值占 GDP 比重/第二产业增加值占 GDP 比重。

2. 解释变量

本节从基础环境、工业应用情况和应用效益三个维度共选取 9 个评价指标来构建数字经济发展水平指标体系，具体指标选择如表 6 - 2 所示。

3. 调节变量

本节使用全要素生产率（TPF）、创新水平（LnIn）与资本配置率（Cap）作为调节变量。

4. 其他控制变量

参考产业结构相关研究，控制变量选取金融发展水平（Fin）、财政科技教育支出强度（Scedu）、人口自然增长率（Rate）、受教育年限（Year）作为控制变量。并对城市固定效应（λ_i）和年份固定效应（μ_t）进行控制。

（二）数据来源与描述性统计

本研究数据来源于国家统计局网站、各城市统计年鉴和地方统计局网站、《中国城市和产业创新力报告 2017》。对于部分城市个别年份数据缺失的问题，本节采用线性插值法补齐。各变量统计特征如表 8 - 1 所示。

（三）模型构建

1. 基础回归模型

为了验证假设 H1，以考察数字经济对城市产业结构升级的作用机制，构建以下基本计量模型：

$$Y_{i,t} = \alpha_0 + \alpha_1 Digit_{i,t} + \sum_{i=1}^{n} \alpha_2 Controls_{i,t} + \lambda_i + \mu_t + \varepsilon_{i,t}$$

$$(8-1)$$

其中，被解释变量 $Y_{i,t}$ 为产业结构水平（$ISLit$）；$Controls_{it}$ 为控制变量组；λ_i 和 μ_t 分别表示城市固定效应和年份固定效应，模型中的 $\varepsilon_{i,t}$ 为随机误差项。若假设 H1 成立，回归系数 α_1 大于 0 且显著，即表明城市数字经济的发展可以提升当地的产业结构升级。

2. 调节效应模型

$$Y_{i,t} = \beta_0 + \beta_1 Digit_{i,t} + \beta_2 X + \beta_3 Digit \times X + \beta_4 controls_{i,t} + \mu_i + \eta_t + \varepsilon_{i,t}$$

$$(8-2)$$

在模型（8-2）中，交互项 $Digit \times X$ 的估计系数 β_3 为调节变量，如果 β_3 为显著正，则调节变量在数字经济与产业结构升级的关系中具有正向的调节作用；反之，则表明调节变量在数字经济与产业结构升级的关系中具有反向的调节作用。

三、实证分析

（一）描述性统计

表 8-1 显示了相关变量的描述性分析结果。首先，产业结构水平（ISL）的均值为 0.414，最小值与最大值分别为 0.101 与 0.835。不同地区的产业结构情况呈现出显著差异，这可能是城市间经济发展水平和当地经济政策与自身要素禀赋的不同所导致。其次，数字经济（$Digit$）的均值为 0.639，最小值为 0.6，最大值为 1，与现有文献的计算结果基本保持一致，由此推断我国不同城市间的数字经济发展水平存在差异，但总体发展相对均衡。最后，金融发展（Fin）、教育科技支出（$Scedu$）、人口自然增长率（$Rate$）、受教育年限（$Year$）等其余控制变量与现有文献的统计结果相近，未见显著差异。

表 8 - 1   描述性统计分析

变量	样本数	平均值	标准差	最小值	最大值
ISL	2 820	0.414	0.099	0.101	0.835
Digit	2 820	0.639	0.039	0.6	1.000
Fin	2 820	0.998	0.645	0.118	9.622
Scedu	2 820	0.195	0.042	0.047	0.372
Rate	2 820	5.683	5.579	− 16.640	38.800
Year	2 820	9.165	0.799	6.634	12.210

（二）基准回归分析

表 8 - 2 显示了数字经济发展水平对产业结构的回归结果。表明数字经济对产业结构升级的正向促进作用显著。同时，包括珠三角地区 9 地市在内的珠三角地区城市群的回归系数与全国 282 个城市（不含港澳）基本一致，且显著。

表 8 - 2   基准回归分析

变量	（1） ISL	（2） ISL	（3） ISL	（4） ISL 珠三角城市群
Digit	1.855 *** (3.963)	6.422 *** (5.352)	1.647 *** (4.002)	1.669 *** (3.462)
控制变量	No	Yes	Yes	Yes
常数项	0.685 *** (45.253)	0.083 ** (2.284)	0.954 *** (3.939)	0.069 (0.132)
城市固定效应	控制	不控制	控制	控制
年份固定效应	控制	不控制	控制	控制
调整后 R^2	0.985	0.777	0.587	0.974
样本量	2 820	2 820	2 820	90

注：括号中的值为标准差，*** 、** 分别表示在1%、5%的 P 值的显著水平。

（三）内生性与工具变量

为解决内生性问题，选用 1984 年各市邮局数乘以当年互联网端口数作为工具变量对模型进行处理。

表 8-3 汇报了工具变量分析的结果，根据回归结果，数字经济对产业结构升级的正向促进作用依然显著，验证了基本回归模型结果。

表 8-3　　　　　　　　　工具变量的估计结果

变量	（3） ISL
Digit	0.023 * （1.629）
控制变量	Yes
KPF	22.140
城市固定效应	控制
年份固定效应	控制
调整后 R^2	0.419
样本量	2 820

注：括号中的值为标准差，＊表示在 10％ 的 P 值的显著水平。

（四）稳健性检验

1. 替换被解释变量

本节采用产业整体升级指数（*ISU*）来衡量产业结构升级，*ISU* = 第一产业增加值占比 + 第二产业增加值占比 ×2 + 第三产业增加值占比 ×3。结果见表 8-4 第（1）列，相关系数发生明显变化，依然在 10％ 显著水平上显著，说明原假设稳健。

2. 剔除直辖市

为排除区域经济发展不平衡的因素，剔除 4 个直辖市的数据，在剔除直辖市后，影响系数为 1.646，在 1% 水平上显著，结果并未发生显著变化，说明原假设结果是稳健的。

3. 增加控制变量

增加城镇化水平（Urb，城镇人口占总人口比例）与人口老龄化（Age，65 岁以上人口占总人口比例），结果显示影响系数为 1.655，在 1% 水平上显著，结果并未发生显著变化，原假设结果稳健。

4. 数据缩尾处理

对产业结构水平（ISU）进行前后缩尾 5%，相关系数为 1.845，在 1% 水平上显著，结果并未发生显著变化，原假设结果稳健。

表 8 - 4　　　　　　　　稳健性检验：数字经济与产业结构

变量	（1） ISU	（2） 剔除直辖市	（3） ISU	（4） 缩尾 5%
$Digit$	2.276 ** (2.566)	1.646 *** (2.260)	1.655 *** (4.230)	1.845 *** (4.553)
控制变量	Yes	Yes	Yes	Yes
Urb	Yes	Yes	Yes	Yes
Age	Yes	Yes	Yes	Yes
常数项	2.899 *** (14.156)	0.199 ** (2.484)	0.551 *** (3.273)	0.662 *** (3.883)
城市固定效应	控制	控制	控制	控制
年份固定效应	控制	控制	控制	控制
调整后 R^2	0.401	0.355	0.7302	0.7378
样本量	2 820	2 820	2 820	2 820

注：括号中的值为标准差，*** 、** 分别表示在 1% 、5% 的 P 值的显著水平。

四、机制分析

表 8 - 5 分析了全要素生产率、创新水平与资本错配对数字经济与产业结构升级关系的调节效应。结果显示：数字经济与全要素生产率的交互项（$Digit \times TPF$）系数显著为正（$\beta_3 = 1.2579$，$p < 0.05$）。制造业全要素生产率增长是制造业高质量发展的关键指标，数字经济通过制造业产业结构升级来提高制造业全要素生产率。制造业产业结构的升级从提高资源配置效率和技术效率等方面提高了制造业全要素生产率。提高资源配置效率的措施包括对资源的更好管理和利用，使高效率的企业能够更好地获取和利用生产要素，从而推动产业结构升级。这说明，随着区域全要素生产率的提升，数字经济对产业结构升级影响的正向作用提升加强，由此本书假设 H6a 得到验证。

表 8 - 5　全要素生产率、创新水平与资本配置率的调节效应检验结果

变量	（1）	（2）	（3）	（4）
$Digit$	1.8374 *** (4.1608)	1.6005 *** (2.9936)	1.6473 *** (4.2191)	1.1568 *** (2.9461)
TPF	—	0.0039 (0.7679)	—	—
$Digit \times TPF$	—	1.2579 ** (2.4704)	—	—
$LnIn$	—	—	− 0.0097 *** （− 2.6236）	—
$Digit \times LnInv$	—	—	0.3425 ** (2.2000)	—
Cap	—	—	—	0.0000 (0.6186)

续表

变量	（1）	（2）	（3）	（4）
$Digit \times Cap$	—	—	—	2.4770 * （1.7687）
控制变量	Yes	Yes	Yes	Yes
常数项	0.2741 *** （25.3351）	0.2771 *** （26.4011）	1.6052 *** （5.1108）	0.3405 *** （13.6705）
城市固定效应	控制	控制	控制	控制
年份固定效应	控制	控制	控制	控制
调整后 R^2	0.7270	0.7276	0.6278	0.7287
样本量	2 820	2 820	2 820	2 820

注：括号中的值为标准差，*** 、** 、* 分别表示在 1%、5% 和 10% 的 P 值的显著水平。

数字经济与创新水平的交互项（$Digit \times LnInv$）系数显著为正（$\beta_3 = 0.3425$，$p < 0.05$）。技术创新可以通过生产要素的二次配置、劳动生产率的提高、需求环境的改善以及出口产品国际竞争力等促进产业结构的升级。第一，区域技术创新能够促进生产技术与工艺的变革。第二，区域技术创新能优化资本与劳动力等传统生产要素的融合程度，继而推动产业结构升级。第三，区域技术创新优化市场结构，加速产业结构的升级优化。这说明，随着区域创新水平的提升，数字经济对产业结构升级影响的正向作用提升加强，由此本书假设 H6b 得到验证。

数字经济与资本配置率的交互项（$Digit \times Cap$）系数显著为正（$\beta_3 = -2.4770$，$p < 0.1$）。当资本价格存在扭曲时，就无法代表其稀缺程度，资本配置无效、导致企业在生产过程中依赖使用过量的廉价生产要素也会倾向投入更多资本，进而使产业结构发展方向出现结构性偏差，阻碍产业结构转型升级；如果资本价格不存在扭曲，那么企业就会以要素价格水平作为指引，依据自身的比较优势选择要素投

入，引导行业的资本配置重新组合，从而有利于产业结构的优化升
级。这说明，随着资本配置率的提升，数字经济对产业结构升级影响
的正向作用受到促进，由此本书假设 H6c 得到验证。

五、异质性分析

（一）不同技术水平制造业分析

产业集聚是厂商追求产业集聚的规模效应与集聚效应而产生的一
种企业扎堆生产与集中布局的经济现象，是促进经济发展的重要动力
与实现产业结构升级的重要手段。本节按照区域制造业集聚水平指数
数值高低将其分为低（0～1）、中等（1～2）、高（2 以上）三个水
平。表 8－6 报告了分样本检验结果。显然，数字经济促进区域产业
结构升级，主要体现在低、中等制造业产业集聚区域中。造成该结果
的原因可能是中、低制造业集聚水平地区在产业梯度转移的过程中，
承接了部分被高制造业集聚水平地区挤出的产业，因此产业水平落
后，低端制造业发展成为主导，形成"路径锁定"。数字经济对中、
低端制造业集聚水平地区的产业结构升级显著。而制造业集聚水平的
提高使得数字经济对产业结构的升级影响变得不显著。因此高制造业
集聚水平地区数字经济对产业结构升级影响系数不显著。

表 8－6　　数字经济促进产业结构升级的制造业集聚异质性

变量	（1） 低端制造业集聚水平	（2） 中端制造业集聚水平	（3） 高端制造业集聚水平
Digit	2.192 *** (4.817)	1.310 *** (2.688)	0.200 (0.788)
控制变量	Yes	Yes	Yes

变量	（1） 低端制造业集聚水平	（2） 中端制造业集聚水平	（3） 高端制造业集聚水平
常数项	0.573 *** （3.287）	0.389 （1.474）	－0.010 （－0.026）
城市固定效应	控制	控制	控制
年份固定效应	控制	控制	控制
调整后 R^2	0.1626	0.3304	0.5623
样本量	1 920	820	80

注：括号中的值为标准差，*** 表示在1%的 P 值的显著水平。

（二）城市群异质性分析

从五大城市群对比来看（见表8-7），长江中游、长三角、粤港澳城市群数字经济对其产业结构升级都有显著正向影响，京津冀城市群数字经济对产业结构升级正向影响但不显著，成渝城市群数字经济对产业结构升级负向影响。可能的解释为，尽管三大城市群制造业发展势头良好，但城市群之间制造业结构存在差异。国家统计局有关数据显示，京津冀城市群产业主要以矿物工程、汽车制造为主要产业，其他产业则发展落后于长三角和珠三角城市群，同时北京与天津产业结构升级无法外溢对周边河北的地级市形成，带动环京津城市群产业结构升级。长三角城市群制造业各行业发展相对平衡，矿物工程、石油化工、工业机械、汽车制造等行业均处于领先地位，但制造业结构仍偏向于传统产业，新兴战略性产业占比不高，同时上海对周围江浙皖城市产业升级带动辐射范围有限，江浙皖未能承接上海产业结构升级过程中迁出的第二产业。而珠三角地区城市群不仅在汽车产业、绿色石化、智能家电等行业处于领先地位，同时其电子信息产业、机器人等战略性新兴产业也具有显著优势。珠三角地区在战略性新兴产业上的基础优势使其在数字经济赋能下产生更大的溢出效应，进而推动制造业产业结构均衡化发展，同时带动制造业周边服务业的发展，第三产业随之增长。

表 8 - 7　　　　　　　　　　　　五大城市群回归分析

变量	（1） 长江中游	（2） 长三角	（3） 京津冀	（4） 珠三角	（5） 成渝
$Digit$	2.978 * （1.915）	9.179 *** （3.593）	0.580 （0.788）	1.669 *** （3.462）	-1.001 （-0.650）
控制变量	Yes	Yes	Yes	Yes	Yes
常数项	2.516 *** （79.727）	1.851 ** （4.944）	2.156 *** （79.727）	0.069 （0.132）	2.174 *** （25.220）
城市固定效应	控制	控制	控制	控制	控制
年份固定效应	控制	控制	控制	控制	控制
调整后 R^2	0.985	0.305	0.985	0.974	0.966
样本量	260	250	80	90	150

注：括号中的值为标准差，***、**、*分别表示在1%、5%和10%的 P 值的显著水平。

六、结论与建议

基于 2011～2020 年的城市面板数据，构建固定效应模型与调节效应模型，从多方面探讨了数字经济对区域产业结构升级的影响以及作用机理，分析了全要素生产率水平、区域创新与资本错配率在其中的调节作用，得出如下结论：第一，依据生态位态势理论，整体而言，珠三角地区数字经济生态位水平领先于我国其余四大城市群，具体而言，珠三角地区内深圳处于数字经济生态位水平领先地位且增长速度快，相反进化动量测算值较高的是肇庆、江门、惠州和中山，表明这 4 个区域推动数字经济生态位水平发展存在较大的提升空间。第二，数字经济能够促进区域产业结构升级，五大城市群中珠三角地区数字经济对产业结构升级的影响系数接近全国水平。第三，全要素生产率水平、区域创新在数字经济对区域产业结构升级的促进作用明显，资本配置率在数字经济对区域产业结构升级的促进作用明显，这表明全要素生产率水平、区域创新与资本错配率已经成为产业结构升级的重要影响因素。

据此，本章提出如下建议：第一，珠三角地区应发展数字经济基础，推动数字普惠金融在第一产业向第二、第三产业升级转型以及中小微企业发展中的积极作用。最终达到强化数字化基础设施与产业的交互共振，推动珠三角地区的产业结构升级。第二，积极推动各区域全要素生产水平、区域创新水平，同时合理配置资本。政府引导，市场主导，以全要素生产效率为指导目标，积极提升区域创新能力与水平，处理资本配置问题，确保创新转化，推动中小微企业融资积极健康发展，提升资本配置与产业结构升级的耦合度，使其相互促进，健康发展。

第九章

珠三角培育世界级先进制造业
集群发展对策分析

一、国外先进制造业集群发展经验借鉴

改革开放以来，我国的发展虽然取得了显著的成果，但与一些发达国家相比仍存在一定差距。因此，研究国际先进制造业集群对于推动我国先进制造业集群的发展具有重要的借鉴意义。通过对国外先进制造业集群的研究，我们可以学习其成功的经验和模式，为国内制造业集群的发展提供有价值的参考和借鉴。在全球经济一体化日益深化的背景下，国内制造业集群需要面对来自国际市场的竞争压力。通过研究国外先进制造业集群，我们能够帮助国内企业更好地理解和应对这种竞争态势。此外，对国外先进制造业集群的分析还可以为我国制造业集群的产业结构调整提供思路，引导产业向高附加值的方向发展。总体来说，研究国外先进制造业集群的意义在于，通过借鉴和学习国外的经验，我们可以推动国内制造业集群实现创新、升级和转型，从而实现更高水平、更高质量的发展。

（一）德国德累斯顿

德累斯顿作为德国东部城市群中采矿和炼钢等重工业的中心，其

老城区和内城东面郊区的工业和建筑在第二次世界大战期间遭受了毁灭性的打击。到了 20 世纪 90 年代，德累斯顿的传统工业陷入了停滞状态，导致经济衰退，城市功能逐渐丧失。在这段时间里，失业率一度高达 30%，成为德国最高，即使在两德统一初期，失业率也一直在 15% 左右徘徊。面对这样的困境，德国联邦政府和州政府实施了一系列持续且有前瞻性的区域创新支持政策，为德累斯顿地区的复苏提供了关键的动力。其中最为重要的一项举措是制定了发展半导体工业、制药工业以及机械与汽车工业的经济促进计划。这些政策为后来德累斯顿成为德国硅谷乃至欧洲硅谷的核心奠定了坚实的基础。

在发展政策方面，从 1999 年的创新区域计划、2007 年的尖端集群竞赛项目到 2012 年的走向集群战略，2015 年德国联邦政府推出尖端集群国际化项目和欧盟"地平线 2020"计划。这些政策与策略推动德累斯顿适时改变，跟上时代发展潮流的步伐。

在教育和科研方面，德累斯顿地区拥有德国大城市中最高的研究人员比例。这个区域坐拥四所综合大学，其中德累斯顿工业大学是东、西德统一后 6 个新联邦州中唯一入选顶尖理工大学联盟 TU9 和德国精英大学 11 所的高等学府。为了支持地区转型，该地区建立了紧密的科研联盟。以德累斯顿工业大学为例，该地区的大学与周边 20 多家研究所、科研机构建立了密切的合作关系，形成了一个环绕德累斯顿的科研联盟。这个联盟包括了诸如莱布尼茨学会、马普学会、亥姆霍兹学会和弗朗霍夫学会等知名研究机构。在这个科研联盟的推动下，跨组织合作、前沿领域研究以及年轻科研人才的联合培养等举措应运而生，为德累斯顿地区的教育和科研发展注入了强大的动力，并产生了辐射带动效应，进一步促进了整个地区的全面发展。

在工业制造领域，集群中的核心企业、相关企业和研究机构共享知识和技术资源，从而产生技术和非技术的协同效应和溢出效应。发展政策和教育科研优势吸引了众多顶级芯片公司入驻，并引发了数千家企业的投资热潮，这为德累斯顿建立具有竞争力的高新技术产业奠定了坚实的基础。而本地丰富的科教资源、明确的产业导向以及多元叠加的政策支持共同推动了以芯片制造为核心的产业创新生态在德累斯顿的发展。德国联邦统计局表明，2020 年欧洲每生产三颗芯片，就有一颗出自德累斯顿。如今，德累斯顿已经成为欧洲最大的微电子和信息及通信技术集群，被誉为"全球芯片重镇"和"欧洲硅谷"。

在经济层面，根据德国联邦统计局的数据，2019 年德累斯顿的地区生产总值增长了 3.6%，明显高于德国平均水平。到了 2021 年，该地区的失业率为 4.2%，这不仅低于萨克森州的平均失业率，也低于德国的平均值。从 2015~2020 年，德累斯顿的人口增加了约 8.5 万人，有力地证明了这个城市对人才的强大吸引力。

(二) 日本东京湾区

东京湾区，也被誉为京滨工业带，是日本的核心经济区域之一，并在全球范围内被公认为最大的城市经济体之一。该地区涵盖了东京都、神奈川县和千叶县等行政区域，拥有众多繁忙的港口和蓬勃发展的工业区。

二战结束后，东京湾区成为日本工业化和经济增长的关键区域。特别是在 1950~1970 年，随着日本战后重建和经济的快速扩张，该地区的制造业经历了飞速的发展，构建起了以钢铁、化工、汽车、造船等产业为支柱的重化工业体系。这段时期的繁荣为后续东京湾区的进一步发展奠定了坚实的基础。

在 20 世纪 70 年代，日本政府采取措施将东京湾沿岸的各个港口整合成一个有机的整体，形成了"广域港"，其中包含了 7 个分工明确的港口，这便提高了整体的港口竞争力。战后的日本在东京湾地区集中发展了石化、钢铁、汽车、造船和物流等产业。东边则发展成为"京叶工业区"，成为全球规模最大的工业区；西边的区域被称为"京滨工业区"，是日本最大的工业地带。然而，在 20 世纪 90 年代以后，随着中国和东南亚国家在加工贸易领域的竞争优势增强，对日本制造业造成了冲击，导致东京湾地区的制造业产值有所下降。随着时间的推移，东京湾地区的产业结构开始发生变化，逐渐从制造业出口转向服务业出口，并且着力发展智慧医疗和旅游观光业。这一转型使得该地区能够在新的经济环境下保持活力和竞争力。

自 1990 年以来，东京湾区的制造业规模呈现出了逐年缩减的趋势，这也引发了对东京湾区港口功能的重新定位。随着第二产业比重的持续下降，第三产业的比重则相应上升。这一转变使得东京湾区以从货物出口为主的经济模式转向了服务出口为主。在借鉴旧金山湾区的发展经验，大力发展高新技术产业的同时，东京湾区也着重将创新资源集中在传统的汽车、电子制造和化工制药等行业，力求提升传统产业的技术水平和竞争力。此外，自 2008 年起，东京湾区开始大力推动旅游观光产业的发展，不断丰富和完善旅游配套设施，吸引了大量来自全球各地的游客。这为东京湾区的经济发展注入了新的活力，并进一步促进了旅游服务业的发展。

随着时间的推移，东京湾区经历了一系列产业结构的调整和升级。在面临石油危机和国际竞争压力时，该地区的企业加大了研发投入，提升了生产效率，并逐渐转向高附加值产品和技术密集型产业。与此同时，服务业也在东京湾区迅速崛起，成为主导产业，并为制造业提供了金融、贸易、工程服务、研发等多方面的支持。如今，东京湾区已经发展成为一个集先进制造业、创新活动和现代服务业于一体的综合性经济区。在全球化的背景下，这里的制造业企业不仅在国内构建了完整的供应链，还在全球范围内设立了生产和研发中心。此外，东京湾区还是日本重要的交通和物流枢纽，拥有世界一流的海陆空运输网络。总而言之，凭借其优越的地理位置、强大的经济实力、多元化的产业结构以及充满活力的创新环境，东京湾区已发展成为全球最重要的经济中心之一。

（三）旧金山湾区

旧金山湾区是全球最早的湾区经济形态的代表，于 1945 年首次提出了"湾区"这一概念，并成立了旧金山湾区委员会来推动相关活动。该地区位于美国加利福尼亚州北部，由多个城市和县组成，它以其独特的地理环境、繁荣的科技产业以及丰富多样的文化而闻名于世。湾区坐落在美国西海岸，其核心城市包括旧金山市、奥克兰市和圣荷西市等。这里拥有全球最著名的高科技中心——硅谷，吸引了众多世界顶尖的科技公司，如惠普、苹果、谷歌、Facebook 等在此设立总部。除了科技产业，湾区还拥有世界级的教育资源，如斯坦福大学和加州大学伯克利分校等知名学府。这些高校为本地培养了大量的创新人才，并与企业界建立了紧密的合作关系，共同推动了旧金山湾区的发展和进步。

在发展规划方面，《湾区规划 2050》是一个面向未来 30 年的计划，以地平线倡议为基础，意在为 2050 年及以后的所有居民提供负担得起、互联互通、多样化、健康和充满活力的湾区规划路线。

在经济发展方面，当前旧金山湾区是美国居民收入最高、经济最繁荣的地区之一。根据 2021 年的数据，旧金山都市区的国民生产总值达到了 5 800 亿美元，占全美 GDP 的 2.6%，而人均收入则达到 12.4 万美元，位列全美第四。

在创新领域，旧金山湾区是全球科技发展的风向标。这片仅 2 万多平方公里的土地孕育了众多世界知名的科技公司，如惠普、苹果、雅虎和谷歌等，并拥有极高的人力资源水平。根据美国人口普查局的数据，该地区的本科及以上学历人口比例高达 43%，远高于纽约湾区的 38% 和全美平均水平的 30.1%。美国专利商标局发布的专利数据显示，旧金山湾区在专利创造能力和创新能力方面明显领先于美国其他地区，体现了其突出的创新活力。这种高水平的科技创新能力主要来源于完善的创新体系和独特的社会文化氛围。首先，创新能力推动了高科技产业的发展，而这些产业又促使地区发展开放型经济。高技术产品通常体积小、附加值高，重量轻且适合长途运输，这为面向全球市场的高科技企业奠定了基础。其次，开放的社会与文化塑造了"硅谷精神"，这是湾区创新发展的重要源泉，也是其开放性的特征。自"淘金热"以来，湾区吸引了来自世界各地的大量移民，多元的社会基础赋予了劳动力浓厚的全球化特征。在旧金山湾区强大的包容性下，全球各地的人才汇聚于此，共同协作进行创新与创造性工作，从而进一步推动了高新技术产业的发展和社会文化的开放。

二、珠三角地区先进制造业数字化转型建议

（一）深化政策支持与产业保障

为进一步推动珠三角地区数字经济的高质量发展，深化政策支持与产业保障成为关键抓手。通过构建科学、系统且具有针对性的政策体系，强化产业链上下游协作，珠三角地区可以在数字经济发展中进一步巩固其引领地位。本部分将从财政支持、多元化融资手段、产业保障、核心技术突破及平台建设五个方面展开论述。

1. 加大财政支持力度

财政政策作为推动数字经济发展的重要手段，其精确性和广泛性直接影响企业数字化转型的成效。珠三角地区作为数字经济的先行者，需要在财政支持上进一步加大力度，特别是在支持中小企业数字化转型方面提出更多创新性的举措。第一，中小企业专项资金投入。中小企业是广东经济的基础，但在数字化转型过程中往往面临资金不足的问题。为此，珠三角地区需加大数字化转型专项资金的投入，通过设立专项基金或扩大现有资金覆盖面，为中小企业提供更多支持。这些资金应优先用于技术改造、数字化设备采购及工业互联网平台接

入等领域，以确保资金精准投放到企业实际需求点。第二，灵活补贴机制。由于不同行业和企业的数字化需求各不相同，广东需要灵活建立补贴机制。例如，对于制造业企业，可以重点补贴工业机器人、智能制造系统等技术设备的采购；对于服务业企业，可以补贴数字化管理系统或客户关系管理软件的应用。补贴的多样化将有助于不同类型企业快速融入数字经济生态。第三，税收激励措施。除直接财政补贴外，珠三角地区还需加强税收激励政策，通过减免企业在研发投入、设备购置等方面的增值税和企业所得税，进一步降低企业数字化转型的成本，激励企业加大数字化投资力度。

2. 引入多元化融资手段

单一的财政支持难以满足数字经济发展的多样化需求，引入多元化融资手段将为企业提供更加灵活的资金来源，从而助力其快速完成数字化转型。第一，创新金融工具。珠三角地区可以推广"知识产权质押""股权融资""供应链金融"等创新金融工具，为数字化转型中的企业提供更多资金来源。例如，通过知识产权质押贷款帮助企业将专利、软件著作权等无形资产转化为可流动资金，缓解资金紧张问题。第二，发展数字经济专项债券。珠三角地区可尝试发行数字经济专项债券，用于支持基础设施建设、平台搭建及核心技术研发等领域。这不仅可以为企业提供低成本资金，也为社会资本参与数字经济发展提供了新的渠道。第三，建立多层次融资平台。构建覆盖省、市、县三级的融资支持网络，推动金融机构与企业间的精准对接，尤其是通过金融科技手段，实现贷款审批和发放的高效化和普惠化。

3. 持续优化数字化产品供给体系

数字化产品供给体系是推动产业数字化转型的基础。珠三角地区在推动数字化产品供给过程中，需在标准化、专业化及自主化方面进一步优化。第一，推动产品标准化建设。数字化产品的多样化和技术门槛差异容易导致企业选择困难，珠三角地区需推动建立数字化产品的标准化体系，通过制定行业标准和认证制度，帮助企业快速找到适配的解决方案。第二，促进服务商生态优化。广东应在全省范围内培育一批专业化数字化服务商，通过优化服务质量和提升技术能力，帮助企业快速完成数字化转型任务。第三，提升自主可控能力。在芯片设计、工业软件及物联网设备等领域，珠三角地区仍有较大提升空间。通过政策引导，支持本地企业扩大研发投入，形成以自主产品为主的供给体系，减少对国外技术和设备的依赖。

4. 加强核心技术领域的研发支持

核心技术的自主可控是广东数字经济发展的基础保障。广东在人工智能、工业互联网、区块链等前沿领域已取得一定突破，但在高端芯片、工业软件、基础算法等关键领域仍存在短板。第一，支持省级重点实验室建设。广东需加大对省级重点实验室的支持力度，围绕芯片设计、工业软件等"卡脖子"领域进行重点攻关；同时，通过政策激励引导企业与高校、科研机构形成产学研合作联盟，加速技术研发成果转化。第二，推动龙头企业技术攻关。以华为、腾讯等龙头企业为牵头单位，搭建面向全省的联合研发平台。在政策支持和市场机制的共同作用下，推动龙头企业在关键技术领域实现突破。第三，增强技术成果转化能力。通过搭建技术成果转化平台，帮助中小企业对接最新技术成果，缩短从技术研发到实际应用的周期，形成从技术研发到产业化的完整链条。

5. 完善工业互联网平台布局

工业互联网平台作为数字化转型的重要工具，其覆盖范围和应用深度直接影响企业数字化转型效果。广东需在现有基础上，进一步完善工业互联网平台的布局。第一，构建区域性工业互联网平台。针对粤东、粤西和粤北地区数字化基础薄弱的问题，广东需推动建设区域性工业互联网平台，帮助当地企业更好地融入全省的数字经济生态。第二，深化行业应用场景。工业互联网平台的价值在于实际应用场景的拓展。珠三角地区需推动平台在高端制造业、传统服务业及新兴产业中的全面应用，助力企业实现智能化、网络化和协同化发展。第三，促进平台间数据互联互通。珠三角地区现有的工业互联网平台多为独立运营，数据共享程度较低。未来需通过政策引导和技术支持，促进平台间的数据对接，打破信息孤岛，实现全省范围内的数据资源整合。

（二）强化区域协同与产业链整合

珠三角地区作为中国数字经济的先行区域，其区域协同与产业链整合对全省数字经济的高质量发展具有重要推动作用。近年来，珠三角地区在数字化转型中取得了显著进展，但粤东、粤西和粤北地区在基础设施、产业链协同和资源共享等方面与珠三角地区存在较大差距。通过强化区域协同与产业链整合，珠三角地区可以实现全域数字经济的协调发展，并进一步提升区域竞争力。

1. 推进区域资源优势互补

珠三角地区内部各区域在数字经济发展中具备各自的特色和优势，但在实际发展中未能充分发挥互补效应，存在资源配置不均、协同不足的问题。第一，珠三角核心区域的辐射带动作用。珠三角地区作为广东数字经济发展的核心，其人工智能、工业互联网、区块链等领域的产业优势显著。广州、深圳、东莞等城市集聚了大量科技企业和高端人才，但其技术创新能力和产业优势对粤东、粤西和粤北的辐射带动作用仍有待加强。例如，深圳在人工智能和高端制造领域已形成全球竞争力，但其技术溢出效应未能全面惠及粤东和粤西地区。第二，粤东、粤西和粤北地区的特色资源。粤东地区在跨境电商和传统制造业上具备一定基础，粤西地区的渔业、能源产业发展潜力巨大，而粤北地区则在绿色农业和生态资源开发上有较大空间。通过政策支持和区域协同，这些地区可以更好地融入全省的数字经济生态。第三，资源整合与平台共建。珠三角地区可以构建覆盖全省的资源整合平台，推动城市间实现数据、技术和资金的共享。例如，通过建立省级数据共享中心和技术转移平台，打破区域间的资源壁垒，实现全省范围内的高效协同。

2. 构建珠三角地区协同创新网络

珠三角地区内部区域间的协同创新能力对数字经济的发展至关重要。然而，目前区域协同创新网络的体系化和深度化仍需进一步完善。第一，跨区域协同创新机制的构建。珠三角地区应加强各地市间的协同创新机制，通过政策引导和资源倾斜，促进珠三角核心城市与粤东、粤西、粤北地区在技术创新和产业协作上的紧密联系。例如，广州、深圳可以联合粤东地区的制造企业，共同探索数字化转型的新模式；东莞的智能制造经验可以通过技术输出和管理培训在粤西地区推广。第二，城市群联动发展。粤港澳大湾区作为珠三角地区区域协同的重点区域，应进一步发挥其城市群联动效应。通过深度对接广州、深圳、香港的创新资源，推动数字经济创新成果在大湾区其他城市的快速转移和应用。第三，区域创新资源共享。在创新资源共享方面，珠三角地区可以探索建设区域性联合实验室和开放式研发平台，鼓励跨区域的高校、科研机构和企业共同参与重大科技攻关项目。这将有助于提升区域间的协同创新能力，缩小地区间的技术差距。

3. 完善全产业链协同体系

数字经济的发展离不开产业链的整合与协同。珠三角地区在推动全产业链协同发展方面积累了一定经验，但仍需进一步深化。第一，构建上下游协同网络。珠三角地区制造业在全国具有重要地位，但上下游企业间的协同能力相对不足。例如，在家电制造、家具和汽车等传统优势行业，产业链上下游企业的协作模式较为松散，信息流和资源流的对接效率不高。通过构建供应链协同平台，可以实现产业链上下游企业间的信息互联互通和资源共享，提升产业链整体效率。第二，打造行业标杆示范案例。通过支持龙头企业牵头打造行业协同的标杆项目，珠三角地区可以进一步推动产业链协同的广泛应用。例如，美的集团的工业互联网平台可以带动周边地区的零部件供应商、物流企业共同数字化升级，形成高效的供应链生态。第三，推动产业链绿色转型。随着全球绿色经济的兴起，珠三角地区在推动产业链协同的同时，也应注重绿色转型。例如，通过政策引导和技术支持，鼓励企业采用节能环保的生产模式，在产业链的各个环节融入低碳理念。

4. 支持区域特色产业集群发展

区域特色产业集群是珠三角地区数字经济的重要支撑，通过进一步优化特色产业集群的发展路径，可以提升区域经济的竞争力。第一，强化传统优势产业的数字化服务体系。珠三角地区的家电、家具、汽车等传统优势行业具有良好的产业基础，但在数字化转型中面临较多挑战。例如，佛山的陶瓷产业可以通过构建工业互联网平台实现生产智能化和供应链协同。通过政策扶持和平台建设，为传统产业提供数字化服务体系，将有助于提升其市场竞争力。第二，支持新兴产业集群建设。在新兴产业方面，珠三角地区的智能网联汽车、电子信息产业已经初具规模。未来可以通过区域联动，将核心技术和高端资源向粤东、粤西和粤北转移，打造一批具有区域特色的数字经济新兴产业集群。第三，推动试点城市的联动发展。以数字化试点城市为核心，通过城市间的联动发展带动全省范围的数字化转型。例如，将广州的人工智能技术推广到中山的智能制造领域，形成跨区域的产业链协同网络。

5. 构建区域协同政策保障体系

构建完善的政策保障体系是推进珠三角地区区域协同与产业链整合的重要基石。在这一过程中，政策支持需要聚焦专项资金设立、利益分配优化和动态评估机制建设，以推动全省数字经济协同高效发展。第一，建立跨区域协同发展专项资金。为促进区域间产业协同与资源共享，珠三角地区应设立专门的跨区域协同发展专项资金。通过财政补贴、奖励机制和专项资助，激励技术先进的珠三角地区向粤东、粤西和粤北地区输出技术、管理经验和数字化服务能力。同时，该专项资金可支持区域联合研发项目、工业互联网平台搭建和跨区域数据共享平台建设，助力欠发达地区加快数字化转型步伐。这种资金支持不仅能够激活区域经济潜力，还能促进区域间资源的高效流动。第二，优化区域间利益分配机制。在区域协同发展过程中，利益分配是关键问题之一，特别是涉及技术输出城市与接受城市之间的资源倾斜时。珠三角地区需建立公平合理的利益分配机制，例如通过设立技术转移收益共享基金，将技术溢出效益在输出方和接受方之间进行科学分配。此外，可引入激励机制，鼓励珠三角地区企业在协同发展中承担更多社会责任，同时保障粤东、粤西和粤北地区在资源分配中的合理权益。这样的分配机制既能确保区域协同的可持续性，又能避免因利益失衡导致的发展阻碍。第三，强化区域协同评估机制。为确保协同政策的精准落地，珠三角地区需建立一套动态的区域协同评估体系。通过大数据监测和实时反馈机制，对区域协同过程中的资源流动、产业链整合进展以及政策效果进行全面评估。这一体系应涵盖指标体系设计、数据采集分析和问题预警机制，以便及时发现政策实施中的不足并作优化调整。此外，广东可定期发布区域协同发展报告，总结经验并推广成功案例，从而不断完善政策保障的科学性和有效性。

（三）推动绿色数字化与普惠经济

随着全球可持续发展目标的深入推进，数字经济的绿色化转型和普惠性发展已成为实现高质量经济增长的重要方向。珠三角地区作为全国数字经济发展的领军地区，在推动绿色数字化与普惠经济方面具有重要示范意义。通过将绿色低碳理念融入数字经济发展，强化数字技术的普惠性应用，珠三角地区可以实现经济效益、社会效益和生态效益相统一的协同发展。

1. 推进绿色数字化转型的重点领域

珠三角地区在绿色数字化转型过程中，应聚焦以下重点领域，实现经济发展与生态环境保护的深度融合。第一，工业领域的绿色数字化改造。制造业是珠三角地区的支柱产业，也是高能耗行业的集中领域。在制造业数字化转型过程中，应充分利用工业互联网平台、智能化设备和数据分析技术，实现绿色化升级。例如，美的集团在其生产基地通过工业互联网实现能源使用的实时监测和优化，大幅降低了能源消耗和生产浪费。第二，绿色物流与供应链管理。珠三角地区作为物流重点发展区域，应推动物流行业的绿色化转型。例如，通过构建绿色物流管理平台，实现运输路线优化、车辆能耗监控等功能，降低运输环节的碳排放。同时，支持供应链企业采用绿色包装和低碳运输技术，提升供应链的整体绿色化水平。第三，能源领域的数字化转型。珠三角地区应在新能源应用和传统能源优化利用上发力。例如，通过智能电网技术实现可再生能源的精准调度，通过数字化技术优化能源分配和使用效率，提升全省能源体系的绿色化水平。第四，绿色城市与智慧乡村建设。在城市建设中，应大力发展绿色建筑、智慧交通和节能型基础设施，降低城市运行的能耗。在农村地区，应推动农业生产的绿色化转型，例如利用物联网技术实现精准农业、智慧灌溉，减少资源浪费和环境污染。

2. 强化数字技术在普惠经济中的应用

普惠经济旨在通过技术和政策手段，降低经济发展的门槛和成本，让更多主体共享发展成果。珠三角地区在推动普惠经济发展中具有独特优势，但也面临一定制约。第一，数字技术助力普惠金融。广东应进一步推广普惠金融服务，通过数字化技术拓宽中小企业和个体工商户的融资渠道。例如，通过金融科技手段，为企业提供知识产权质押贷款、供应链融资等创新金融产品。此外，可以推广"惠制造"计划，为中小企业提供多样化、便捷化的金融支持。第二，数字经济在社会服务中的普惠应用。珠三角地区可以在教育、医疗、养老等公共服务领域，推广数字化普惠服务。例如，通过"互联网＋教育"模式，搭建在线教育平台，缩小城乡间的教育差距；在医疗领域，通过远程医疗系统为偏远地区提供高质量的医疗服务。第三，降低中小企业的数字化门槛。中小企业作为普惠经济的主要受益者，在数字化转型中面临技术和资金的双重压力。珠三角地区应通过政策支持和技术赋能，帮助中小企业接入工业互联网平台，降低其参与数字经济的成本。

3. 构建绿色数字化与普惠经济的支撑体系

要实现绿色数字化与普惠经济的协同发展，珠三角地区需要构建系统性的支撑体系，提升相关政策和机制的落地效果。第一，完善绿色经济政策框架。广东应加快建立绿色数字化发展的政策体系。例如，在碳交易市场中，推动企业通过数字化手段实现碳排放的监测和交易；在绿色金融领域，鼓励银行和投资机构设立绿色产业专项基金，为绿色数字化项目提供融资支持。第二，推动绿色技术研发与推广。加强高校、科研院所与企业的合作，研发绿色工业互联网平台、节能设备等技术。同时，通过政府采购、试点示范等方式，加速绿色技术在企业中的推广。第三，加强普惠经济的技术支持。珠三角地区需进一步推进数字化基础设施建设，为普惠经济提供必要的技术支撑。例如，通过完善5G网络和数据中心布局，提升数字经济的普惠性覆盖范围。第四，构建多方协同机制。绿色数字化与普惠经济的发展离不开政府、企业和社会的共同参与。例如，政府可以通过政策引导鼓励企业履行社会责任，推动绿色技术的普及；企业可以通过创新实践推动绿色经济模式的形成；社会组织可以参与监督和宣传，提升公众对绿色数字化和普惠经济的认知。

（四）优化数据治理与信息安全

数据作为数字经济的核心生产要素，其治理和安全性直接影响数字经济的可持续发展。珠三角地区作为全国数字经济的重要阵地，在优化数据治理和强化信息安全方面承担着先行示范的重任。面对日益复杂的数字化发展环境，广东需要在法规制度、技术手段和协作机制上持续完善，以构建科学、高效、安全的数据治理体系和信息安全生态。

1. 完善数据治理法规与制度

数据治理的基础在于完善的法规与制度框架。目前，珠三角地区在数据治理法规体系上虽然取得了一定进展，但针对新兴问题的规范化程度仍有提升空间。第一，数据确权与交易规则的完善。数据确权是数字经济发展的核心问题，但现阶段数据所有权、使用权和收益权的划分仍不明确。珠三角地区需要探索建立以个人隐私保护为前提的数据确权制度，并在此基础上制定数据交易规则。特别是在工业数据和政府数据的开放与共享中，需明确数据使用的边界和责任。第二，隐私保护与个人数据监管。随着移动互联网和人工智能技术的普及，个人隐私数据的收集和使用呈指数级增长。珠三角地区需通过立法进一步细化个人数据的保护措施，例如，明确用户数据的收集范围和用途，建立针对数据滥用的惩戒机制，确保用户隐私权不受侵犯。第三，数据跨境流动的规范。广东作为开放型经济大省，跨境电商和跨境金融业务规模庞大，数据跨境流动需求旺盛。然而，跨境数据流动的安全性和合规性亟待加强。广东需依据国家相关法规，制定区域性数据跨境流动指南，确保数据在合法合规的基础上实现高效流通。

2. 强化数据资源开发与共享机制

数据资源的高效开发和利用是数据治理的重要目标。珠三角地区在数据资源开发和共享方面已形成一定基础，但数据孤岛现象依然严重,资源整合效率亟待提升。第一,打破数据孤岛。政府部门、行业企业之间的数据壁垒限制了数据价值的充分发挥。珠三角地区应推动建立跨部门、跨行业的数据共享平台,例如构建全省统一的政府数据开放平台,规范化行业数据接口,实现数据的高效流通和互联互通。第二,推动公共数据的开放利用。珠三角地区在公共数据开放方面已取得一定进展,但数据利用深度仍有待提升。未来需要制定统一的公共数据开放标准,明确数据开放范围和应用边界。同时,通过公开招标或政府采购的形式,引入第三方数据服务企业,推动公共数据的深度开发和价值实现。第三,数据资产化与价值评估。珠三角地区应加快数据资产化进程,通过制定数据资产评估和流通标准,帮助企业和政府机构盘活数据资源。特别是在金融领域,通过推动数据资产与信用评级体系的融合,进一步释放数据的经济价值。

3. 提升数据安全技术水平

随着数据规模和复杂性的增加,数据安全面临越来越大的挑战。珠三角地区必须在数据安全技术研发和应用上加大投入,为数字经济的发展提供更有力的保障。第一,推动核心安全技术研发。广东在数据安全算法、区块链技术和隐私计算等领域的研发能力仍需进一步提升。例如,通过隐私计算技术,实现对敏感数据的加密分析和安全共享,降低数据滥用和泄露风险。此外,支持本地企业和科研机构攻关国产化的加密算法和安全硬件,提升数据安全的自主可控能力。第二,构建多层次数据保护体系。珠三角地区应构建覆盖数据采集、传输、存储和使用全生命周期的安全保护体系。例如,通过在数据传输环节部署区块链技术,确保数据不可篡改;在数据存储环节推广分布式存储技术,提升数据备份和恢复能力。第三,建立数据安全态势感知平台。数据安全的威胁具有隐蔽性和突发性,广东需加快建设全省统一的数据安全态势感知平台,通过实时监控、威胁分析和安全预警,提升对数据安全风险的感知与响应能力。

4. 构建区域性信息安全协作网络

信息安全的保障需要全社会的协同参与。珠三角地区在构建区域性信息安全协作网络方面具有良好的基础，但仍需进一步强化多方协作机制。第一，加强政府与企业的协同合作。政府部门与企业在数据治理和信息安全中扮演着不同角色。珠三角地区应通过建立定期会商机制，推动政府与企业在数据安全标准制定、技术开发和事件响应方面的深度合作。例如，政府可以牵头制定行业性信息安全标准，企业则可以参与到具体实施和技术支持中。第二，推动行业协会与社会组织的参与。行业协会和社会组织在信息安全生态中具有重要作用。珠三角地区可以鼓励这些组织参与数据安全宣传、从业人员培训和社会监督等工作，共同提升全社会的信息安全意识。第三，构建粤港澳大湾区安全协作体系。粤港澳大湾区的数字经济发展为区域性信息安全协作提供了良好契机。珠三角地区可与香港、澳门在数据跨境流动、金融信息安全和网络攻击防御等领域展开合作，共同建设跨境信息安全保障体系。

5. 完善数据安全事件应急处置机制

在数据安全事件频发的背景下，珠三角地区需构建高效的应急响应和风险防控机制，以降低数据安全事件的损失和影响。第一，建立快速响应机制。珠三角地区应设立安全应急指挥中心，通过完善应急响应预案、开展模拟演练和提升技术储备，确保在数据泄露或网络攻击发生时能够快速响应和处置。第二，提升风险预警能力。通过构建基于大数据的风险预警系统，对数据安全事件的潜在威胁进行实时监测和预警。例如，通过对网络流量的异常变化分析，提前发现潜在的攻击行为。第三，加强事件处置经验的总结与分享。针对过去发生的数据安全事件，珠三角地区应系统化总结经验教训，并通过行业论坛、报告发布等形式共享成功经验，提升珠三角地区范围内的信息安全应急能力。

（五）构建全球化竞争力与技术高地

珠三角地区作为中国数字经济的领军区域，长期以来在技术创新与全球化竞争中占据重要地位。然而，面对全球数字经济快速发展的竞争态势，珠三角地区需要进一步巩固技术优势，提升全球化竞争力，推动关键技术突破，打造全球数字经济的技术高地。

1. 打造国际化技术创新中心

技术创新是数字经济全球竞争的核心驱动力，珠三角地区需通过构建国际化技术创新中心，提升其全球竞争力。第一，聚焦前沿技术领域。珠三角地区在人工智能、区块链、工业互联网等领域已具备一定的领先优势，但在量子计算、下一代通信技术（如6G）等前沿技术上仍需加大投入。例如，深圳作为全球创新高地，可以依托其企业与科研机构优势，加速在6G通信、智能制造和先进芯片领域的突破。第二，加强国际科技合作。珠三角地区可以通过与全球顶尖高校、科研机构和跨国企业的合作，提升技术研发能力。例如，与麻省理工学院（MIT）、剑桥大学等国际知名高校联合设立研究中心，共同攻克关键技术；同时鼓励华为、腾讯等本地龙头企业与国际技术巨头合作开发新一代数字技术。第三，设立国际技术交易平台。在广州、深圳等城市设立国际化的技术交易平台，为国内外企业和科研机构提供技术成果交易、知识产权保护和技术合作对接服务，吸引全球创新资源向广东集聚。

2. 推动粤港澳大湾区全球化协同创新

粤港澳大湾区是珠三角地区参与全球化竞争的重要支点，通过推动大湾区内的协同创新，广东可以进一步增强其在全球数字经济中的话语权。第一，构建大湾区跨境创新网络。珠三角地区可与香港、澳门加强合作，构建覆盖人工智能、金融科技、智慧城市等领域的跨境创新网络。例如，通过建立大湾区联合实验室，推动粤港澳在基础研究、技术开发和产业化应用中的协同合作。第二，发挥香港的国际化优势。香港在金融、法律、贸易等领域具有国际化优势，可为珠三角地区的技术创新和全球化布局提供支持。例如，借助香港的国际金融中心地位，推动珠三角地区企业在绿色科技、人工智能等领域的跨境融资。第三，加快大湾区科技基础设施建设。通过建设国际先进的科技基础设施，如超级计算中心、量子通信实验室等，为大湾区的协同创新提供硬件支持，进一步增强其全球影响力。

3. 扩展数字技术和产品的国际市场

珠三角地区需通过提升数字技术和产品的国际市场竞争力，在全球数字经济中占据更大的市场份额。第一，构建数字技术出口平台。珠三角地区可依托"一带一路"倡议，加强与共建国家的数字经济合作。例如，通过在东南亚和非洲等新兴市场设立数字技术出口基地，将广东的工业互联网、智能制造等技术推广到海外市场。第二，推动数字产品的本地化适配。为更好地开拓国际市场，珠三角地区企业需要针对不同市场需求，进行产品的本地化改造。例如，在东南亚市场推广适合当地中小企业需求的工业互联网解决方案；在非洲市场推广节能型、低成本的数字设备。第三，发展跨境电商平台。珠三角地区可通过支持本地跨境电商平台的发展，进一步扩展国际市场。例如，依托深圳在电子产品制造上的优势，推动跨境电商平台的技术升级和全球化运营，为广东企业打造更广泛的国际销售渠道。

4. 提升全球数字经济规则制定话语权

在全球数字经济规则的制定中，珠三角地区应通过技术创新和国际合作提升话语权，增强对国际规则的影响力。第一，参与全球数字治理体系建设。珠三角地区可借助其在跨境电商、数字金融等领域的实践经验，积极参与全球数字经济治理体系的构建。例如，推动制定跨境数据流动的标准化规则，促进数据在国际上的合法合规流通。第二，参与数字税等国际规则谈判。珠三角地区的跨国企业在数字经济税收领域面临较多挑战。政府可通过政策支持，帮助企业在国际规则谈判中维护自身权益，同时通过地方实践为国家在全球谈判中提供支持。第三，推动区域数字合作机制。通过加强与"一带一路"共建国家的数字合作，珠三角地区可以在国际合作中扩大影响力。例如，支持广东企业参与共建国家的数字基础设施建设，帮助这些国家制定本地化的数字经济发展规则。

5. 吸引国际顶尖人才与技术资源

珠三角地区在全球化竞争中要持续守住技术高地，离不开国际顶尖人才和技术资源的支持。第一，打造国际人才高地。珠三角地区可通过优化人才政策，吸引更多国际顶尖科技人才。例如，设立国际科技人才专项基金，为高端人才提供丰厚的薪酬和科研支持；在广州、深圳等地建设国际化的人才社区，提升海外人才的生活便利性。第二，促进全球技术资源流入。通过举办国际科技交流活动、技术博览会等方式，吸引全球顶尖技术资源流向广东。例如，定期举办"国际人工智能与区块链技术大会"，汇聚全球行业专家与技术企业人才，共同探讨行业发展趋势。第三，建立技术成果共享机制。通过与全球科研机构合作，共建联合实验室和技术共享机制，加速先进技术在广东的转化与应用。

6. 发展全球领先的技术生态体系

珠三角地区需通过技术生态体系建设，进一步巩固其在全球技术高地中的核心地位。第一，打造全产业链技术生态。珠三角地区可依托现有的产业集群优势，推动从基础研究、技术开发到产业化应用的全链条技术生态建设。例如，通过支持华为、美的等龙头企业，带动产业链上下游企业的技术创新。第二，推动"技术即服务"（TaaS）模式发展。珠三角地区企业可通过"技术即服务"的商业模式，将技术能力开放给全球市场。例如，基于工业互联网平台，为全球企业提供智能制造解决方案，构建以服务为核心的技术生态体系。第三，建设全球化的开放式创新平台。珠三角地区可通过建设开放式创新平台，吸引全球企业、高校和科研机构参与技术合作。例如，在深圳设立全球化的技术创新中心，集成创新资源，加速技术成果的转化和商业化。

三、数字经济赋能先进制造业集群的路径探索

数字经济加速了全球化进程，推动产业集群化并逐步实现全球化发展，数字经济为产业集群发展注入创新动力，推动产业集群中的企业在产品、服务、管理等方面实现创新；同时，数字经济推动产业集群生态环境建设与创新服务的发展，数字技术也为企业提供了更多的创新服务，如云计算、大数据分析等。总之，数字经济与产业集群发展的核心内涵在于以数据为驱动、以产业链协同与创新为目标，推动产业集群的高质量发展，提高区域经济的整体竞争力，最终实现全球化与区域化的协同发展。

（一）运用数字化技术促进要素之间的有效融合

数字化技术在促进要素之间的有效融合方面具有广泛的应用前景，可以帮助不同要素更好地协同工作，提高整体效率和创新能力，运用产业数字化技术可以提高区域之间从生产要素市场、产品市场到政策制度之间的有效融合。例如，大数据分析、人工智能、物联网等，借此来实现不同要素之间的积累合作、信息交流和协同工作，这种融合可以通过技术平台、数据共享、智能决策支持等方式实现，旨在提高各个要素之间的协同效率、资源利用效率和创新能力，以推动整体业务的发展和提升。企业的发展是一个同外部环境相互作用的过程，在动态的环境下，企业如何利用过去成功的经验，合理利用技术优势，发挥组织结构功能，不断地提升企业绩效，实现企业的可持续发展，是企业持续探索的重点。

因此，数字化技术在促进要素之间的有效融合和产业集群发展方面起着至关重要的作用。一方面，数字化技术可以通过信息共享、协同办公平台和实时沟通工具，促进不同要素之间的有效融合，包括人力资源、资本、技术和市场等要素，这有助于提高各要素之间的协同效率，推动产业链条的优化与升级。另一方面，数字化技术为产业集群发展提供了新的增长点，通过大数据分析、人工智能和物联网等技术，可以挖掘和利用各个要素之间的关联性和潜在优势，推动产业集群的创新发展。例如，通过数据驱动的智能制造和智能物流，可以提高产业集群的生产效率和供应链管理水平，从而提升整体竞争力。重要的是数字化技术还能够促进产业集群的国际化发展，通过跨境电商、数字贸易和区块链技术，可以拓展产业集群的市场辐射范围，加强与全球市场的连接与合作，实现资源要素的全球化配置和价值链的全球性布局，为产业集群的国际竞争提供更广阔的空间。

数字化技术与相关要素之间的有效融合，还可以给制造业产业集群带来很多的发展便利。首先，通过数字化技术，可以突破创新主体间的壁垒，充分释放人才、资本、信息、技术等要素活力，实现深度合作的协同创新、融合创新，这有助于提高要素流动速度和配置效率，从而加速创新过程。其次，可以优化要素配置方式，增强要素协同效应，数字化技术可以打破创新各环节的界限，增进不同创新要素、创新主体之间的信息流动，降低要素供需双方之间的信息不对称，促进时间和空间上的重叠，从而提高要素协同效应，实现更加优化的资源配置。最后，促进数据资产化，有效提高要素的生产率，通过数字化技术，可以将底层数据的价值释放出来，加速数据资产化进程，提高劳动生产率，推动新型产品和服务的创造，这有助于推动数字经济新业态、新模式的诞生，提高全要素生产率，从而对收入分配产生深远的影响。

虽然产业集群对数字化技术要素的融合发展在各个方面的运用上都作出了积极的尝试和创新性的应用，但也有一些不可避免的难题仍需解决，例如，有些企业传统的组织架构和文化可能不利于数字化技术要素的融合，这会导致数字化技术在企业里面的运用和推广会遇到很多人为的阻碍；还有就是一个产业集群里面往往涵盖了大大小小而且具有差异性的企业，不同的企业会有自身不同的数字化技术，这些技术往往采用不同的标准和协议，所以他们产业集群中会缺乏统一的技术标准和互操作性，这会导致各种技术要素难以无缝集成和互联互通。因此，数字化技术与要素之间的融合还需要不断进行改善，在不同企业技术融合发展缺乏统一标准这个问题上，可以建立跨部门协作的数字化平台，使不同要素之间的沟通和协作更加顺畅高效，有助于统筹规划和资源配置。在企业文化组织框架上，可以向管理层普及相关的数字化技术，让他们认识数字化技术的运用能对企业发展产生怎样的积极作用，帮助决策者更好地理解数字技术对不同要素的影响，从而作出更科学的决策。

（二）突破传统生产要素有限供给对增长的约束

突破传统生产要素有限供给对增长具有重要意义，人们通过技术创新可以更有效地利用有限的生产要素，不仅可以释放新的增长力，以及推动科技创新和生产力的提升，还可以帮助企业根据市场需求变化进行快速调整和适应，增强经济韧性。动态网络的出现打破了传统生产要素有限供给对增长的约束，通过节点之间的紧密连接，不同环节之间的合作更加紧密，传统的生产要素供给约束可能导致系统对外部环境变化的适应能力不足，而动态网络具有较强的适应性和弹性，能够更加灵活地应对外部变化，有利于促进整个价值链的升级和优化。

在复杂多变的数字创新情境下，数字化企业要实现生产力工具创新突破，就需要一种能够动态集成、重构、应用情绪的动态能力。由节点组成的动态网络为产业集群突破传统生产要素有限供给对增长的约束提供了机会和可能性，这种网络结构提供了一种高度灵活和创新的生产要素配置方式，有助于促进经济增长。首先，动态网络可以促进生产要素的高效配置和流动，传统生产要素供给有限，往往导致资源配置不均衡的问题，而动态网络可以实现资源、信息、技术和人才等要素的跨界流动和整合，从而在全局上实现资源的最优配置，发挥各种要素的最大效益。其次，动态网络可以促进创新和知识共享，在一个节点互联的动态网络中，不同要素之间的交流和互动更为频繁，这有利于知识和技术的传播，促进创新的融合和孵化，通过动态网络，创新要素可以更快速地被整合到生产过程中，从而推动经济增长。另外，动态网络也有利于促进产业协同和价值链整合，不同节点之间可以形成更为紧密的合作关系，带动产业链上下游的协同发展，提升整个价值链的效率与附加值，从而弥补传统生产要素供给的限制。

通过动态网络，各个节点之间可以实现更加高效的资源配置和信息共享，从而促进生产要素的更有效利用。可以从以下几个方面突破传统生产要素有限供给对增长的约束，第一，实现资源共享和优化配置，动态网络中的节点可以共享彼此的资源，通过连接不同领域的节点，促进跨界合作与资源整合，包括人力、物力、财力等，通过资源的共享和优化配置，可以减少浪费和重复投入，将不同领域的生产要素有机地结合起来，形成新的增长点，提高资源利用效率，从而突破传统生产要素有限供给的限制，降低对于某一生产要素有限供给的依赖。第二，创新生产模式，通过节点之间的协作和分享，动态网络可以促进创新生产模式的形成，例如共享经济、共享制造等，这些新的生产模式可以通过动态网络中的节点之间的协作与连接，更灵活地配置生产要素，从而减轻传统生产要素有限供给的压力，推动经济增长和发展。第三，推动产业协同和转型升级，动态网络中的节点可以代表不同的产业和领域，需要共同解决生产要素有限供给所带来的问题，而且动态网络具有开放性和自主组织性，通过节点之间的协同和合作，可以实现产业之间的融合和协同发展；同时，通过节点的优化和升级，可以推动整个经济的转型升级，提高经济增长的质量和效益。

（三）培养具有数字化技能和跨界融合能力的人才

数字化人才是推动经济转型升级的重要力量，他们具备跨界融合的能力，能够将不同领域的知识和技术进行整合和创新，推动产业升级和转型。培养具备先进的数字技术和创新思维的数字化人才，能够为企业带来新的发展机遇和竞争优势，有助于提高企业的竞争力，推动企业在数字化时代取得更大的成功。培养具有数字化技能和跨界融合能力的人才意味着要求人才具备数字化技术的专业能力，同时也能够具备跨界合作、创新思维和领导能力，以适应数字化经济和产业集群发展的需要，为其发展提供有力支持。

培养具有数字化技能和跨界融合能力的人才是一项复杂而艰巨的任务，需要多方合作以及系统性的培训和教育。首先，要制订详细的人才培养计划，明确人才培养的目标、课程设置、教学方法和实践环节，确保人才培养方案符合市场需求，为产业集群发展提供人才保障，而且在课程设置中注重跨界融合，将不同领域的知识和技能进行交叉融合，培养学生的综合能力和跨界思维。例如，可以开设跨学科的课程，让学生了解不同领域的知识和技术，提高他们的跨界融合能力。其次，注重实践教学环节，通过实验、课程设计、实习等方式，为学生提供在实际工作中应用数字化技能和进行跨界合作的机会，提高学生的实践能力和解决问题的能力，通过实习项目和行业合作能够为学生提供跨界融合的实践经验，帮助他们将理论知识转化为实际技能；同时，鼓励学生参与科研项目和创新创业活动，培养他们的创新思维和实践能力。另外，可以引入先进的数字技术和工具，让学生了解并掌握最新的技术趋势和应用场景，如3D打印机、编程工具、虚拟现实设备等，鼓励学生利用这些资源进行创新性的实践和项目开发，通过实践操作和案例分析，培养学生的数字化技能和跨界融合能力。最后，加强师资队伍建设，引进具有数字化技能和跨界融合能力的教师，确保教师具备跨界融合和数字化技能，他们需要有指导学生在不同领域进行学习和合作的能力，以及引导学生运用数字化工具进行创新和解决问题；同时，鼓励教师参加培训和学术交流活动，提高他们的教学水平和专业素养。

数字化人才是国家数字化转型的关键驱动力量，他们在智能制造、智慧城市、医疗健康、金融科技等领域的发展和应用，将推动社会实现科技创新和数字化转型，提升生活和工作效率，其专业技能和创新能力对提升国家在全球数字经济中的地位至关重要。在信息化时代背景下，网络的出现推动了企业发展的进程，多数企业已经成功地完成转型，步入数字化智能时代，以往的人才培养模式与企业的需求并不契合，企业对人才的需求已经更新迭代。培养具备数字化技能和跨界融合能力的人才，有助于推动各行各业的创新发展，这些人才具备创新思维和跨界融合能力，能够为企业带来新的发展机遇和竞争优势，推动经济的创新驱动发展，为未来的经济社会发展提供有力的人才保障。

四、珠三角培育世界级先进制造业集群的对策

（一）强化数字经济基础，推动数字经济与实体经济融合

一是加快发展 5G、数据中心、云计算、人工智能、智慧物流、物联网、跨境支付、区块链等新一代信息通信技术，为数字经济发展打下坚实基础。这些技术不仅能够提升信息处理和传输的效率，还为珠三角企业的智能化运营和全球市场对接提供了重要保障。二是以数据为关键要素，将数字技术广泛应用到实体经济中，协同推进数字产业化和产业数字化，通过智能制造平台建设和行业数字化解决方案的推广，赋能珠三角先进制造业的转型升级，显著提高生产效率和资源

配置能力。三是颁布相关扶持政策，营造宽松规范的数字化转型市场环境，不仅引进更加先进的数字化技术企业，还鼓励传统企业通过政策支持向数字化、智能化转型，形成强大的辐射带动效应，推动区域整体产业发展。四是建立相关信息平台，通过新兴技术加强企业、政府和科研机构之间的信息交流与协作，构建全方位、高效互通的数字生态系统。平台应涵盖供应链管理、生产流程优化和跨境物流等功能，帮助企业快速适应国际市场变化，加速珠三角地区先进制造产业的数字化转型。通过强化数字化基础设施与产业的交互共振，珠三角地区可以更高效地推动进出口加工贸易的增长，满足人们日益增长的消费升级需求，并提升区域在全球经济格局中的竞争力。

（二）完善创新人才机制，促进创新要素流动

政府应加大对教育与科研的支持力度，制定并出台针对不同产业需求的人才培养政策，全面提升珠三角高素质技术创新人才的供给水平。具体来说，可通过设立专项人才发展基金，支持高校与企业合作开展复合型技术人才的培养项目。同时，在高校内创新人才培养模式，强化数字人才教育和数字技能培训，结合大数据、人工智能、区块链等前沿技术领域设置实践课程，打造契合数字经济发展的教育体系。推进数字经济产学研的深入跨界合作，联合政府、高校、企业和科研机构，共同打造以技术创新为导向的全方位培养链条，进而建设具有全球吸引力的数字人才"栖息地"。此外，应加强知识产权保护机制的建设，为创新者提供可靠的法律保障，进一步激发企业与个人的创新活力。政府可以通过优化知识产权注册流程、加大侵权打击力度以及推广知识产权运用，提升珠三角地区对创新人才的吸引力和留存率。通过人才与创新要素的自由流动，不仅提升区域的创新能力，还将为珠三角地区建设成为全球创新中心奠定坚实的人才和制度基础。

（三）政府引领下的珠三角地区大发展，携手共进，共创未来

政府在珠三角地区发展中应发挥引领作用，建立系统化政策体系，以推动数字经济为制造业转型升级赋能。这包括优化数字化融合经济发展的软环境，通过加强数据安全法规指导和隐私保护机制，营造安全、透明、规范的数字化生态体系。政府还应完善对珠三角制造业数字化转型的支持政策，进一步简化企业数字化改造的行政流程，提升政策实施的针对性与效率。同时，政府应增加在公共信息化建设领域的资金投入，建设更多政务数字化窗口和智能化工作平台，为企业提供更高效、便捷的服务。

在传统产业转型方面，政府可通过加大财税优惠力度、设立专项转型基金，鼓励企业广泛采用数字技术，推动传统产业与新兴技术的深度融合，加速企业技术改造和产业升级。此外，应加强与全球发达地区和一流湾区（如纽约湾区、旧金山湾区、东京湾区）的联系，建立多层次、多领域的国际合作机制，重点在技术研发、产业协作和市场拓展方面开展务实合作，学习和引入国际先进经验。

在数字化人才培养方面，政府需重点加强与高校的联动，支持高校开发数字经济相关专业课程，并推动政企合作，组织数字化产业专项对接项目和高端论坛，构建人才、技术和资本的交流平台。同时，政府应参照世界先进湾区的标准，着力加大对"新基建"的投资力度，特别是在5G基站、数据中心、物联网和电子政务管理等领域的建设，以优化珠三角传统产业转型的营商环境，构建高效协作、可持续发展的数字经济生态系统，为区域经济迈向高质量发展注入新动力。

（四）发挥港澳的外引内联作用

为了实现珠三角地区高速发展的国际化平台目标，粤港澳三地应充分利用金融与科技的优势，推动产业引领和金融深度参与。尽管每

个地区都有其特色，但也存在明显的短板。香港作为国际金融、贸易和航运中心，缺乏创新产业化的能力；澳门是全球休闲娱乐中心，广东则拥有全国最具创新力的产业集群，但在金融与科技创新融合方面仍有缺陷。在科技创新领域，粤港澳三地应加强科技创新＋产业合作，并与香港的金融、投资和贸易进行深入合作。科技发展需要资金支持，而香港不仅是通往全球资本市场的渠道，还能提供全面的国际贸易相关服务。此外，珠三角地区内的其他城市也应充分发挥各自优势，加强分工协调，推进产业链和供应链的合作，并促进跨产业的合作。

为了进一步发挥港澳地区的独特优势，增强其对国家经济外引内联的作用，应推动河套合作区和横琴粤澳深度合作区的建设，以增强其在国家经济大循环中外引内联的作用。在加快河套合作区建设方面，要将香港的科技创新、资金流动便利、知识产权保障、国际化程度高等优势，与珠三角地区完备的产业链、供应链深度融合，推动香港成为国际创新科技中心和北部都会区。而在横琴粤澳深度合作区方面，应不断完善共商共建共管的新机制，真正地将两地制度差异转化为一国之利，为长远发展注入新的动力、提供新的空间、创造新的机遇，促进粤港澳经济适度多元地发展，更好地融入国家发展大局。

（五）珠三角电子信息产业集群发展建议

1. 构建产业协同发展新格局，培育具有核心竞争力的未来企业集群

珠三角应紧紧抓住"双区"战略（粤港澳大湾区与中国特色社会主义先行示范区）以及横琴、前海、南沙三大平台建设的重大机遇，围绕广州增城智能传感器产业集群的核心布局，积极塑造未来电子信息产业"一核一带一区"的区域发展新格局。"一核"即以广州为核心，打造国际领先的智能传感器创新中心；"一带"即沿珠江东岸，形成电子信息技术与智能制造融合的产业带；"一区"即以粤西

部为基础，发展配套产业集群，推动区域协同发展。

在产业协作方面，应鼓励现有行业头部企业提前布局未来电子信息产业前沿领域，支持龙头企业与国内外技术领先企业、高等院校、科研机构共建未来产业创新联合体，打造协同创新平台。通过产学研深度合作，开展关键技术联合攻关和产业链上下游协同研发，抢占未来电子信息产业发展战略制高点；同时，应重点支持上下游成长型企业，提升其专业化生产能力与协作配套能力，构建完整的未来产业链条，为新兴产业提供高质量配套产品和服务。

此外，应加快吸引国内外具有战略价值的未来电子信息龙头企业和重大项目落地，依托珠三角全球招商大会、珠三角（广东）算力产业大会、世界超高清视频产业发展大会、中国电子信息博览会等国际化交流平台，加大全球招商力度。重点引进卫星通信、量子信息、虚拟现实、新一代人工智能等领域的领先企业，通过引入尖端技术和创新资源，带动区域内产业链的全面提升。与此同时，制定相应的政策支持体系，如税收优惠、人才引进和专项补贴等，为企业发展提供全方位保障，逐步构建一个具有全球竞争力的未来企业集群，推动珠三角在国际电子信息产业格局中占据主导地位。

2. 建立完善未来电子信息产业生态

加快推动算力基础设施建设是构建未来电子信息产业生态的核心举措。应着力打造集数据处理、高速传输、智能分析于一体的算力网络，通过支持建设高效能的数据中心、边缘计算节点和云计算平台，为区域内产业链各环节提供坚实的数字支撑。鼓励龙头企业汇聚多条关联产业链，建立跨行业数据协作平台，打通各产业链之间的壁垒，推动数据资源的互联互通和价值挖掘。建立全面的数据资源目录清单，开发工业产业大脑和产业集群可信数据空间，增强数据驱动的决策能力，为产业升级提供智能化支持。

同时，应充分发挥珠三角地区产业体系完备的独特优势，集聚全省范围内的创新资源和要素，优化资源配置，加快产业链的前瞻性布局，推动传统优势产业向电子信息前沿领域延伸。通过加强重点技术领域的研发投入和协同攻关，如量子通信、智能传感器、下一代芯片设计等领域，强化珠三角在全球电子信息产业中的竞争力。

为促进未来电子信息技术的垂直应用，应谋划设立未来电子信息产业应用先导区，作为产业技术与市场需求对接的试验平台。在先导区内，推动新兴技术在智慧医疗、智能制造、智慧城市等垂直领域的融合应用，通过试点示范项目实现技术验证和推广，为前沿技术的商业化和规模化应用积累经验。进一步完善配套政策与服务体系，为企业提供研发支持、市场资源对接以及人才保障，加速形成创新引领、资源共享、数据互通的未来电子信息产业生态体系，推动珠三角成为全球电子信息产业的高地。

3. 提升国际化合作水平

提升国际化合作水平是推动未来电子信息产业发展的重要路径。应积极深化与国内外科研机构、企业的合作交流，通过建立国际创新合作平台，为前沿技术研究提供多边协作渠道。具体而言，可联合全球顶尖科研机构、跨国公司、高校和智库，共同开展未来电子信息领域的核心技术攻关，包括量子计算、人工智能芯片、6G 通信等前沿领域，推动全球科技资源的共享与集成；同时，支持企业深度参与国际大科学计划和大科学工程，例如全球高能物理实验、新型量子通信网络建设等，以提升珠三角在全球科技创新网络中的地位。

紧抓《区域全面经济伙伴关系协定》（RCEP）带来的机遇，积极推动跨国、跨省、跨产业链合作机制的建立。通过深化与 RCEP 成员国的技术合作，强化珠三角地区与东南亚市场的产业联动，促进区域间技术成果转移和市场共享。同时，建立针对跨境技术合作的政策支持体系，为企业提供资金、法律、知识产权等全方位保障，消除国际化过程中可能面临的障碍。推动区域内企业与海外优秀企业联合设立研发中心或生产基地，进一步巩固珠三角地区在全球未来电子信息产业布局中的核心地位。

在合作模式上，应探索多样化的国际合作形式，包括联合研发、资本合作、人才交流以及市场共享等，鼓励企业通过技术并购、战略联盟等方式获取国际优质资源。积极参与全球产业技术标准的制定，提升珠三角企业在国际电子信息产业中的话语权。通过举办国际技术展览会、高端论坛和科技峰会等活动，展示区域内技术成果，促进与全球优秀企业和机构的深度合作。同时，应积极利用香港作为国际化平台的优势，为国际资本、技术、人才的引入提供桥梁，形成具有全球吸引力的创新合作生态系统。通过深化国际化合作，珠三角地区不仅能够在技术前沿领域占据先机，还能加速其产业链的全球化布局，构建开放、高效、协同的未来电子信息产业生态，进一步巩固其在国际市场中的竞争优势。

4. 加强组织领导与政策支持

为推动未来电子信息产业的持续发展，应加强组织领导，建立科学高效的政策支持体系，以应对产业发展中的关键性和战略性挑战。探索建立未来电子信息产业的战略咨询机制，邀请国内外顶尖学者、产业专家和政策制定者组成智库团队，围绕全球产业前沿技术和重大趋势开展前瞻性研究。该机制应定期发布战略研究报告，为政府和企业提供决策参考，确保产业政策的科学性和前瞻性；同时，应逐步完善与未来产业发展相适应的评估体系，从技术突破、产业效益、国际化进程等多维度评估政策实施效果，确保资源配置的精准性和有效性。

在政策措施方面，应制定针对未来电子信息产业重点领域的专项发展规划，明确技术突破的优先方向和支持路径。政府需加大对关键技术研发和产业化的扶持力度，设立专项产业发展基金，优先支持量子信息、智能传感器、虚拟现实、人工智能芯片等具有战略意义的技术领域。建立健全鼓励创新的项目评审机制，优化项目申报与审批流程，确保高潜力项目能够快速落地。同时，应探索失败容错和纠错机制，在法律和规章框架内，允许具有创新性和实验性的项目承担合理的失败风险，为企业和科研机构提供更加宽松的创新环境。

此外，应依法依规对引进的标志性重大项目提供大力支持，包括土地资源、税收减免、资金补贴等方面的政策优惠，吸引国内外龙头企业和高端项目落地。鼓励珠三角地区的地市根据各自产业基础和区域特点，出台相关配套政策措施，形成协同发展的政策合力。例如，推动广州在智能硬件领域的领先布局，深圳在高端芯片和物联网方向的核心发展，香港在国际化融资和技术转移中的重要角色；通过加强组织领导与政策支持，珠三角可以打造良好的创新环境和强大的政策引导力，推动未来电子信息产业在技术创新、产业规模和全球竞争力方面实现全面提升，助力珠三角成为世界级先进制造业集群的重要引领者。

5. 加强人才队伍支撑与营商环境

加强人才队伍建设是推动未来电子信息产业发展的重要支撑，应支持高等院校建立面向未来电子信息特色产业的学院或研究机构，完善学科专业设置和人才培养体系，增强教育与产业需求的匹配度。通过优化人才培育机制，重点培养具备跨学科能力的复合型人才，推动产学研协同发展；与此同时，支持引进国内外顶尖的新一代网络通信、人工智能终端、虚拟现实、量子信息等领域的高端人才和创新团队，为珠三角地区提供技术研发和产业转化的智力保障。建立充分体现知识、技术和成果价值的收入分配机制，激励高层次人才投身创新实践，并构建完善的引才、聚才、育才制度环境，提升人才资源的吸引力和留存率。

在营商环境建设方面，应加快市场化、法治化、国际化营商环境的优化，推进公平竞争制度的落地实施，构建诚信、规范、公平的市场环境，为未来电子信息产业的高质量发展奠定基础。进一步加强对原始创新的制度性保护，健全知识产权法律法规体系，强化专利保护与技术成果的转化应用，激发企业和科研机构的创新动力。同时，应深化公众对未来电子信息技术的认知，加大科普宣传力度，通过举办科技展览、产业开放日和创新竞赛等形式，围绕公众关注的未来技术和产品普及科学知识，营造科技友好的社会氛围。

此外，政府可联合企业、科研机构和社会组织，推动科技与教育的深度融合，助力"未来科学种子"的孕育与发芽。通过这些措施，不仅能促进高素质人才的培养和流动，还能为未来电子信息产业提供可持续的人才支撑和良好的营商环境，进一步提升珠三角在全球电子信息产业中的竞争力。

（六）珠三角机器人产业集群发展建议

1. 构建科技创新发展大平台

珠三角机器人产业集群的壮大离不开科技创新的大平台支撑。应积极支持企业开展新技术、新产品的应用示范推广，通过推广试点和应用场景构建，打通从基础研究、应用研究到产业化生产的技术创新链条，打造覆盖全生命周期的产业创新生态体系。依托现有的产业基地和高新技术产业园区，重点布局机器人产业，建设市域范围内的产教联合体和行业产教融合共同体，推动产业发展与教育资源紧密结合，提升机器人领域的人才供给和技术转化能力。

同时，支持建设一批产教融合实践基地，为机器人领域提供从基础技能培训到高端技术研发的全链条支撑，培养既具理论深度又具实践能力的专业人才。依托未来电子信息产业科技园，推动机器人技术和电子信息技术的深度融合，建设一批创新成果转化的加速器，帮助企业加快技术商业化进程，缩短产品开发周期，提升市场竞争力。

此外，应加快高水平科研院所的建设，吸引国内外顶尖科研机构在珠三角设立分支机构，形成多层次、多领域的创新资源聚集。推进高等学校建设专业化技术转移机构，搭建技术转移与成果转化的桥梁，提升高校创新成果向产业化转化的效率。推动机器人领域的产教融合、科教融汇，通过加强高校、科研院所和企业的深度合作，构建协同创新网络，形成产业链、人才链和创新链的有效衔接，为珠三角地区机器人产业集群发展提供强有力的科技和人才支撑。通过这些举措，珠三角地区将能够在机器人产业的技术创新、成果转化和产业集聚等方面建立显著优势，成为引领全球机器人产业发展的重要高地。

2. 发展核心技术和重点产品

未来机器人产业的发展离不开对核心技术的突破和重点产品的打造。珠三角地区应加大对机器人产业前沿技术研发的投入力度，重点布局工业机器人、关键机器零部件、机器人芯片等核心领域，以解决制约产业发展的"瓶颈"问题。当前，机器人产业在高精度减速器、高性能伺服电机、控制系统以及机器人专用芯片等方面仍存在技术短板，这些关键环节的突破对于提升产业链自主可控能力至关重要。

为了实现技术创新，建议设立机器人前沿技术研发专项基金，支持高校、科研机构和企业联合攻关，加快推进高性能零部件的国产化进程。尤其是机器人芯片，作为机器人大脑的核心，应重点聚焦高效能、低功耗的芯片设计与制造工艺，打造具备国际竞争力的本土化解决方案。同时，工业机器人作为智能制造的重要工具，需大力发展多轴协作机器人、高精密工业机器人和柔性制造机器人，进一步提升珠三角地区智能制造领域的技术水平。

此外，应通过建设原创技术策源地，推动机器人领域基础研究与应用研究的协同发展。建立面向全球的开放式研发平台，吸引国际顶尖团队参与技术攻关，构建跨国界的创新网络。在重点产品开发方面，需结合珠三角地区产业需求，优先支持服务机器人、医疗机器人、物流机器人等新兴领域的技术研发与市场推广，满足多元化的产业和社会需求。通过这些措施，珠三角地区将有望实现机器人产业核心技术和关键产品的突破，全面提升全球竞争力，为产业集群发展提供技术支撑和创新动力。

3. 加强机器人产业链协同发展，构建完整生态体系

珠三角地区机器人产业集群的高质量发展离不开一个完整、高效的产业链生态体系的支撑。要实现这一目标，需要通过全产业链的协同发展，提升产业链韧性，优化资源配置，并通过创新驱动与国际化合作，构建具有全球竞争力的机器人产业生态。

一是推动上下游深度协作，优化产业链资源配置。应鼓励上下游企业之间建立更紧密的合作关系。上游企业需提升关键零部件的技术性能和稳定性，通过与中游整机企业联合开发，满足多元化需求并推动机器人整机制造的迭代升级。中游企业则应深入对接下游应用场景，优化机器人设计和性能，以满足医疗、物流等新兴领域的特殊需求。二是建立区域协作网络，强化集群分工优势。应构建区域间分工协作的网络，形成分工明确、优势互补的区域产业链布局。例如，广州的先进制造能力可为深圳的技术创新成果提供落地转化的平台，而东莞的制造基础则可支撑服务机器人在市场上的大规模推广。三是搭建共享服务平台，促进产业链高效协作。共享服务平台是机器人产业链协同发展的重要抓手，可通过建设技术共享、生产资源共享和市场应用共享等平台，推动产业链上下游企业的高效协作。例如，通过技术共享平台，企业可获得通用核心技术和模块化工具，降低研发门槛；生产资源共享平台则通过智能工厂的柔性生产能力，为中小企业提供低成本制造支持；市场应用共享平台能够精准对接需求和供应，提升市场响应效率。四是完善产业标准化体系，提升规范化水平。完善从零部件制造到终端应用的全链条标准体系，涵盖技术规范、质量控制和市场应用标准。通过鼓励企业参与国际标准制定，可提升珠三角在全球机器人产业链中的话语权。五是加强金融支持与国际化合

作。应设立专项产业基金，通过供应链金融和知识产权质押等创新工具，为企业提供资金支持，缓解中小企业研发资金压力。同时，通过构建国际化合作网络，吸引全球顶尖机器人企业和科研机构参与区域技术攻关，并鼓励本地企业开拓海外市场，增强产业链的国际竞争力。

（七）珠三角汽车产业集群发展建议

1. 重构零部件产业空间，突破零部件产能关

一是高位布局，强化"整车—零部件"产业协同发展。从省一级协调珠三角地区特别是珠三角地区的汽车产业结构，以广州市为整车制造的主要基地，系统整合珠三角地区其他城市的整车和零部件资源。通过集中布局整车组装基地，依托广州市现有的整车制造产能，打造珠三角地区一级整车组装的核心枢纽，实现整车制造的规模化效应。以广州为中心的整车聚集将有效带动周边城市的整车和汽车零部件产业链协同发展，形成辐射效应，使广州在珠三角地区汽车产业中发挥"雁阵模型"头雁的引领作用，推动区域内汽车产业集群的整体提升。

二是优化广州市内零部件产业布局，推动近邻化与专业化发展。广州市应以临空经济区、广汽智能网联新能源产业园为核心，集中发展车载计算平台企业和高端创新人才，打造未来汽车产业技术创新的高地。进一步推进广州市北部、东部和南部的新能源汽车基地增资扩产，吸引更多核心关键部件企业的集聚，构建涵盖新能源整车、动力电池、智能网联系统等领域的完整产业链。

三是应加快重点项目建设。例如广州增芯、广东芯粤能半导体有限公司、广州粤芯半导体技术有限公司等，加速突破车规级芯片研发与制造的关键环节；同时，应强化汽车产业上下游的生态体系建设，大力发展汽车后市场服务，包括汽车维护、改装和共享出行平台等，

提升产业附加值。在广州市东部，应进一步完善整车及零部件产业集群布局，重点支持广汽本田（总部黄埔工厂、增城工厂、广州开发区工厂）、北汽广州、小鹏汽车等整车企业的发展。推动文远知行等造车新势力的技术创新，加快粤芯、泰斗微、润芯等芯片制造企业与海格通信、日立马达系统（广州）等零部件企业的深度融合。同时，依托百度阿波罗产业园、广州国际氢能产业园、知识城集成电路产业园等重点基地，发展智能驾驶技术、氢燃料技术和集成电路核心技术，进一步夯实广州在智能汽车领域的竞争优势。

通过高位统筹和区域内精准布局，广州市将成为珠三角汽车产业集群的核心枢纽，为珠三角地区打造世界级汽车制造业集群奠定坚实基础。

2. 打造汽车先进制造业人才集聚高地，突破关键零部件创新难题

一是围绕再造产业基础、升级产业链，全方位培养新兴领域高端人才。珠三角汽车产业的升级和零部件创新的突破离不开高水平的人才支撑。应聚焦产业基础再造和产业链提升，大力培养涵盖大数据、汽车芯片、新能源技术等新兴产业的专业技术人才，尤其是质量标准领域的领军人才。通过建立面向汽车产业关键技术领域的人才培养体系，突出"高、精、准、缺"的导向，精准锁定汽车行业发展急需的核心人才领域。支持企业与高校和科研机构深度合作，共同构建从学术研究到实际应用的全链条培养模式，推动关键核心技术突破，实现高端技术的产业化应用。同时，通过人才的创新驱动，带动传统燃油汽车产业的优化升级，促进智能网联、新能源汽车与传统汽车产业协同发展，从而进一步提升区域产业链的整体水平与全球竞争力。

二是发挥先进汽车制造企业"引才育才"的主体作用。鼓励珠三角的龙头汽车制造企业积极发挥引才育才的核心作用，构建企业为主导的高端人才培养和技术转化平台。支持企业通过与国内外知名人力资源服务机构合作，精准引进汽车芯片设计、智能驾驶技术、新能

源动力系统等领域的顶尖技术人才，并制定具有吸引力的薪酬与福利政策，增强珠三角对高端人才的吸引力。同时，通过组织技术竞赛、产业沙龙和高端论坛等形式，搭建人才交流与提升平台，为行业技术人才提供跨领域协作与创新的机会。

三是应注重产业人才的持续技能提升。设立产业培训基金和专项培训计划，在智能制造、绿色制造和关键零部件研发领域培养大批具有实践能力和创新意识的高精度技术人才。通过推动企业、高校和科研机构形成紧密合作网络，为区域内产业链人才梯队建设提供全方位支撑，珠三角将逐步构建起全球领先的汽车先进制造业人才集聚高地，从根本上突破关键零部件创新难题，为产业集群的高质量发展提供强大动力。

3. 依托开放合作，构建汽车产业国内、国际双循环格局

在当前国内国际市场需求强劲且稳定的背景下，珠三角地区汽车产业必须充分挖掘内需市场潜力，同时扩大外部市场布局，构建国内、国际双循环的产业发展格局。面对汽车行业整体下滑趋势以及国内国际并购重组的挑战，珠三角地区应通过优化资源配置、深化开放合作来推动先进汽车制造业的高质量发展。

在国内市场方面，要大力推进新能源汽车的普及，抓住政策支持与市场转型的双重机遇，满足消费者对绿色环保、高智能化汽车的多元需求。应依托珠三角地区强大的消费市场，结合区域经济一体化和新型城镇化建设，推动汽车下乡、汽车更新换代等内需政策落地，以扩大国内市场规模。同时，重点推动珠三角地区之间的汽车流通便利化，建立统一的市场准入和标准化体系，充分释放区域消费潜力，为汽车产业的国内循环提供动力。

在国际市场方面，应积极参与全球产业分工与合作，深化与"一带一路"共建国家和地区的经贸合作，拓展东南亚、欧洲等潜力市场的出口渠道。支持企业通过跨国并购、国际战略合作等方式获取

关键技术、扩大海外市场份额。尤其是针对新能源汽车领域，鼓励企业联合国际科研机构和龙头企业，共同制定全球技术标准，提升珠三角地区汽车产业的国际竞争力。

在双循环的协调机制上，珠三角地区应进一步优化营商环境，推进通关便利化、跨境金融服务一体化，为汽车产业链上下游企业在国内国际市场的高效流动提供支持；同时，搭建面向全球的汽车产业合作平台，通过举办国际汽车展览、技术论坛和商务洽谈会，展示区域内技术成果和产业实力，吸引更多国际资本与技术资源的流入。

通过充分挖掘国内市场潜力和拓展国际市场机遇，珠三角地区汽车产业将实现内外双轮驱动的发展模式，有效应对汽车行业的结构性调整和全球化挑战，为构建高质量、高韧性的汽车产业链奠定坚实基础。

（八）珠三角绿色石化产业集群发展建议

在高质量发展新阶段，广州市绿色石化和新材料产业应坚持绿色化、高端化、特色化的总体方向，着力实现产业的转型升级与科技赋能，将科技创新作为推动企业高质量发展的核心动力。要达成这一目标，企业需要根据行业特点和自身发展现状，探索适应市场需求的转型路径，通过技术突破与模式创新，不断增强市场竞争力。

针对绿色石化和新材料产业发展空间受限的问题，广州市应大力推进特色产业园区建设，优化产业布局。借助珠三角地区政府下放化工园区设立认定权限的政策契机，加速推动增城、黄埔半导体产业园和储能新材料产业园等重点园区的建设。这些园区不仅能够缓解产业发展空间不足的瓶颈问题，还将通过集聚效应吸引更多优质企业和资源，从而提升产业整体水平。

与此同时，广州市应提前布局前沿新材料领域，以科研创新为驱动，依托区域内丰富的科研资源和人才优势，打造高端新材料创新体系。通过整合高校、科研院所和龙头企业的研发能力，建设新材料产业创新中心，推动新材料在航空航天、电子信息、医疗器械等高端领域的应用，加快技术成果向市场化转化。此外，应充分利用广州市的区位优势和完善的产业基础，结合新能源、储能设备等新兴产业发展需求，打造产业链上下游紧密协作的生态系统。进而使广州市绿色石化和新材料产业不仅能够有效应对发展空间受限的挑战，还将在全球绿色经济和高端材料市场中占据更高的竞争优势，为珠三角地区打造世界级绿色石化产业集群奠定坚实基础。

（九）珠三角智能家电产业集群发展建议

1. 以工业互联网为引领，推动家电产业数字化转型

在珠三角地区智能家电产业集群的发展过程中，工业互联网已成为数字化转型的核心引擎。通过工业互联网的深度应用，珠三角地区正积极构建数字化、智能化的家电产业生态系统，实现生产效率提升、运营模式优化和创新能力增强，为区域内家电企业在全球市场中赢得竞争优势。

一是以技术驱动打造工业互联网平台生态。以工业互联网为基础的数字化转型正重塑珠三角地区的家电产业。美的集团推出的"M. IOT美擎"工业互联网平台，通过整合集团内的美云智数、库卡中国、美的机电等部门资源，形成了贯穿全价值链的软件服务体系。平台不仅横向连接了产业链各环节，还深度融入生产制造流程，支持柔性制造、模块化生产以及跨产业协作。"M. IOT美擎"的核心在于通过数字化和智能化的生产管理系统，实现资源的精准配置和动态优化，为家电企业在生产效率、成本控制和产品创新方面提供强有力的支撑。这种技术的广泛应用，已成为推动区域家电产业升级的重要工具。

二是以区域协作促进工业互联网赋能集群发展。在珠三角地区，家电企业正通过工业互联网构建跨区域的协同网络，进一步增强集群

效应。以东莞、佛山为智能家电制造基地，广州为研发创新中心，深圳为高科技驱动核心，各城市在工业互联网的联动下形成了分工明确、优势互补的产业链条。TCL的"东智工业应用智能平台"便是这一趋势的典范，通过构建3万个工业模型和1万个工业应用程序，不仅为家电行业提供了数字化转型支持，还在关键环节实现了智能化的品质控制和运营效率提升。特别是在半导体显示领域，TCL联合其科研机构开发的"AI驱动的面板瑕疵智能判定系统"已成为行业标杆，展现了工业互联网在推动产业链协作升级方面的潜力。

三是以政策支持加速数字化生态建设。珠三角地区地方政府高度重视工业互联网与家电产业的深度融合，不断推出支持政策以加速产业数字化进程。例如，通过财政补贴和技术创新激励，支持企业建设工业互联网平台和智能化生产基地；鼓励家电企业参与工业互联网标准制定，推动跨行业技术协作；加强数据基础设施建设，提升数据资源整合能力，为数字化转型提供更强大的技术支撑。与此同时，区域内还积极推动家电企业与高校、科研机构合作，通过产学研协同机制，提升工业互联网技术的创新能力和产业应用水平。

四是构建全球竞争力产业生态。随着工业互联网技术的不断深化应用，珠三角地区的家电产业集群正在从单一制造向高附加值的智能服务转型。通过打造开放共享的数字化生态系统，区域内企业将进一步实现跨行业协同与全球化布局。这种转型不仅有助于优化资源配置和推动创新突破，还将为珠三角地区在全球家电市场中的竞争力提供坚实基础。工业互联网的引领作用，将为家电产业的数字化、智能化升级提供持续动力，助力珠三角地区在智能家电领域成为国际领先的产业集群。

2. 以灯塔工厂为引领，驱动家电产业智能制造转型

"灯塔工厂"作为智能制造和数字化转型的全球标杆，已成为引领工业革命的新方向。截至2023年，全球范围内共有132家"灯塔

工厂"，其中中国占据 50 家，稳居全球第一。这些灯塔工厂不仅代表了智能制造的顶尖水平，还为各行业提供了可复制的数字化转型模式。在家电产业领域，中国已有 11 家灯塔工厂，分别隶属于海尔集团和美的集团。珠三角地区作为中国智能家电产业集群的核心地带，正以灯塔工厂为引领，推动区域内家电产业向自动化、智能化、数字化方向转型升级，构建全球竞争力的智能制造生态体系。

首先，发挥灯塔工厂的示范效应与带动作用。灯塔工厂通过先进的数字技术和数据资源优化生产流程，实现了从传统制造模式向智能制造模式的跃升。以美的集团为例，其旗下拥有 5 个灯塔工厂，涵盖空调、微波炉、洗衣机、冰箱和厨房电器等多个领域，充分展示了数字经济在推动产业升级中的关键作用。其中，美的南沙空调工厂是美的集团的首座灯塔工厂，也是珠三角地区智能家电产业数智化转型的典范。该工厂通过工业互联网技术实现设备互联互通，实时采集和分析生产数据，优化控制生产过程。通过智能化改造，工厂产能提升了 3 倍，月均生产能力达 90 万套家电产品，成为高效运营的标杆。另一典型案例是美的顺德微波炉工厂。通过智能化升级，该工厂的内部生产效率提高了近 30%，订单交付周期缩短了一半，产品品质指标提升了 15%。这些成绩不仅显著提高了美的集团的生产效率和市场竞争力，也对珠三角地区其他家电企业起到了强有力的示范带动作用。灯塔工厂的成功建设吸引了众多区域内企业前来学习借鉴，推动整个区域内形成数字化转型的浪潮。

其次，推动家电产业集群智能制造转型。灯塔工厂的意义不仅限于单一企业的效率提升，还在于其对产业集群整体转型的拉动效应。在珠三角地区，以美的集团为代表的灯塔工厂正在推动整个家电产业链的智能化升级。通过数字技术的广泛应用，区域内家电企业在生产效率、成本控制和资源利用率方面均得到了显著提升。此外，灯塔工厂还为中小企业提供了可复制、可推广的智能制造模式，使得区域内的家电制造生态进一步完善。区域内家电企业还通过工业互联网平台实现协同创新与资源共享。例如，美的的"M. IOT美擎"平台和TCL的"东智工业应用智能平台"为中小企业提供了柔性制造、数据分析和流程优化的技术支持。这种基于灯塔工厂的生态建设不仅提升了区域内企业的数字化水平，还推动了智能家电领域的跨企业协作与共同发展。

再次，加强政策支持与区域协作。珠三角地区地方政府在推动灯塔工厂建设和产业集群数字化转型方面发挥了重要作用。通过税收优惠、财政补贴和技术创新激励，政府为企业提供了良好的政策支持环境。此外，区域内还通过制定数字化转型专项规划和工业互联网推广政策，鼓励企业加快技术改造和智能制造升级。区域协作也成为推动灯塔工厂建设的重要动力。广州、佛山、东莞等城市通过优势互补，在智能制造、工业互联网和智能家电研发方面形成了良好的分工合作。广州专注于技术研发与平台建设，佛山和东莞则在家电制造和数字化转型中发挥关键作用。这种区域内的紧密协作为灯塔工厂的推广和复制提供了有力支持。

最后，构建全球竞争力的智能家电产业集群。未来，珠三角地区应进一步扩大灯塔工厂的示范效应，推动区域内更多企业加入智能制造的行列。在政府和企业的共同努力下，建立面向全球的智能制造标准和生态体系，将珠三角打造成智能家电领域的全球领导者。通过不断提升智能化水平、优化资源配置和深化产业协作，珠三角智能家电产业集群将实现从"制造中心"向"创新中心"的跨越。灯塔工厂不仅是推动家电产业数字化转型的重要工具，更是珠三角智能家电产业迈向世界级集群的重要基石。它所带来的技术突破、效率提升和产业集群效应，必将为区域内家电企业在全球市场中赢得更大的竞争力，为中国制造的智能化发展提供新的动力。

3. 构建智能供应链体系，提升家电产业全球竞争力

随着全球家电行业迈向数字化和智能化转型，智能供应链已成为

提高产业效率、优化资源配置、实现全球市场竞争力的关键因素。珠三角地区作为中国智能家电产业集群的核心区域，具备完善的产业基础和区域协作优势，在推动智能供应链体系建设方面具有巨大潜力。通过整合区域内的制造、物流、研发和市场资源，珠三角地区可打造一个高效、灵活、绿色的智能供应链网络，为家电产业提供全方位支持，进一步巩固其全球领先地位。

第一，构建智能化供应链网络。智能供应链体系的核心在于将信息技术全面嵌入供应链的各个环节中，实现从原材料采购到产品交付的全链条数字化管理。在珠三角地区，家电企业可借助工业互联网平台和大数据分析技术构建智能化供应链网络，优化资源配置，提升供应链效率。例如，企业可通过云计算技术实现订单、生产、库存和物流的实时监控与动态调整，减少供应链管理中的信息滞后与资源浪费。珠三角地区还可依托香港的国际物流枢纽地位，通过与广州、佛山等制造业基地的联动，进一步强化供应链全球化布局。例如，利用区块链技术建立透明化的供应链追溯系统，确保供应链的稳定性和可控性，为区域内企业参与国际竞争提供保障。

第二，发展绿色低碳供应链。在全球绿色经济和可持续发展的浪潮下，家电企业的供应链体系必须向绿色低碳方向转型。珠三角地区可通过政策引导与技术创新，推动绿色供应链的发展。一方面，政府应制定绿色制造和绿色物流的标准，对企业实施节能减排的专项激励；另一方面，企业可通过优化物流路径、引入新能源物流车队、采用可再生包装材料等方式减少供应链运营中的碳排放。此外，区域内企业可联合科研机构，研发绿色制造技术和低能耗物流解决方案。例如，美的集团通过优化物流流程，实现了运输能耗的显著下降，而TCL在其供应链体系中引入了环保材料管理机制，确保从原材料采购到生产交付的全环节符合绿色标准。珠三角地区还可以构建绿色供应链认证体系，为践行绿色发展的企业提供市场和政策支持，树立行业标杆。

第三，提升供应链风险管控能力。当前，全球供应链环境正面临愈发复杂的挑战，包括新冠疫情影响、地缘政治冲突、原材料价格波动等。珠三角地区家电产业需在供应链管理中增强风险管控能力，以提升供应链的韧性与稳定性。首先，应推动区域内企业建立供应链风险预警系统，通过大数据分析和人工智能技术实时监测供应链运行状况，预测潜在风险并及时采取应对措施。其次，鼓励企业在供应链布局上实现多元化与本地化并存的策略。例如，在国内建立备选供应链节点以应对国际供应链的不确定性，同时通过与东盟、"一带一路"共建国家合作，拓展多元化的供应链渠道，降低对单一市场的依赖。此外，珠三角地区可搭建区域供应链协作平台，推动企业之间的资源共享与协同应急机制。通过构建区域范围内的共享物流中心和联合仓储系统，企业可以在紧急情况下实现库存和运力的快速调配，从而保障供应链的持续运营。

第四，深化数字化供应链人才培养。智能供应链体系的建设离不开高素质的专业人才。珠三角地区应加强数字化供应链相关领域的人才培养与引进，通过产学研合作模式为区域企业提供强有力的人才支持。高校可联合家电企业和物流公司，共同设立智能供应链方向的专业课程，培养具备跨学科能力的复合型人才。同时，政府应提供专项资金支持，鼓励企业引进国际供应链管理领域的顶尖人才，为智能供应链体系的优化和创新提供智力保障。在区域内，还可定期举办供应链管理培训和技术研讨会，促进企业间的经验交流和技术合作。通过构建完善的人才生态系统，珠三角地区能够为智能供应链体系的持续发展奠定坚实基础。

第五，推动区域供应链协作与国际化发展。珠三角的地理位置和经济基础为智能供应链的国际化发展提供了独特优势。香港作为全球物流和贸易中心，可为区域内家电企业提供通往国际市场的桥梁；深圳和广州则作为技术和制造中心，推动产品的研发与生产升级。区域内各城市应充分发挥各自优势，通过构建统一的供应链协作网络，形成分工明确、紧密联动的供应链体系。此外，珠三角地区还需加强与"一带一路"共建国家及其他国际市场的供应链合作，通过共建海外物流节点、跨境电商平台等方式拓展全球市场。区域内企业可利用工业互联网技术提升供应链全球化布局能力，从而在全球家电市场中占据更大份额。

附表 1 先进制造业 ISIC 与 SITC 匹配产品分类

先进制造业 ISIC 与 SITC 匹配产品分类

行业名称	ISIC Rev3 编码	SITC 编码	商品分类
药品、医药化学剂和植物药材制造	2423	513.93	水杨酸及其盐类和酯类
		514.64	赖氨酸及其酯类和盐类，谷氨酸及其盐类
		514.81	季铵盐类及氢氧化物，卵磷脂及其他磷氨脂
		514.71	无环酰胺（包括无环氨基甲酸酯）及其衍生物，其盐类
		514.79	其他环酰胺（包括环氨基甲酸酯）和其衍生物，及其盐类
		515.63	其他内酯
		515.69	未另列明的含有氧杂原子的杂环化合物
		515.71	含有氮杂原子的杂环化合物，包含一个非熔融的吡唑环，不论是否在结构上氢化
		515.72	乙内酰脲及其衍生物
		515.76	含有氮杂原子的杂环化合物，包含一个嘧啶环，不论已否氢化，或包含一个呱嗪环，或一个非熔融的三嗪环，不论已否在结构上氢化；核酸及其盐类
		515.78	包含一个吩噻嗪环状系统的环杂化合物，不论已否氧化，未进一步熔融
		515.8	磺胺
		541.11	前维生素及维生素类，天然品或合成的再制品（包括天然浓缩物），其主要用作维生素的衍生物，以及上述药物的混合物，不论是否加入溶剂，未配制成第 542 组所列的药物
		541.12	维生素 A 及其未混合的衍生物

行业名称	ISIC Rev3 编码	SITC 编码	商品分类
药品、医药化学剂和植物药材制造	2423	541.13	维生素 B 及其未混合的衍生物
		541.14	维生素 C 及其未混合的衍生物
		541.15	维生素 E 及其未混合的衍生物
		541.16	其他维生素及其未混合的衍生物
		541.17	前维生素和维生素类的混合物（包括天然浓缩物），不论是否加入溶剂
		541.52	垂体（前）或类似激素及其衍生物
		541.53	其他甾族激素及其衍生物和结构类似物
		541.51	胰岛素及其盐类
		541.59	其他
		541.61	配糖体类，天然品或合成的再制品，及其盐类、醚类、酯类及其他衍生物
		541.41	罂粟生物碱及其衍生物和其盐类
		541.42	金鸡纳树皮生物碱及其衍生物和其盐类
		541.43	咖啡因及其盐类
		541.44	麻黄碱及其盐类
		541.45	茶叶碱和氨茶碱（茶叶碱—乙二胺）及其衍生物和其盐类
		541.46	黑麦角生物碱及其衍生物和其盐类
		541.47	尼古丁及其盐类
		541.49	其他植物生物碱及其盐类，未另列明的生物碱的衍生物及其盐类
		516.92	纯糖类（蔗糖、乳糖、麦芽糖、葡萄糖及果糖）；糖醚和糖酯及其盐类
		541.31	青霉素及其青霉烷酸结构的衍生物，以及其盐类
		541.32	链霉素及其衍生物和其盐类
		541.33	四环素及其衍生物和其盐类

行业名称	ISIC Rev3 编码	SITC 编码	商品分类
药品、医药化学剂和植物药材制造	2423	541.39	其他类抗生素
		541.62	腺体和其他器官类为器官治疗之用，干的，不论已否制成粉末；腺体或其腺体的提取物以及其器官治疗之用的分泌物的提取物；肝素及其盐类；未另列明的经过加工用于治疗上的或预防上的其他人类或动物性物质
		541.63	抗血清及其他血成分和修饰免疫制品；人用疫苗和兽用疫苗
		541.64	人血；经加工用于治疗上、预防上或诊断上的动物血，微生物毒素及培养物（不包括酵母菌）和类似的制品
		542.11	含有青霉素结构的青霉素及其衍生物，或链霉素及其衍生物，未配制成合标准的剂量或零售包装形式的药物
		542.12	含有其他抗生素，未配制成合标准的剂量或零售包装形式的药物
		542.21	含有胰岛素，未配制成合标准的剂量或零售包装形式的药物
		542.22	含有其他激素或第 541.5 分组所列的其他制品，未配制成合标准的剂量或零售包装形式的药物
		542.31	未配制成合标准的剂量或零售包装形式的药物
		542.91	未另列明的药物，未配制成合标准的剂量或零售包装形式的药物
		542.13	含有青霉素结构的青霉素及其衍生物，或链霉素及其衍生物，配制成合标准的剂量或零售包装形式的药物
		542.19	含有其他抗生素，配制成合标准的剂量或零售包装形式的药物
		542.23	含有胰岛素，配制成合标准的剂量或零售包装形式的药物
		542.24	含有皮质甾类激素及其衍生物和结构类似物的药物

行业名称	ISIC Rev3 编码	SITC 编码	商品分类
药品、医药化学剂和植物药材制造	2423	542.29	含有其他激素或第 541.5 分组所列的其他制品，配制成合标准的剂量或零售包装形式的药物
		542.32	配制成合标准的剂量或零售包装形式的药物
		542.92	含有维生素或第 541.1 分组所列的其他制品，配制成合标准的剂量或零售包装形式的药物
		542.93	未另列明的药物，配制成合标准的剂量或零售包装形式的药物
		541.91	未另列明的药物，未配制成合标准的剂量或零售包装形式的药物
		541.92	含有维生素或第 541.1 分组所列的其他制品，配制成合标准的剂量或零售包装形式的药物
		541.93	配制成合标准的剂量或零售包装形式的药物
		541.99	未另列明的药物
办公室、会计和计算机机械制造	3000	751.31	静电复印装置，通过直接将原始图像复制到复印件上（直接处理）
		751.32	静电复印装置，通过将原始图像通过中间复制到复印件上进行操作（间接处理）
		751.33	结合光学系统的非静电复印设备
		751.34	接触式非静电复印装置
		751.35	热复印装置
		759.1	第 751.3 分组所列复印和热复制装置的零件和附件
		726.55	单张纸，办公类型（纸张尺寸不超过 22 厘米 × 36 厘米）
		751.13	自动打字机，字处理机
		751.15	其他电动打字机，重量不超过 12 千克（不包括箱）
		751.18	非电动打字机，重量不超过 12 千克（不包括箱）
		751.21	不用外接电源可进行运算的电子计算器和具有计算功能之袖珍型资料记录、重现及显示之机器

续表

行业名称	ISIC Rev3 编码	SITC 编码	商品分类
办公室、会计和计算机机械制造	3000	751.22	其他计算机
		751.23	会计机器（包括簿记机）
		751.24	收银机
		751.28	会计计算机、邮资盖印机、售票机及附有计算装置的类似机器
		752.1	模拟或混合（模拟数字）数据处理机
		752.2	便携式自动数据处理机，重量不超过 10 千克，至少由一个中央处理器、一个键盘和一个显示器组成
		752.3	其他自动数据处理机
		752.6	输入或输出装置，不论是否在同一机壳内包括多个存储器
		752.7	存储器
		752.9	未另列明的数据处理设备
		751.91	复印机
		751.92	地址机和地址板压花机
		751.93	邮件分类或邮件装封或打捆用机器，邮件开口、封口或盖印用机器，以及邮票贴粘或注销用机器
		751.99	未另列明的办公用机器
		759.91	第 751.1 分组所列机器的零件及附件
		759.95	第 751.2 分组所列电子计算机的零件及附件
		759.97	第 752 组所列机器的零件及附件
		759.93	第 751.9 分组所列机器的零件及附件
		759.9	专门用于或主要用于第 751.1、第 751.2、第 751.9 分组及第 752 组所列机器的零件及附件（盖套、提箱及类似物品除外）

行业名称	ISIC Rev3 编码	SITC 编码	商品分类
无线电、电视和通信设备与装置制造	32	764.11	电话机
		764.19	其他电话或电报设备
		764.13	电传打字机
		764.15	电话或电报交换设备
		764.17	载波电流线系统的其他装置
		764.91	第 764.1 分组所列装置和设备的零件和附件
		764.21	麦克风及其支架
		764.22	安装在外壳内的扬声器
		764.23	未安装在外壳内的扬声器
		764.24	头戴受话器、耳机和组合式成套话筒/扬声器
		764.25	声频放大器
		764.26	成套声音放大器
		764.92	第 764.2 分组所列装置和设备的零件和附件
		763.31	发射装置
		763.33	其他发射装置
		763.35	转盘（唱片机）
		763.82	转录机
		763.83	其他声音重放装置
		763.84	录音装置，不论是否装有声音重放装置
		763.81	视频记录或重放设备，不论是否装有视频调谐器
		764.99	第 763 组所列装置的附件和零件
		764.31	发射装置
		764.32	包括接收装置的发射装置
		764.82	电视摄像机
		762.21	装有录音或重放装置者
		762.22	未装有录音或重放装置者
		762.11	装有录音或重放装置者

续表

行业名称	ISIC Rev3 编码	SITC 编码	商品分类
无线电、电视和通信设备与装置制造	32	762.12	未装有录音或重放装置者
		762.81	装有录音或重放装置者
		762.82	未装有录音或重放装置但装有时钟者
		762.89	未另列明的其他收音机
		764.81	接收装置无线电话或无线电报，未列名
		761.1	电话机，包括用于蜂窝网络或其他无线网络的电话；其他发射或接收声音、图像或其他数据的装置，包括用于在有线或无线网络内进行通信的装置（如局域网或广域网），第726、第751、第761、第762和第764组所列装置和设备的零件和附件
		761.2	话筒及其支架；扬声器，不论是否安装在外壳内；头戴受话器、耳机和组合式成套话筒/扬声器；音频放大器；成套声音放大器
		764.93	第761和第762组及第764.3和第764.8分组所列装置和设备的零件和附件
		778.61	为在50/60赫兹线路使用而设计且其无功功率处理能力不小于0.5千乏的固定电容器（电力电容器）
		778.62	钽固定电容器
		778.63	铝电解固定电容器
		778.64	单层陶瓷介质固定电容器
		778.65	多层陶瓷介质固定电容器
		778.66	纸或塑料介质固定电容器
		778.67	其他固定电容器
		778.68	可变或可调（预调）电容器
		778.69	电力电容器的零件
		772.31	固定碳电阻器，组合式或薄膜式
		772.32	其他固定电阻器
		772.33	线绕可变电阻器（包括变阻器和电位器）
		772.35	其他可变电阻器（包括变阻器和电位器）

行业名称	ISIC Rev3 编码	SITC 编码	商品分类
无线电、电视和通信设备与装置制造	32	772.38	第 772.3 分组所列电阻器的零件
		772.2	印刷电路
		776.11	彩色的电视阴极射线显像管
		776.12	黑白的或其他单色的电视阴极射线显像管
		776.21	电视摄像管，变像管和图像增强器，其他光电阴极管
		776.23	其他阴极射线管
		776.25	微波管（不包括栅控管）
		776.27	其他管
		776.29	第 776.1 和第 776.2 分组所列管子的零件
		776.31	二极管，光敏或发光二极管除外
		776.32	耗散率少于 1 瓦的晶体管（不包括光敏晶体管）
		776.33	耗散率为 1 瓦或以上的晶体管（不包括光敏晶体管）
		776.35	半导体开关元件、触发二极管和触发三极管（不包括光敏器件）
		776.37	光敏半导体器件，发光二极管
		776.39	其他半导体器件
		776.81	安装好的压电晶体
		776.88	第 776.3 分组所列器件及第 776.81 目所列安装好的压电晶体的零件
		776.41	数字单片集成电路
		776.43	非数字单片集成电路
		776.45	混合集成电路
		776.49	其他电子集成电路和微电子组件
		776.89	第 776.4 分组所列物品的零件
医疗器械、精密仪器和光学仪器制造	33	741.83	内科、外科或实验室用消毒器
		764.83	雷达设备、无线电导航设备及无线电遥控设备
		884.19	光纤、光纤束和光纤缆，偏振材料片和板，未另列明的未装配的光学元件

行业名称	ISIC Rev3 编码	SITC 编码	商品分类
医疗器械、精密仪器和光学仪器制造	33	884.11	隐形镜片
		884.15	玻璃眼镜镜片
		884.17	其他材料制眼镜镜片
		884.31	照相机、放映机或照相放大器或缩影器用物镜
		884.32	其他物镜
		884.33	滤光镜
		884.39	未另列明的已装配光学元件
		884.21	眼镜、护目镜及其类似品的框架及配件
		884.22	眼镜、护目镜及其类似品的框架及配件用零件
		884.23	矫正视力、保护眼睛及其他用途的眼镜、护目镜及类似品
		871.11	双筒光学望远镜及其配件
		871.15	其他天文仪器
		871.19	零件和附件（包括配件）
		881.11	照相机（电影摄影机除外）
		881.13	照相闪光装置和闪光灯泡
		881.14	第 881.11 目所列照相机用零件和附件
		881.15	照相闪光装置用零件和附件
		881.21	电影摄影机
		881.22	电影放映机
		881.23	第 821.21 目所列电影摄影机用零件和附件
		881.24	电影放映机用零件和附件
		881.32	未另列明的影像放映机
		881.31	缩微胶卷、缩微胶片或其他缩微胶片阅读器，不论是否能够制造拷贝
		881.33	照相用放大器和缩影器（电影用者除外）
		881.34	第 881.31 目至第 881.33 目所列设备用零件和附件

行业名称	ISIC Rev3 编码	SITC 编码	商品分类
医疗器械、精密仪器和光学仪器制造	33	881.35	未另列明的照相（包括电影）暗室用器具及设备（包括用于把电路图案投影到感光半导体材料上的器具），底片观察盒，放映用银幕
		881.36	第 881.35 目所列器具和设备用零件和附件
		871.41	立体显微镜
		871.43	其他显微照相、显微电影照相或显微投影用显微镜
		871.45	未另列明的显微镜
		871.49	零件和附件
		871.31	显微镜（光学显微镜除外）和衍射仪
		871.39	零件和附件
		871.91	武器装配用望远镜瞄准具，为组成第 7 部分、第 87 类、第 881 组或第 884 组或第 899.6 分组所列机器、器械、仪器或装置之部件而设计的望远镜
		871.92	激光器（激光二极管除外）
		871.93	其他光学装置、器械和仪器
		871.99	第 871.9 分组所列物品的零件和附件
		874.11	定向罗盘、其他导航仪器和器械
		874.12	导航仪器和器械的零件和附件
		874.13	测量（包括摄影测量）、水道、海洋、水文、气象或地球物理用仪器和器械（不包括罗盘），测距仪
		874.14	第 874.13 目所列物品的零件和附件
		874.51	灵敏度为 5 厘克或以下的天平，不论是否带砝码
		874.22	绘图桌和绘图机，不论是否自动，以及其他绘图、标线和数学计算仪器
		874.23	未另列明的手用长度测量仪器（例如：测量杆和测尺，测微计、测经器）
		874.24	第 874.22 目和第 874.23 目所列物品的零件和附件
		774.11	心电机

续表

行业名称	ISIC Rev3 编码	SITC 编码	商品分类
医疗器械、精密仪器和光学仪器制造	33	774.12	其他电诊断装置（包括功能性测试或生理参数检查用装置）
		774.13	紫外线或红外线装置
		872.21	注射器、针头、导管、套管及类似品
		872.11	牙科钻机，不论是否在同一机座上与其他牙科设备结合在一起
		872.19	其他牙科用仪器和器械
		872.25	未另列明的眼科用仪器和器械
		872.29	其他仪器和器械
		872.31	机械治疗设备，按摩设备，心理倾向测验设备
		872.33	臭氧疗、氧疗、喷雾疗、人工呼吸或其他治疗呼吸器械
		872.35	其他呼吸用具和防毒面具（不包括既无机械零件又无可更换滤器的保护用面具）
		899.63	矫形用具或接骨用具
		899.65	假牙和牙科用具
		899.66	其他人工假体
		899.61	助听器（不包括零件和附件）
		899.67	刺激心肌用起搏器（不包括零件和附件）
		899.69	未另列明的为补偿身体上的缺陷或伤残而佩戴、携带或植入体内的装置
		774.21	基于利用 X 射线的装置，不论是否用于内科、外科、牙科或兽医（包括射线照相或射线疗法装置）
		774.22	基于利用 α、β 或 γ 射线的装置，不论是否用于内科、外科、牙科或兽医（包括射线照相或射线疗法装置）
		774.23	X 射线管
		774.29	其他（包括零件和附件）

行业名称	ISIC Rev3 编码	SITC 编码	商品分类
医疗器械、精密仪器和光学仪器制造	33	874.53	对材料（如：金属、木料、纺织物、纸张塑料）的硬度、强度、耐压度、弹性及其他机械性能进行试验用的机器及器具
		874.54	第 874.53 目所列机器和器具的零件和附件
		874.55	液体比重计和类似漂浮式仪器、温度计、高温计、气压计、湿度计、干湿球湿度计，不论是否为记录式的，以及这些仪器的任何组合件
		874.56	第 874.55 目所列仪器用零件和附件
		874.31	测量或检查液体流量或液位用仪器及器械
		874.35	测量或检查液体或气体的压力用仪器及器械
		874.37	其他仪器及器械
		874.39	零件和附件
		874.41	气体或烟分析器
		874.42	色谱仪和电泳仪
		874.43	利用光学辐射（紫外线、可见的、红外线）的分光仪、分光光度计和摄谱仪
		874.44	曝光表
		874.45	利用光学辐射（紫外线、可见的、红外线）的其他仪器和器械
		874.46	未另列明的物理或化学分析用仪器和器械
		874.49	切片机，第 874.4 分组所列物品的零件和附件
		873.11	气量计
		873.13	液量计
		873.15	电表
		873.19	气量计、液量计或电表的零件和附件
		873.21	转数计、生产计数器、出租汽车计价表、里程记录器、步数计及类似表计
		873.25	速度指示器和转速器，闪光仪

续表

行业名称	ISIC Rev3 编码	SITC 编码	商品分类
医疗器械、精密仪器和光学仪器制造	33	873.29	第873.2分组所列物品的零件和附件
		874.71	测量或检验电离辐射用仪器和器械
		874.73	示波器和录波器
		874.75	测量或检查电压、电流、电阻或功率用其他仪器和器具，无记录装置者
		874.77	专门为电讯设计的其他仪器和器械（例如：串音表、放大测量仪器、失真系数测试器、噪音计）
		874.78	测量或检验电量用其他仪器和器械
		874.79	第874.7分组所列仪器和器械的零件和附件
		874.25	未另列明的测量或检验用仪器、器械及机器，轮廓投影仪
		874.26	第874.25目所列物品的零件及附件
		874.61	恒温器
		874.63	调压器和压力控制器（稳压器）
		874.65	其他调节或控制仪器和器械
		874.69	其他自动调节或控制仪器和器械的零件和附件
		874.9	未另列明的机器、器械、仪器和装置用零件和附件
		872.4	内科、牙科、外科或兽医用的家具（例如：手术台、检查台、有机械装置的医院用床、牙科用椅），理发椅和有旋转、倾斜和升降机械装置的类似用椅，上述物品的零件
飞机和航天器制造	3530	713.11	飞机用火花点火往复式或旋转式活塞内燃机
		713.19	第713.11目所列飞机发动机的未另列明的零件
		714.41	涡轮喷气发动机
		714.81	涡轮螺桨发动机
		714.91	涡轮喷气发动机或涡轮螺桨发动机的零件
		714.49	涡轮喷气发动机以外者

续表

行业名称	ISIC Rev3 编码	SITC 编码	商品分类
飞机和航天器制造	3530	792.81	滑翔机和悬挂式滑翔机
		792.82	气球、飞艇和其他非机动飞机
		792.11	自重不超过 2 吨者直升飞机
		792.15	自重超过 2 吨者直升飞机
		792.2	机械推动的飞机和其他航空器（直升飞机除外），自重不超过 2 吨
		792.3	机械推动的飞机和其他航空器（直升飞机除外），自重超过 2 吨，但不超过 15 吨者
		792.4	机械推动的飞机和其他航空器（直升飞机除外），自重超过 15 吨者
		792.5	航天飞机（包括卫星）和航天飞机发射装置
		792.91	推进器和转子及其零件
		792.93	起落架及其零件
		792.95	飞机或直升飞机的其他零件
		792.97	第 792 组所列工具的其他零件
		792.83	航空器弹射器，甲板停机装置或类似装置，地面用飞行训练器，上述物品的零件

资料来源：作者根据《联合国国际贸易标准分类》和《国际行业标准分类》整理而得。

附表2　珠三角地区先进制造业相关政策

珠三角地区先进制造业相关政策

珠三角地区人民政府 2018 年 3 月 20 日	《珠三角地区深化"互联网+先进制造业"发展工业互联网的实施方案》(2018)	为深入贯彻党的十九大关于加快建设制造强国，加快发展先进制造业，推动互联网、大数据、人工智能和实体经济深度融合的战略部署，加快建设和发展工业互联网，促进制造业进一步降本提质增效，形成实体经济与互联网相互促进、同步提升的良好格局，制订本实施方案。 到 2025 年，在全国率先建成具备国际竞争力的工业互联网网络基础设施和产业体系。形成 1～2 家达到国际水准的工业互联网平台，建立完备可靠的安全保障体系，在工业互联网创新发展、技术产业体系构建及融合应用方面达到国际先进水平
	《珠三角地区支持企业"上云上平台"加快发展工业互联网的若干扶持政策(2018－2020 年)》(2018)	为深入贯彻党的十九大关于加快建设制造强国，加快发展先进制造业，推动互联网、大数据、人工智能和实体经济深度融合的战略部署，按照"平台降一点、政府补一点、企业出一点"的原则，支持企业"上云上平台"，加快发展工业互联网，促进制造业降本提质增效，制定以下政策。 鼓励各地级以上市、县（市、区）参照制定扶持工业互联网发展的相关政策措施，对企业"上云上平台"、工业互联网标杆示范应用推广、产业生态创新等予以支持，形成政策合力
珠三角地区工业和信息化厅 2019 年 6 月 24 日	《关于推进产业转移和劳动力转移的决定》	坚持产业转移与产业升级相结合。珠三角地区要在加快推进产业转移的同时，大力发展先进制造业、高新技术产业和现代服务业等高附加值产业，提高自主创新能力
广州市人民政府 2019 年 12 月 23 日	《广州市人民政府关于提升城市更新水平促进节约集约用地的实施意见》	纳入城市更新年度计划的国有土地上旧厂房项目，利用现有工业用地，兴办先进制造业、生产性及高科技服务业、创业创新平台、现代服务业等国家支持的新产业、新业态建设的，经市政府批准，可允许不改变现有工业用地性质自行改造，过渡期为 5 年

续表

广州市人民政府 2019 年 12 月 24 日	《广州市人民政府关于进一步促进就业的实施意见》	加大重点企业及重点项目单位紧缺人才入户计划,为先进制造业及金融、航运、高铁、航空等我市支持发展的行业引进紧缺人才
珠三角地区人民政府 2020 年 3 月 24 日	《关于支持企业提升竞争力的若干措施》	第三十三条 支持在前海股权交易中心设立创新型中小企业单独板块,设置和引入符合我市科技创新型中小企业特点的挂牌条件、审核机制、交易方式、融资工具等制度安排,引导我市战略性新兴产业、现代服务业、先进制造业中有成长潜力的科技创新型中小企业利用多层次资本市场
中共珠三角地区委、珠三角地区人民政府 2020 年 3 月 25 日	《关于实施质量强省战略的决定》	"十三五"时期质量强省的主要目标是:质量技术发展和创新体系逐步完善,广东制造总体质量达到国际先进水平,3～5 个先进制造业和战略性新兴产业成为世界领先的质量引领型产业,出口商品国际质量竞争力显著增强,基本实现广东制造向广东创造转变
珠三角地区工业和信息化厅 2020 年 6 月 5 日	《关于开展第五批珠三角地区制造业创新中心建设工作的通知》(2020)	为进一步贯彻落实制造强省和创新驱动发展战略,提升我省制造业创新能力,加快我省制造业创新体系建设,组织开展第五批珠三角地区制造业创新中心建设工作
珠三角地区人民政府 2021 年 3 月 18 日	《珠三角地区加快先进制造业项目投资建设若干政策措施的通知》(2021)	为进一步发挥制造业投资推动工业经济增长的牵引带动作用,加快先进制造业项目投资建设,促进战略性支柱产业集群和战略性新兴产业集群高质量发展,加快建设制造强省,制定本政策措施。 1. 围绕"一核一带一区"区域发展格局,按照"十四五"全省制造业总体空间布局,支持各地结合产业发展实际和特色,因地制宜、分类施策; 2. 省财政设立先进制造业发展专项资金,对"十四五"期间各地级以上市引进、建设先进制造业项目予以支持;支持先进制造业投资奖励; 3. 打造先进制造业"大招商"格局,定期举办省、市、县(区)招商大会,搭建省市联动招商网络; 4. 在先进制造业领域重点布局,促进先进制造业重大成果在粤转化落地,在每个战略性产业集群建设至少 1 家省级技术创新中心、产业创新中心或制造业创新中心,鼓励各地对国家级、省级技术创新中心、产业创新中心、制造业创新中心和中试基地给予资金支持

续表

深圳人大网 2023 年 5 月 5 日	《关于修改〈深圳经济特区人才工作条例〉等二十九项法规的决定》修正	第十五条 优化产业发展战略，着力发展先进制造业和现代服务业，提高现代服务业在第三产业中的比重
国家发展改革委网站 2023 年 9 月 8 日	《东莞深化两岸创新发展合作总体方案》	东莞作为粤港澳大湾区先进制造业中心，拥有万亿级电子信息产业集群、千亿级装备制造产业集群，与台湾地区高端制造产业契合度高。进入新发展阶段，东莞积极携手台胞台企，深入实施创新驱动发展战略，聚焦"科技创新+先进制造"，加快建设粤港澳大湾区科创制造强市，在率先探索两岸创新发展合作新路径上具有扎实工作基础
省政府办公厅 2023 年 9 月 26 日	《珠三角地区推动专精特新企业高质量发展的指导意见》	省对专精特新"小巨人"企业给予资金奖励，优化专精特新中小企业贷款贴息奖补政策。加大省先进制造业、人才等专项资金对专精特新企业的支持力度。结合"粤产粤优"综合评价，将符合条件的专精特新"小巨人"企业用地纳入省级先进制造业用地指标保障范围。依法依规支持专精特新企业联合竞买土地，可依法分割转让工业物业产权
珠三角地区工业和信息化厅、珠三角地区科学技术厅、珠三角地区财政厅、国家税务总局珠三角地区税务局 2024 年 7 月 18 日	《关于开展 2024 年度享受增值税加计抵减政策的先进制造业企业名单制定工作的通知》（2024）	2023 年 1 月 1 日至 2027 年 12 月 31 日，允许先进制造业企业按照当期可抵扣进项税额加计 5% 抵减应纳增值税税额
珠三角地区人力资源和社会保障厅、珠三角地区工业和信息化厅 2024 年 7 月 22 日	《关于实施先进制造业促就业行动的通知》（2024）	为深入贯彻习近平总书记在中央政治局第十四次集体学习时的重要讲话精神，落实省委、省政府"实体经济为本，制造业当家"工作部署，聚焦我省十大战略性支柱产业集群和十大战略性新兴产业集群，进一步支持先进制造业发展，稳定和扩大就业容量，提升就业质量，更多吸纳重点群体就业。各级人力资源社会保障部门重点做好减负稳岗政策落实、企业用工服务保障、技术技能人才培育引进、和谐劳动关系构建等工作；工业和信息化部门重点发挥主管部门职责，加强优质企业梯度培育，健全惠企政策直达机制，完善研判会商制度，及时掌握先进制造业企业生产经营情况和困难诉求，协调推动有关部门共同解决

资料来源：作者根据政府公开网站整理而得。

附表3　珠三角地区先进制造业集群相关政策

珠三角地区先进制造业集群相关政策

珠三角地区地方政府工业和信息化厅 2019年4月12日	《关于公开征求珠三角地区培育电子信息等五大世界级先进制造业集群实施方案及专项行动计划意见的通告》	为贯彻省委、省政府关于推进制造强省建设的工作部署，积极培育电子信息、汽车、智能家电、机器人、绿色石化等世界级先进制造业集群，促进我省产业迈向全球价值链中高端，制订本实施方案
珠三角地区工业和信息化厅 2020年1月2日	《学习贯彻2020年全国工业和信息化工作会议精神》	会议强调，一要按照全国工业和信息化工作会议精神和省委、省政府工作部署，认真谋划明年工业和信息化工作。二要合理制定预期目标并积极落实。三要加大技术改造投资力度。四要培育先进制造业集群。五要强化平台支撑。六要做好国家即将出台政策文件和开展重大工作的贯彻和衔接
深圳市人民政府网站 2020年3月24日	《深圳市可持续发展规划（2017—2030年)》	提升产业创新发展质量。着力加快建设实体经济、科技创新、现代金融、人力资源协同发展的产业体系。大力发展新一代信息技术等战略性新兴产业，加快培育由互联网、大数据、人工智能等技术催生的新业态，促进产业链价值链高端化发展，打造若干产业集群
深圳市宝安区人民政府网站 2020年3月24日	《宝安区关于推动制造业高质量发展的若干措施》	壮大先进制造业产业集群。围绕电子信息、电气机械、装备制造等支柱产业、传统优势产业和战略性新兴产业领域，实施产业链"强链""补链""建链"工程，培育引进一批在产业链关键核心环节具有竞争优势的企业项目，发展壮大先进制造业产业体系。 到2020年，宝安产业形成技术领先、特色鲜明、配套完善、产业生态良好的"小微企业、国高企业、规上国高企业、专精特新企业、上市企业、单项冠军、中国500强、世界500强"先进制造业产业集群
珠三角地区工业和信息化厅 2021年4月6日	《珠三角地区战略性产业集群联动协调推进工作部署视频会》	建立以省长、制造强省建设领导小组组长为"总链长"的省领导定向联系负责20个战略性产业集群的"链长制"。 要充分发挥战略性产业集群协调联动推进机制作用，加快培育世界级先进制造业集群，要持续完善战略性产业集群"五个一"工作体系，加快形成战略性产业集群协调联动推进合力，强化战略性产业集群发展的资源供给和要素保障

续表

珠三角地区工业和信息化厅 2023 年 10 月 3 日	《关于下达 2023 年省级先进制造业发展专项（支持大型产业集聚区建设）资金项目计划的通知》（2023）	2023 年省级先进制造业发展专项（支持大型产业集聚区建设）资金按照年度评价结果予以差异化支持，对 7 个大型产业集聚区珠海、江门 2 市各 1.2 亿元，佛山、中山 2 市各 0.8 亿元，汕头、湛江、肇庆 3 市各 0.5 亿元，共计 5.5 亿元
珠三角地区人民代表大会常务委员会 2024 年 1 月 19 日	《珠三角地区制造业高质量发展促进条例》	省人民政府及有关部门应当巩固提升战略性支柱产业，培育壮大战略性新兴产业，科学谋划未来产业，推动传统产业提质升级，加快形成新质生产力，打造先进制造业集群和特色优势产业集群
深圳市人民政府网 2024 年 10 月 10 日	《深圳市国土空间总体规划（2021—2035 年）》	《规划》要求深圳发挥全国性经济中心、全国先进制造业基地、对外开放门户、国际科技创新中心重要承载地等功能，建设好中国特色社会主义先行示范区，成为我国建设社会主义现代化强国的城市范例

资料来源：作者根据政府公开网站整理而得。

附表4 全国先进制造业集群相关政策

全国先进制造业集群相关政策

中国政府网 2019 年 7 月 6 日	《质量发展纲要（2011—2020 年)》	生产性服务业质量全面提升。促进生产性服务业与先进制造业融合。培育形成一批品牌影响力大、质量竞争力强的大型服务企业（集团）。生产性服务业顾客满意度达到 80 以上
中国工业和信息化部 2021 年 11 月 19 日	《2021 世界先进制造业大会》	大会主题为"创新驱动 数字赋能 携手全球制造业高质量发展"。提出要着力增强产业链供应链稳定性和竞争力，统筹补短板锻长板，加强关键核心技术攻关和产业化应用，深入实施产业基础再造工程，促进全产业链优化升级，培育一批先进制造业集群
中国政府网 2022 年 2 月 18 日	《关于印发促进工业经济平稳增长的若干政策的通知》	加快实施制造业核心竞争力提升五年行动计划和制造业领域国家专项规划重大工程，启动一批产业基础再造工程项目，推进制造业强链补链，推动重点地区沿海、内河老旧船舶更新改造，加快培育一批先进制造业集群，加大"专精特新"中小企业培育力度
中国工业和信息化部 2022 年 8 月 31 日	《2022 世界先进制造业大会》	全面落实"疫情要防住、经济要稳住、发展要安全"的总体要求，着力提振工业经济，提升产业链供应链现代化水平，加快培育一批世界级先进制造业集群，遴选培育一批"小巨人"企业、单项冠军企业，推动出台和落实各项惠企政策，千方百计帮助企业渡过难关
中国工业和信息化部 2022 年 11 月 24 日	《国家先进制造业集群现场会》	会议总结交流先进制造业集群发展专项行动实施三年来的工作经验，公布 45 个国家先进制造业集群名单，部署国家级集群培育提升工作。会议强调，要对标世界级集群培育目标，充分发挥市场在资源配置中的决定性作用，更好发挥政府作用，着力构建深度融合的协同创新网络，形成世界一流创新能力；着力推动集群高端化智能化绿色化发展，建设世界一流先进制造能力

中共中央、国务院 2023 年 1 月 10 日	《扩大内需战略规划纲要（2022—2035 年）》	壮大战略性新兴产业。深入推进国家战略性新兴产业集群发展，建设国家级战略性新兴产业基地。 在前沿科技和产业变革领域，组织实施未来产业孵化与加速计划，前瞻谋划未来产业。推动先进制造业集群发展，建设国家新型工业化产业示范基地，培育世界级先进制造业集群
中共中央、国务院 2023 年 2 月 20 日	《质量强国建设纲要》	到 2025 年，质量整体水平进一步全面提高，制造业质量竞争力指数达到 86，服务业供给有效满足产业转型升级和居民消费升级需要，质量竞争型产业规模显著扩大，建成一批具有引领力的质量卓越产业集群
国家知识产权局 2023 年 3 月 23 日	《推动知识产权高质量发展年度工作指引（2023）》	统筹抓好《关于加快推动知识产权服务业高质量发展的意见》任务落实。聚焦重点领域，为推动创新链产业链资金链人才链"四链"深度融合提供知识产权专业服务，鼓励知识产权服务资源向先进制造业集群汇聚
国务院常务会议 2023 年 5 月 5 日	《关于加快发展先进制造业集群的意见》	会议审议通过了关于加快发展先进制造业集群的意见；指出发展先进制造业集群，是推动产业迈向中高端、提升产业链供应链韧性和安全水平的重要抓手，有利于形成协同创新、人才集聚、降本增效等规模效应和竞争优势。要把发展先进制造业集群摆到更加突出位置，坚持全国一盘棋，引导各地发挥比较优势，在专业化、差异化、特色化上下功夫，做到有所为、有所不为
中国工业和信息化部、国家发展改革委、商务部 2023 年 7 月 19 日	《轻工业稳增长工作方案（2023—2024 年）》	轻工业是我国国民经济的优势产业、民生产业，在国际上具有较强竞争力。《工作方案》提出大力培育轻工领域先进制造业集群，支持智能家用电器、泛家居、皮革等重点产业集群向世界级产业集群迈进。举办千亿级产业集群发展大会，交流推广集群转型升级经验
中国工业和信息化部 2023 年 8 月 29 日	《制造业技术创新体系建设和应用实施意见》	第一阶段到 2025 年，技术体系在产业科技攻关、科技成果产业化、新技术推广应用、产业基础能力建设、产业链强链补链、产业集群发展、企业供应链管理等方面效能初步显现；第二阶段到 2027 年，建成先进的制造业技术创新体系，全面形成横向协同、纵向联通的技术体系网络。技术体系全面应用于产业科技攻关、成果转化和新技术推广，有效指导地方制造业技术创新和产业集聚发展

中国工业和信息化部 2023年9月6日	《电子信息制造业2023—2024年稳增长行动方案》	为贯彻落实党的二十大和中央经济工作会议精神，更好发挥电子信息制造业在工业行业中的支撑、引领、赋能作用，助力实现工业经济发展主要预期目标。优化产业布局。发挥"链主"企业作用，优化产业链资源配置，培育一批有国际竞争力的先进制造业集群
中国工业和信息化部 2023年9月21日	《2023世界先进制造业大会》	会议主题为"智造世界　创造美好"，提出推动产业体系优化升级，统筹发展传统、优势、新兴、未来四类产业，加快推进产业基础高级化、产业链现代化，培育一批有国际竞争力的先进制造业集群。 深入实施工业和信息化"十四五"系列规划，不断健全体系、完善政策、优化服务，推动制造业企业实力和竞争力持续增强，加快迈入世界一流行列
工业和信息化部 科学技术部 自然资源部 2021年12月21日	《"十四五"原材料工业发展规划》	《规划》提出2025年五项具体目标。其一为结构合理化水平持续改善。粗钢、水泥等重点原材料大宗产品产能只减不增。形成5~10家具有生态主导力和核心竞争力的产业链领航企业。在原材料领域形成5个以上世界级先进制造业集群
人力资源社会保障部网站 2024年4月22日	《人力资源社会保障部工业和信息化部关于实施先进制造业促就业行动的通知》（人社部发〔2024〕39号）	发展先进制造业是推进新型工业化、促进高质量发展的重要举措，也是推动就业扩容提质的重要渠道。 一、建立先进制造业企业服务对接机制 二、加大稳岗扩岗扶持政策兑现力度 三、优化先进制造业企业用工服务保障 四、强化先进制造业企业技术技能人才供给 五、拓宽先进制造业企业人才发展空间 六、改善先进制造业企业生产生活条件 ……
中国工业和信息化部 2024年5月6日	2024年工业互联网一体化进园区"百城千园行"活动	"百城千园行"活动包括政策进园区、设施进园区、技术进园区、标准进园区、应用进园区、企业进园区、服务进园区，包括但不限于高新技术产业开发区、经济开发区等各级行政园区，以及先进制造业集群、中小企业特色产业集群等重点产业发展载体

续表

中国政府网 2024 年 5 月 13 日	《制造业数字化转型行动方案》	聚焦重点集群、重点园区,建设一批高标准数字园区。畅通园区内数据链、创新链、产业链、供应链,探索园区数字化整体提升路径。继续实施国家先进制造业集群培育提升行动
中国政府网 2024 年 6 月 19 日	《关于做好高校毕业生等青年就业创业工作的通知》	《通知》指出,实施先进制造业青年就业行动,建立先进制造业企业集群职称评审"绿色通道",打包办理支持企业吸纳就业和助力人才发展系列政策
中国工业和信息化部 2024 年 11 月 2 日	《全国工业和信息化系统产业科技创新工作座谈会》	会议大力推进科技创新和产业创新深度融合,加快推进新型工业化,发展新质生产力,建设以科技创新为引领、以先进制造业为骨干的现代化产业体系。 要强化企业科技创新主体地位,发挥企业"出题人""答题人""阅卷人"作用,推动产学研融通创新,集聚企业打造先进制造业集群
中国政府网 2024 年 12 月 12日	《中小企业数字化赋能专项行动方案(2025—2027 年)》	面向小微企业推广普惠性"上云用数赋智"服务。在先进制造业集群、中小企业特色产业集群、国家高新技术产业开发区等重点集群、园区,加快新型基础设施规模化建设应用,为中小企业上云用云提供基础支撑

资料来源:作者根据政府公开网站整理而得。

附表 5　全国先进制造业集群地区分布

全国先进制造业集群地区分布

2022 年全国 45 个先进制造业集群	2024 年全国 35 个先进制造业集群
北京市、天津市、河北省	
京津冀生命健康集群	京津冀安全应急装备集群 京津冀新一代信息技术应用创新集群 京津冀集成电路集群 京津冀智能网联新能源汽车集群
北京市	
	北京海淀人工智能集群
河北省	
保定市电力及新能源高端装备集群	
吉林省	
长春市汽车集群	
黑龙江省	
	哈尔滨航空集群 绥哈大齐生物制造集群
江西省	
赣州市稀土新材料及应用集群	鹰饶抚昌铜基新材料集群
内蒙古自治区	
呼和浩特市乳制品集群	包头稀土新材料集群
新疆	
	乌昌石光伏集群
陕西省	
西安市航空集群	宝汉天工业母机集群 榆鄂宁现代煤化工集群
甘肃省	
	金白兰武有色金属集群

续表

2022 年全国 45 个先进制造业集群	2024 年全国 35 个先进制造业集群
河南省	
	洛阳现代农机装备集群 郑南商许超硬材料集群
大连市	
	大盘绿色石化集群
四川省、重庆市	
成渝地区电子信息先进制造集群	成渝地区生物医药集群
云南省	
	滇中稀贵金属集群
辽宁省	
沈阳市机器人及智能制造集群	沈阳航空集群 沈大工业母机集群
福建省	
宁德市动力电池集群	泉州现代体育产品集群
安徽省	
合肥市智能语音集群	
四川省	
成都市软件和信息服务集群 成都市、德阳市高端能源装备集群	成德绵自凉航空航天集群
湖北省	
武汉市光电子信息集群 武汉市、襄阳市、十堰市、随州市汽车集群	
湖南省	
长沙市新一代自主安全计算系统集群 株洲市轨道交通装备集群 长沙市工程机械集群 株洲市中小航空发动机集群 常州市新型碳材料集群	衡长株潭特高压输变电装备集群

续表

2022 年全国 45 个先进制造业集群	2024 年全国 35 个先进制造业集群
浙江省	
杭州市数字安防集群 宁波市磁性材料集群 宁波市绿色石化集群 温州市乐清电气集群	金台丘陵山区农机装备集群 浙东工业母机集群 环杭州湾现代纺织服装集群
山东省	
青岛市智能家电集群 青岛市轨道交通装备集群 潍坊市动力装备集群	青烟威船舶与海洋工程装备集群 潍临日智能农机装备集群 青岛仪器仪表集群
上海市	
上海市集成电路集群 上海市新能源汽车集群 上海市张江生物医药集群	长三角（含江西）大飞机集群 上海船舶与海洋工程装备集群
珠三角地区	
深圳市新一代信息通信集群 广州市、佛山市、惠州市超高清视频和智能家电集群 东莞市智能移动终端集群 广州市、深圳市、佛山市、东莞市智能装备集群 深圳市先进电池材料集群 深圳市、广州市高端医疗器械集群 佛山市、东莞市泛家居集群	广深佛惠莞中智能网联新能源汽车集群
江苏省	
无锡市物联网集群 南京市软件和信息服务集群 南京市新型电力（智能电网）装备集群 徐州市工程机械集群 南通市、泰州市、扬州市海工装备和高技术船舶集群 苏州市纳米新材料集群 苏州市生物医药及高端医疗器械集群 泰州市、连云港市、无锡市生物医药集群 苏州市、无锡市、南通市高端纺织集群	苏州高端科技仪器集群 苏南特钢材料集群 盐常宿淮光伏集群

资料来源：作者根据中国工业和信息化部整理而得。

参 考 文 献

[1] [德] 阿尔弗雷德·韦伯. 工业区位论 [M]. 北京：商务印书馆，1997：121-130.

[2] [美] 埃德加·M. 胡佛. 区域经济学导论 [M]. 北京：商务印书馆，1990.

[3] 白洁，王学恭. 基于生态位理论的甘肃省城市竞争力研究 [J]. 干旱区资源与环境，2009，23 (3)：30-34.

[4] 柏培文，杨志才. 长三角地区劳动和资本要素的配置扭曲 [J]. 经济管理，2016，38 (9)：29-46.

[5] 边伟军，刘文光. 科技创业企业种群生态位测度方法研究 [J]. 科学学与科学技术管理，2014，35 (12)：148-157.

[6] 蔡濛萌，尹秀芳. 产业结构调整与环境质量优化的协动关系研究——基于我国省级面板数据的分析 [J]. 江西社会科学，2017，37 (8)：54-62.

[7] 曹鉴燎，王旭东，郑奔. 可持续发展：我们共同的道路 [M]. 北京：经济科学出版社，2000.

[8] 陈永伟，陈志远，阮丹. 中国省域数字经济的发展水平与空间收敛性分析 [J]. 统计与信息论坛，2023，38 (7)：18-31.

[9] 程名望，林兴模. 互联网技术发展、行业间技术溢出效应与劳动报酬提升 [J]. 湘潭大学学报（哲学社会科学版），2023，47 (5)：17-23.

［10］丛屹，于鑫．人工智能、创新驱动与劳动力就业结构［J］．现代经济探讨，2023（1）：29－39.

［11］崔海洋，袁倩莹．数字金融、产业结构升级与包容性增长——基于区域和城乡协调发展的视角［J］．云南民族大学学报（哲学社会科学版），2022，39（5）：108－116.

［12］崔志新．我国产业集群数字化转型发展现状、问题与对策研究［J］．城市，2023（2）：3－12.

［13］范洪敏，穆怀中．中国人口结构与产业结构耦合分析［J］．经济地理，2015，35（12）：11－17.

［14］范晓莉，黄凌翔，卢静，等．战略性新兴产业集聚发展及影响因素分析［J］．统计与决策，2017（14）：139－143.

［15］傅国华，王涛，楼润平，等．数字化投资对制造企业突破式创新的影响研究［J］．会计之友，2023（24）：76－83.

［16］盖庆恩，朱喜，程名望，等．土地资源配置不当与劳动生产率［J］．经济研究，2017，52（5）：117－130.

［17］甘星，甘伟．金融集聚对经济增长的影响及行业异质性——基于粤港澳大湾区的实证研究［J］．宏观经济研究，2020（7）：33－46.

［18］干春晖，余典范，余红心．市场调节、结构失衡与产业结构升级［J］．当代经济科学，2020，42（1）：98－107.

［19］高晨宇，汤爽爽．江苏省先进制造业集聚水平及影响因素研究［J］．现代城市研究，2022（2）：104－111.

［20］顾朝林，于涛方，等．中国城市化：格局·过程·机理［M］．北京：科学出版社，2008.

［21］顾小清．教育数字化转型中数智赋能的三大关键要素［J］．教育传播与技术，2023（5）：1.

［22］韩长根，张力．互联网是否改善了中国的资源错配——基于动态空间杜宾模型与门槛模型的检验［J］．经济问题探索，2019

（12）：43 – 55.

［23］郝金磊，尹萌．分享经济：赋能、价值共创与商业模式创新——基于猪八戒网的案例研究［J］．商业研究，2018（5）：31 – 40.

［24］何大安．互联网应用扩张与微观经济学基础——基于未来"数据与数据对话"的理论解说［J］．经济研究，2018，53（8）：177 – 192.

［25］何枭吟．美国数字经济研究［D］．长春：吉林大学，2005.

［26］贺灿飞，潘峰华，孙蕾．中国制造业的地理集聚与形成机制［J］．地理学报，2007（12）：1253 – 1264.

［27］胡成功．生态位理论与我国知识经济发展方略［J］．中国软科学，2000（6）：120 – 124.

［28］胡海波，卢海涛．企业商业生态系统演化中价值共创研究——数字化赋能视角［J］．经济管理，2018，40（8）：55 – 71.

［29］胡海洋，杨兰桥．数字经济赋能经济绿色发展的效应与机制研究［J］．区域经济评论，2023（6）：84 – 93.

［30］胡振吉．契约论、交易费用与企业社会责任的履行［J］．财经问题研究，2018（12）：21 – 27.

［31］黄群慧，余泳泽，张松林．互联网发展与制造业生产率提升：内在机制与中国经验［J］．中国工业经济，2019（8）：5 – 23.

［32］黄显敏，周兵．生态位理论视角下中国各省市的金融发展探究［J］．金融发展研究，2018（7）：3 – 12.

［33］黄星．基于数字化人才培养的产业学院建设路径及实践应用［J］．就业与保障，2023（7）：196 – 198.

［34］黄英龙，张继良，张广兴．网络化条件下京津冀制造业集群升级路径探析［J］．现代营销（经营版），2018（5）：31 – 32.

［35］黄宇金，孙威．京津冀地区制造业集聚的时空演化特征和差异性分析［J］．地理科学进展，2021（12）：2011 – 2024.

[36] 贾江涛，李雷鸣．我国能源消费影响因素分析——基于状态空间模型的变参数分析［J］．科学技术与工程，2011，11（30）：7481-7485．

[37] 江曼琦，席强敏．生产性服务业与制造业的产业关联与协同集聚［J］．南开学报（哲学社会科学版），2014（1）：153-160．

[38] 江艇．因果推断经验研究中的中介效应与调节效应［J］．中国工业经济，2022（5）：100-120．

[39] 姜珊．京津冀协同发展下天津市产业集聚效应分析［J］．合作经济与科技，2019（10）：32-33．

[40] 蒋佳，赵天杨．京津冀协同发展融合策略研究——以河北省物流产业与集聚产业为例［J］．情报工程，2019（2）：106-116．

[41] 孔维攀．数字化转型赋能企业发展的动因及路径研究——以装备制造企业为例［J］．中国商论，2023（16）：133-136．

[42] 李峰．"中国制造2025"与京津冀制造产业协同发展［J］．当代经济管理，2016，38（7）：75-78．

[43] 李馥伊．美国经济短期下行压力凸显中长期仍保持世界经济增长主要引擎地位［J］．中国经贸导刊，2019（22）：35-38．

[44] 李蕾．黄河流域数字经济发展水平评价及耦合协调分析［J］．统计与决策，2022，38（9）：26-30．

[45] 李树文，罗瑾琏，张志菲．技术型管理者认知对数字化生产力工具创新突破的影响［J］．科研管理，2023，44（11）：173-183．

[46] 李长江．关于数字经济内涵的初步探讨［J］．电子政务，2017（9）：84-92．

[47] 刘斌，赵晓斐．制造业投入服务化、服务贸易壁垒与全球价值链分工［J］．经济研究，2020，55（7）：159-174．

[48] 刘宏曼，郎郸妮．京津冀协同背景下制造业产业集聚的影响因素分析［J］．河北经贸大学学报，2016（4）：104-109．

[49] 刘军，杨渊鋆，张三峰．中国数字经济测度与驱动因素研究 [J]．上海经济研究，2020（6）：81 – 96.

[50] 刘彦军．我国沿海省区海洋产业集聚水平比较研究 [J]．广东海洋大报，2015，35（2）：22 – 29.

[51] 刘业政，孙见山，姜元春，等．大数据的价值发现：4C 模型 [J]．管理世界，2020，36（2）：129 – 138，223.

[52] 柳如眉，刘淑娜，柳清瑞．人口变动对东北地区经济增长的影响研究 [J]．中国人口科学，2021（5）：63 – 76，127.

[53] 卢建霖，蒋天颖．绿色金融、数字化与制造业升级 [J]．哈尔滨商业大学学报（社会科学版），2022（4）：44 – 53.

[54] 罗良清，平卫英，张雨露．基于融合视角的中国数字经济卫星账户编制研究 [J]．统计研究，2021，38（1）：27 – 37.

[55] 罗仲伟，李先军，宋翔，等．从"赋权"到"赋能"的企业组织结构演进——基于韩都衣舍案例的研究 [J]．中国工业经济，2017（9）：174 – 192.

[56] 苗圃，张宁．先进制造业集群高质量发展机制及实证检验——以长三角25个城市为例 [J]．上海市经济管理干部学院学报，2023，21（2）：14 – 24.

[57] 潘士远，朱丹丹，徐恺．中国城市过大抑或过小？——基于劳动力配置效率的视角 [J]．经济研究，2018，53（9）：68 – 82.

[58] 彭倩倩，裴以明．"双循环"背景下粤港澳大湾区数字贸易发展的问题及对策建议 [J]．商业经济，2023（12）：88 – 91.

[59] 钱海章，陶云清，曹松威，等．中国数字金融发展与经济增长的理论与实证 [J]．数量经济技术经济研究，2020，37（6）：26 – 46.

[60] 冉美丽，王伟楠，巨文忠．德国收缩地区崛起的经验及对我国东北振兴的启示——以德累斯顿为例 [J]．全球科技经济瞭望，2022，37（12）：29 – 34.

[61] 任韬，王文举．中国三次产业间劳动力资源优化配置及转

移分析 [J]. 统计研究，2014，31（12）：20-24.

[62] 商伟，裴桂芬，孟明. 京津冀协同发展战略下河北省高端制造业竞争力研究 [J]. 改革与战略，2016，32（12）：118-120.

[63] 时朋飞，熊元斌，邓志伟，等. 长江经济带"美丽中国"建设水平动态研究——基于生态位理论视角 [J]. 资源开发与市场，2017，33（11）：1317-1323，1395.

[64] 苏武俊. 交易成本与制度创新 [J]. 财经理论与实践，2005（5）：8-11.

[65] 孙勇，张思慧，赵腾宇，等. 数字技术创新对产业结构升级的影响及其空间效应——以长江经济带为例 [J]. 软科学，2022，36（10）：9-16.

[66] 谭子龙，杨冰. 数字经济驱动制造产业集群高质量发展机制研究 [J]. 广东经济，2022（6）：42-47.

[67] 唐晓华，李静雯. 中国制造业现代产业体系的测度及时空演变特征研究 [J]. 西南民族大学学报（人文社会科学版），2022，43（11）：109-120.

[68] 田泽，王若梅，肖钦文，等. 长三角区域先进制造业绿色技术创新效率研究 [J]. 安徽师范大学学报（人文社会科学版），2021，49（5）：137-147.

[69] 王栋，赵志宏. 金融科技发展对区域创新绩效的作用研究 [J]. 科学学研究，2019，37（1）：45-56.

[70] 王晗，何枭吟. 产业集聚、环境规制与绿色创新效率 [J]. 统计与决策，2022，38（22）：184-188.

[71] 王金杰，王庆芳，刘建国，等. 协同视角下京津冀制造业转移及区域间合作 [J]. 经济地理，2018（7）：90-99.

[72] 王军，朱杰，罗茜. 中国数字经济发展水平及演变测度 [J]. 数量经济技术经济研究，2021，38（7）：26-42.

[73] 王康周，彭波，江志斌. 新信息技术驱动的制造服务化价

值创造过程——基于徐工的探索性案例研究［J］. 管理评论，2021，33（11）：275-285.

［74］王梦菲，张昕蔚. 数字经济时代技术变革对生产过程的影响机制研究［J］. 经济学家，2020（1）：52-58.

［75］王硕. 生产性服务业区位与制造业区位的协同定位效应——基于长三角27个城市的面板数据［J］. 上海经济研究，2013（3）：117-124.

［76］王岩. 产业集聚对区域经济增长的影响研究［D］. 北京：首都经济贸易大学，2017.

［77］魏楚，沈子玥. 基于城乡视角的居民能源消费影响因素研究［J］. 经济理论与经济管理，2019（12）：4-16.

［78］吴敬茹，杨在军. 京津冀城市群先进制造产业发展水平测度与影响因素分析［J］. 统计与决策，2021，37（14）：97-100.

［79］吴学花，杨蕙馨. 中国制造业产业集聚的实证研究［J］. 中国工业经济，2004（10）：36-43.

［80］谢富胜，吴越，王生升. 平台经济全球化的政治经济学分析［J］. 中国社会科学，2019（12）：62-81，200.

［81］谢康，肖静华，周先波. 跨越中等收入的数字经济动能转换：理论与实证［J］. 北京交通大学学报（社会科学版），2021，20（4）：1-11.

［82］辛超，张平，袁富华. 资本与劳动力配置结构效应——中国案例与国际比较［J］. 中国工业经济，2015（2）：5-17.

［83］熊婷燕，刘泽平. 生产性服务业集聚对数字经济发展的影响研究［J/OL］.［2023-11-29］. 调研世界：1-14.

［84］徐蔼婷，祝瑜晗. R&D卫星账户整体架构与编制的国际实践［J］. 统计研究，2017，34（9）：76-89.

［85］许宪春，张美慧. 中国数字经济规模测算研究——基于国际比较的视角［J］. 中国工业经济，2020（5）：23-41.

[86] 宣春霞. 数字经济背景下苏州产业创新集群融合发展策略分析 [J]. 市场周刊，2023，36（8）：37-41.

[87] 杨薇，王书平. 基于区位熵指数的京津冀制造业集聚度研究 [J]. 中国市场，2017（11）：56-57.

[88] 杨雨琦，向永胜，孙树涵. 基于创新驱动的长三角先进制造业集群高质量发展路径研究 [J]. 科技创业月刊，2022，35（6）：65-69.

[89] 杨仲山，张美慧. 数字经济卫星账户：国际经验及中国编制方案的设计 [J]. 统计研究，2019，36（5）：16-30.

[90] 余昀霞，王英. 中国制造业产业集聚的环境效应研究 [J]. 统计与决策，2019，35（3）：129-132.

[91] 原毅军，郭然. 生产性服务业集聚、制造业集聚与技术创新——基于省级面板数据的实证研究 [J]. 经济学家，2018（5）：23-31.

[92] 翟金德，朱兴洲. 我国县域数字普惠金融发展对产业升级的动态影响效应——基于江浙沪县域层面的经验分析 [J]. 商业经济研究，2022（14）：169-172.

[93] 张国富. 中国资本配置效率行业差异影响因素的实证研究 [J]. 中央财经大学学报，2010（10）：53-58.

[94] 张美慧. 国际新经济测度研究进展及对中国的借鉴 [J]. 经济学家，2017（11）：47-55.

[95] 张艳辉. 基于生态学视角的产业经济理论新阐释 [J]. 学术研究，2005（10）：34-39，147.

[96] 张玉洁，胡振吉. 我国大数据法律定位的学说论争、司法立场与立法规范 [J]. 政治与法律，2018（10）：141-152.

[97] 赵春明，班元浩，李宏兵. 数字经济助推双循环新发展格局的机制、路径与对策 [J]. 国际贸易，2021（2）：12-18，54.

[98] 赵璐，吕利娜. 从锈带到先进制造业集群：资源型经济转

型及高质量发展的路径探析 [J]. 世界地理研究, 2021, 30 (4): 802 - 812.

[99] 赵送琴. 数字经济对制造业企业绩效的影响机制研究 [D]. 南昌: 南昌大学, 2023.

[100] 赵涛, 张智, 梁上坤. 数字经济、创业活跃度与高质量发展——来自中国城市的经验证据 [J]. 管理世界, 2020, 36 (10): 65 - 76.

[101] 周国富, 李静. 农业劳动力的配置效应及其变化轨迹 [J]. 华东经济管理, 2013, 27 (4): 63 - 67.

[102] 周立新, 毛明明. 产业集聚与全要素生产率增长——基于重庆制造行业面板数据的实证分析 [J]. 重庆大学学报 (社会科学版), 2016, 22 (1): 33 - 39.

[103] 周路. 德阳市先进制造业集群发展的制度因素与制度创新研究 [J]. 技术与市场, 2022, 29 (4): 35 - 39.

[104] 周青, 王燕灵. 推动产业数字化发展的区域适宜度评价研究——基于浙江省11个设区市的实证 [J]. 杭州电子科技大学学报 (社会科学版), 2020, 16 (3): 5 - 11.

[105] 周权雄. 粤港澳大湾区制造业高质量发展的对策思考 [J]. 探求, 2022 (2): 42 - 50, 69.

[106] 朱春全. 生态位态势理论与扩充假说 [J]. 生态学报, 1997 (3): 324 - 332.

[107] 朱芳阳, 贾清显, 谭保华. 物流产业生态位适宜度测度模型及其动态耦合演化 [J]. 科技管理研究, 2019, 39 (1): 217 - 224.

[108] 朱英明. 区域制造业规模经济、技术变化与全要素生产率——产业集聚的影响分析 [J]. 数量经济技术经济研究, 2009, 26 (10): 3 - 18.

[109] 朱子龙, 阳程, 邹浩. 物联网环境下物流包装回收利用

模式的创新与研究［J］. 中国市场，2020（21）：179－181.

［110］朱子龙. 数字经济对中国制造业参与全球价值链地域特征的影响研究［D］. 保定：河北大学，2020.

［111］Acemoglu D，P Restrepo. Automation and New Tasks：How Technology Displaces and Reinstates Labor［J］. Journal of Economic Perspectives，2019，33（2）：3－30.

［112］Acemoglu D，P Restrepo. The Race between Man and Machine：Implications of Technology for Growth，Factor Shares，and Employment［J］. American Economic Review，2018，108（6）：1488－1542.

［113］Albert Dtto Hirschman. The Strategy of Economic Development［M］. London：1958.

［114］Alcacer J.，Chung，W. Strategic Location Strategies for Agglomeration Economies［J］. Journal，Article First Published Online：11 NOV 2013. DOI：10. 1002/smj. 2186.

［115］Aiginger K，Pfaffermayr M. The Single Market and Geographic Concentration in Europe［J］. Review of International Economics，2004，12（1）：1－11.

［116］Autor D，D Dorn，GH Hanson. The Geography of Trade and Technology Shocks in the United States［J］. American Economic Review，2013，103（3）：220－225.

［117］Atkinson R D，Mckay A S. Digital Prosperity：Understanding the Economic Benefits of the Information Technology Revolution［J］. SSRN Electronic Journal，2007（2）：64.

［118］Mesenbourg T，Atrostic B K. Measuring the U. S. Digital Economy：Theory and Practice［R］. U. S. Census Bureau Working Paper，2000.

［119］Ahmad N，P Schreyer. Measuring GDP in a Digitalised

Economy [M]. Pairs: OECD Publishing, 2016.

[120] Baldwin J R, Brown W M, Rigby D L. Agglomeration Economies: Microdata Panel Estimates from Canadian Manufacturing [J]. Journal of Regional Science, 2010, 50 (5): 915 –934.

[121] Baldwin R. The Globotics Upheaval: Globalization, Robotics, and the Future of Work [M]. Oxford University Press, 2019.

[122] Baldwin R E, R Forslid. Trade Liberalization with Heterogeneous Firms [J]. Review of Development Economics, 2010, 14 (2): 161 – 176.

[123] Barefoot B, D Curtis, W Jolliff, et al. Defining and Measuring the Digital Economy [R]. BEA Working Paper, 2018.

[124] Bhattacharya M, Bloch H. The Dynamics of Industrial Concentration in Australian Manufacturing [J]. International Journal of Industrial Organization, 2000 (18): 1181 –1199.

[125] Boudeville J. R. Problems of Regional Economic Planning [M]. Edinburgh: Edinburgh University Press, 1996.

[126] Brouthersk, Geisserk, Rothlauff, et al. Explaining the Internationalization of Business Firms [J]. Journal of International Business Studies, 2016, 47 (5): 513 –534.

[127] Brynjolfsson E, A Collis, E Diewert, et al. Measuring the Impact of Free Goods on Real Household Consumption [J]. AEA Papers and Proceedings, 2020, 5 (110).

[128] Caballero R J, Cowan K N, Engel E M R A, et al. Effective Labor Regulation and Microeconomic Flexibility [J]. Journal of Development Economics, 2013 (101): 92 –104.

[129] Chesbrough H, W Vanhaverbeke, J West. Open Innovation: Researching a New Paradigm [M]. Oxford University Press, 2006.

[130] Dean D, S Digrande, D Field and A Lundmark. The Internet

Economy in G20: The S4. 2 Trillion Growth Opportunity [R]. The Boston Consulting Group (BCG) Report, 2016.

[131] Du S M. Effect of Digital Enablement of Business-to-Business Exchange on Customer Outcomes: the Role of Information Systems Quality and Relationship Characteristics [D]. Atlanta: Georgia State University, 2010.

[132] Dumais G, Ellison G, Glaeser E. Geographic Concentration as a Dynamic Process [J]. Review of Economics and Statistics, May 2002, 84 (2): 193 – 204.

[133] Eddleston K A, Sarathy R, Banalieva E R. When a High-quality Niche Strategy is not Enough to Spur Family-firm Internationalization: The Role of External and Internal Contexts [J]. Journal of International Business Studies, 2019, 50 (5): 783 – 808.

[134] Elton C S. Animal Ecology [M]. Chicago: University of Chicago Press, 1927.

[135] Fujita M, Krugrman P, Venables A J. The Spatial Economy: Cities, Regions, and International Trade [J]. MIT Press Books, 2001, 1 (1): 283 – 285.

[136] Goldfarb A. , C Tucker. Digital Economics [J]. Journal of Economic Literature, 2019, 57 (1): 3 – 43.

[137] Gordon B, F Zettelmeyer, N Bhargava, et al. A Comparison of Approaches to Advertising Measurement: Evidence from Big Field Experiments at Facebook [J]. Marketing Science, 2019, 38 (2): 193 – 364.

[138] Gordon C. Competing in Global Niche Markets: the Case of Macquarie Bank [J]. International Journal of Bank Marketing, 2011, 29 (4): 293 – 307.

[139] Guellec D, C Paunov. Digital Innovation and the Distribution of Income [J]. NBER working paper No. 23987. 2017.

［140］Hampton K, B Wellman. Neighboring in Netville: How the Internet Supports Community and Social Capital in a Wired Suburb ［J］. City & Community, 2003, 2 (4): 277 – 311.

［141］Hur M H. Empowerment in Terms of Theoretical Perspectives: Exploring a Typology of the Process and Components Across Disciplines ［J］. Journal of Community Psychology, 2006, 34 (5): 523 – 540.

［142］Hsieh C T, Moretti E. Housing Constraints and Spatial Misallocation ［J］. American Economic Journal: Macroeconomics, 2019, 11 (2): 1 – 39.

［143］Hutchinson G E. Concluding Remarks ［J］. Cold Spring Harbor Symp Quant Biol, 1957, 22 (1): 415 – 427.

［144］Ji G, Gunasekaran A. Evolution of Innovation and its Strategies: From Ecological Niche Models of Supply Chain Clusters ［J］. Journal of the Operational Research Society, 2014, 65 (6): 888 – 903.

［145］Kamau M W, Burger K, Giller K E. Labour Allocative Efficiency and Factors Influencing Farm Households Interaction with the Labour market ［R］. 2007.

［146］Kemp R, Schot J, Hoogmar. Regime Shifts to Sustainability through Process of Niche Management ［J］. Technology Analysis & Strategic Management, 1998 (10): 175 – 195.

［147］Kim N, Lee H, Kim W et al. Dynamic Patterns of Industry Convergence: Evidence from a Large Amount of Unstructured Data ［J］. Research Policy, 2015, 44 (9): 1734 – 1748.

［148］Knickrehm M, B Berthon and P Daugherty. Digital Disruption: The Growth Multiplier ［R］. Accenture Strategy Report, 2016.

［149］Krugman P. Increasing Returns and Economic Geography ［J］. Journal of Political Economy, 1991a, 99 (3): 483 – 499.

［150］Laitner J A S, Ehrhardt – Martinez K. Information and Communication Technologies: The Power of Productivity (Part I) [J]. Environmental Quality Management, 2008, 18 (2): 47 – 66.

[151] Lenka S, Parida V, Wincent J. Digitalization Capabilities as Enablers of Value Co – Creation in Servitizing Firms [J]. Psychology & Marketing, 2017, 34 (1): 92 – 100.

[152] Leong L Y, Hew T S, Lee V H et al. An SEM – Artificial – Neural – Network Analysis of the Relationships between SERVPERF, Customer Satisfaction and Loyalty Among Low-cost and Full-service Airline [J]. Expert Systems with Applications, 2015, 42 (19): 6620 – 6634.

[153] Losch, A. The Economics of Location [M]. Yale University Press, New Haven, CT, 1940.

[154] Majumder P, Sawhney A. Manufacturing Agglomeration and Export Dynamics across Indian States [J]. Indian Economic Review: Journal of Delhi School of Economics, 2020, 55 (1).

[155] Marshall A. Principles of Economics [M]. 8th Edition. London: Macmillan, 1920: 402 – 435.

[156] Matlaba V, Holmes M, Mc Cann P and Poot J. Agglomeration Externalities and 1981 – 2006 Regional Growth in Brazil [J]. University of WAIKATO Working Paper in Economics, 2012, No. 07.

[157] Regional Growth in Brazil [J]. University of WAIKATO Working Paper in Economics, 2012 (7).

[158] Mesenbourg T. L. Measuring the Digital Economy [M]. US Bureau of the Census, Suitland, MD, 2001.

[159] Micco A, Repetto A. Productivity, Misallocation and the Labor Market [J]. Documentos de Trabajo, 2012.

[160] Myrdal G. Economic Theory and Underdeveloped Regions [M]. London: Duckworth, 1957.

[161] Nathan M, Rosso A, Gatten T et al. Measuring the UK's Dig-

ital Economy with Big Data〔R〕. National Institute of Economic and Social Research, 2003.

〔162〕OECD. Measuring the Digital Economy: A New Perspective〔M〕. Pairs: OECD Publishing, 2014.

〔163〕OECD. A Roadmap Toward a Common Framewoek for Measuring The Digital Economy〔OL〕. Http://www. oecd. org/termasandconditions. 2020.

〔164〕Ottaviano G I P. "New" New Economic Geography: Firm Heterogeneity and Agglomeration Economies〔J〕. Journal of Economic Geography, 2011, 11: 213 – 240.

〔165〕Parker G G, Van Alstyne M W Choudary. Platform Revolution: How Networked Markets are Transforming the Economy and How to Make Them Work for You〔M〕. New York: WW Norton & Co. 2016.

〔166〕Parida V, Sjödin D R, Lenka S et al. Developing Global Service Innovation Capabilities: How Global Manufacturers Address the Challenges of Market Heterogeneity〔J〕. Research – Technology Management, 2015, 58 (5): 35 –44.

〔167〕Pavitt K, Robson M, Townsend J. The Size Distribution of Innovating Firms in the UK: 1945 – 1983〔J〕. The Journal of Industrial Economics, 1987: 297 –316.

〔168〕Perroux, F. The Pole of Developments New Place in a General Theory of Economic Activity〔J〕. Regional Economic Development, Boston: Unwin Hyman, 1978: 48 – 76.

〔169〕Porter Michael E. The Competitive Advantage of Nations〔M〕. The Free Press, 1990.

〔170〕Romm J. The Internet and the New Energy Economy〔J〕. Resources, Conservation and Recycling, 2002, 36 (3): 197 –210.

〔171〕Rosenthal S S, Strange W C. The determinants of agglomeration [J]. Journal of Urban Economics, 2001, 50 (2): 191 –229.

[172] Sadorsky P. Information Communication Technology and Electricity Consumption in Emerging Economies [J]. Energy Policy, 2012 (48): 130 –136.

[173] Sinai T, J Waldfogel. Geography and the Internet: Is the Internet a Substitute or a Complement for Cities? [J]. Journal of Urban Economics, 2004, 56 (1): 1 –24.

[174] Stevenson B. The Internet and Job Search [M]. University of Chicago Press, 2009.

[175] Sturgeon T. Upgrading Strategies for the Digital Economy [J]. Global Strategy Journal, 2019 (10): 233 –258.

[176] Sue Wing, Eckaus R S. Explaining Long – Run Changes in the Energy Insistent of the U. S. Economy [J]. Mit Joint Program on the Science & Policy of Global Change, 2004.

[177] Tilman D. Niche Trade Offs, Neutrality, and Community Structure: A Stochastic Theory of Resource Competition, Invasion, and Community Assembly [J]. Proceedings of the National Academy of Sciences of the United States of America, 2004, 101 (30): 10854 –10861.

[178] UNCTAD. Investment and Digital Economy [R/OL]. https: // unctad. org/en/188 PulicationChapters/wir2017 ch4_en. Pdf. 2017.

[179] Wu X, G Gereffi. Amazon and Alibaba: Internet Governance, Business Models, and Internationalization Strategies [J]. Progress in International Business Research, 2018 (13): 327 –356.

[180] Yang, Huanxing. Targeted Search and the Long Tail Effect [J]. RAND Journal of Economics, 2013, 44 (4): 733 –756.

后　记

　　本书共九章，首先，从理论层面梳理数字经济与产业集群内在逻辑关系。其次，分析珠三角地区数字经济与产业集群现状，进一步挖掘世界典型先进制造业集群案例的成功经验。再次，从实证角度分别测算珠三角地区数字经济发展水平，检验数字经济对先进制造业集群的影响机制，进一步探索珠三角地区数字经济与产业转型升级因果关系。最后，提出珠三角地区培育世界级先进制造业集群发展对策。其中第一章由辛娜教授和严嘉琪执笔，第二章由辛娜教授和谢卓廷博士执笔，第三章由谢卓廷博士和蒋天津研究生执笔，第四章由叶国翔研究生和林靖研究生执笔，第五章由谢卓廷博士和邱娜研究生执笔，第六章由辛娜教授和严嘉琪研究生执笔，第七章和第八章由辛娜教授和叶国翔研究生执笔，第九章由谢卓廷博士和宋连武研究生执笔。所有作者均来自于广东技术师范大学，课题经费来自广东省哲学社会科学规划项目和广东技术师范大学"冲补强"项目。

数字经济赋能珠三角地区先进制造业集群对策研究课题组

2025 年 2 月 28 日